전도근 박사의

자기주도학습 지도 전략

| **전도근** 저 |

HASA
프로그램 시리즈
2

HABIT OF
STUDY
ADOLESCENT

학지사

이 책의 활용방법

❶ 이 책에 실린 자기주도학습 프로그램은 저자가 공부해 온 교육학적 이론을 바탕으로 오랜 교직생활에서 얻은 경험과 지금까지의 자기주도적 학습경험을 추가하여 만든 것으로, HASA(Habit of Study Adolescent) 프로그램이라고 한다.

❷ HASA 자기주도학습 프로그램은 공부를 하고 있지만 효율적으로 하지 못하는 학생들, 공부를 하고 싶어도 어떻게 하는지 방법을 모르는 학생들, 그리고 스스로 공부를 하고자 하는 의지가 없는 학생들에게 학습동기를 심어 주고 학습방법을 알려 주어 자기주도적 공부습관을 갖게 하기 위해서 만든 것이다.

❸ HASA 자기주도학습 프로그램은 총 3권으로 나누어져 있다. 제1권 『전도근 박사의 자기주도학습 코칭 전략』은 자기주도학습과 학습코치에 대한 설명과 학습코칭의 필요성과 과정을 자세하게 안내하고 있다. 또한 자기주도학습 습관을 정착하기 위한 스터디 플래너 작성방법을 다루고 있다. 제2권 『전도근 박사의 자기주도학습 지도 전략』은 자기주도학습의 필수요소인 비전설정, 학습동기, 학습전략, 학습자원관리 전략에 대해서 다루고 있다. 제3권 『전도근 박사의 자기주도학습 학생용 워크북』은 이 프로그램을 학생들에게 직접 적용할 수 있는 활동지와 검사지로 구성되어 있다. 따라서 이 책을 읽고 구체적인 자기주도학습 코칭 전략을 알고 싶은 분은 제1권을 참조하고, 이 프로그램을 학생들에게 적용하고 싶은 분은 제3권을 사용하면 된다.

❹ 이 책에는 총 22개의 검사지가 있어 각 전략을 코칭하기 전에 먼저 검사를 한 결과를 가지고 학생들의 공부방법을 지도하거나 공부습관을 정착시키는 것이 핵심이다. 검사지는 학지사에서 별도로 판매하며 체크만 하면 자동으로 분석되는 툴을 제공받을 수 있다. (검사지 관련 문의는 02-332-1232)
온라인으로 검사를 받고 싶을 때는 (주) HASA 교육연구소 홈페이지(www.hasaedu.com)에서 검사를 받을 수 있다.

⑤ 이 책에 실린 HASA 학습코칭 프로그램에 따라 자녀에게 공부방법을 지도해 주는 학습코치가 필요하거나, 학습코칭 프로그램을 배워 학습코치가 되고 싶은 분들은 (주) 하자교육연구소로 문의하면 된다.

⑥ 스터디 마스터는 모든 양식을 풀세트로 다운로드받아서 사용할 수 있다. 한국학습코치협회 카페(http://cafe.naver.com/forcev5)에 가서 메뉴 중 스터디 마스터에서 다운로드받아 프린트해서 사용할 수 있다.

머리말

요즘 새로운 트렌드로 부상하고 있는 자기주도학습은 대한민국에서 광풍을 불러일으키고 있다. 정부에서는 사교육 없는 학교의 대안으로 자기주도적 시범학교를 전국적으로 시행하고 있고, 대학입시 전형에서도 자기주도학습 전형이 확대되고 각 대학들은 입학사정관제의 하나로 '자기주도학습' 전형을 실시해 스스로 공부하는 학생들을 선발하겠다고 발표하였다. 뿐만 아니라 교과지식을 묻는 형태의 구술면접, 각종 경시대회 및 인증대회 성적 등은 과도한 사교육을 유발한다는 지적에 따라 전형요소에서 모두 배제하겠다고 선언하였다. 최근 대학의 입학사정관제 확대 방침에 이어 외국어고와 과학고 외 일부 일반고교에서도 자기주도학습 전형을 도입하기로 했다.

각종 언론기관에서는 매스컴의 위력을 가지고 앞다투어 자기주도학습 캠프를 열어 학부모를 유혹하면서 고액의 수강료를 받아 내고 있다. 교육과학기술부나 각 시 · 도 교육청에서는 자기주도학습 시범학교를 지정하고 교사연수를 진행하여 보급하고 있다. 이에 따라 학교에서도 너도 나도 자기주도학습을 적용하고 있다고 홍보하고 있다.

당국은 사교육을 차단하고 스스로 공부하는 습관을 기르도록 하는 데 적합한 방안은 '자기주도학습' 이라고 보고, 의지를 갖고 적극적으로 추진하고 있다. 부모들 입장에서는 자기주도학습이 붐을 이루고 있음에도 도대체 자기주도학습이 무엇인지, 어떤 '자기주도학습' 이 올바른지 판단하기가 어려워졌다. 이러한 혼란 속에서 순수한 의미의 '자기주도학습' 이 추구하는 방향과는 다른 방향으로 가고 있다. 실제로 학생들은 '자기주도학습' 을 한다는 명목하에 비싼 상담료를 내거나, 또 다른 방법으로 과외를 받고 더 높은 학원비를 내고 있는 실정이다. 결국 자기주도학습이 고액과외를 대체하고 있으며, 부모들은 단기적 시각에 입각한 교육 당국의 정책에 맞추어 휘둘리고 있다.

문제는 자기주도학습이 붐을 이룸에 따라 자기주도학습을 표방하는 것들 중에는 전혀 자기주도학습이 아닌 것도 있고, 잘못 적용하여 오히려 아이들의 내성을 증가시키고 부모들의 불신을 초래하는 경우도 있다는 것이다. 원래 자기주도학습은 사교육을 없앨 수 있고 아이들이 즐겁게 공부할 수 있는 세상을 만들려는 취지로 시작되었다. 그러나 상업적인 자기주도학습이 판을 침으로써 순수한 의미의 자기주도학습마저도 효과가 없다는 의심을 받고 있는 현실이라 안타깝기 그지없다.

이 책은 자기주도학습이 과연 무엇인지에서부터 출발하여, 자기주도학습을 학생들에게 직접 적용하여 자기주도적 공부습관을 기를 수 있는 방법을 제시하였다.

오늘날 우리네 부모들은 너 나 할 것 없이 자녀들에게 많은 공부를 시켜야 하는 무거운 책임을 지고 있다. 그렇다고 부모가 자녀들에게 일일이 공부를 가르쳐 주기에도 한계가 있다. 이제 자녀들에게 무조건 공부를 하라고만 할 것이 아니라 공부 방법을 알려 주는 지혜가 필요하다. 이 책이 지향하는 최종 목표가 바로 그것이다.

학습코치나 부모들이 조금이라도 시행착오를 덜 겪도록, 학생들은 공부를 잘할 수 있도록 돕기 위하여 이 책을 기획하게 되었다. 부디 이 책이 공부를 하기 싫은 아이들에게는 공부하고 싶은 마음이 들도록 하고, 공부를 어떻게 해야 할지 몰라 고민하는 아이들을 위해 자기주도학습 방법을 알려 주고 싶은 학습코치나 부모들에게 도움이 되길 바란다.

일산의 서재에서
전도근

차례

활동지

검사지

표

그림

제1장 비전설정은 공부의 씨앗

비전설정
1) 자아정체감을 확립한다. 2) 자신의 적성, 흥미, 인성, 능력 등을 정확히 이해한다. 3) 꿈을 정확히 세운다. 4) 자신에게 맞는 직업을 선택한다. 5) 자신에게 맞는 진로로 진학 계획을 수립한다. 6) 일과 직업에 대한 건전한 가치관 및 태도를 형성한다.

↓

초등학교 (진로 인식)	• 자신의 가치관과 흥미를 안다. • 다양한 직업의 역할을 인식한다.
중학교 (진로 탐색)	• 자신의 능력, 적성을 정확히 이해한다. • 자신에게 맞는 직업을 분류하고 직업군을 탐색한다.
고등학교 (진로 준비)	• 자신에게 맞는 구체적인 직업을 선택한다. • 진로목표에 적합한 계획을 수립한다.
대학교 (진로 전문화)	• 구체적 직업 관련 지식과 습득 • 재교육, 현직교육, 승진을 위한 기술 훈련

↓

학교 영역	초등학교	중학교	고등학교
자아 이해	• 자신의 가치관 · 흥미 발견	• 자신의 능력, 적성에 대한 이해	• 자신의 꿈을 구체화
직업 이해	• 다양한 직업의 역할을 인식	• 자신에게 맞는 직업을 선택	• 자신에게 맞는 구체적인 직업을 선택
진로 계획	• 장래의 희망 설정 • 장래 희망 성취를 위한 방법 구상	• 직업 선택 • 진학 및 직업 준비 계획	• 구체적인 진로 계획과 선택 • 진학 및 직업 준비 계획

1. 나는 누구인가

1) 자아정체감 확립

꿈이 없는 학생들은 공통적으로 자아정체감 형성이 늦은 특징이 있다. 자아정체감은 자신의 성격, 취향, 가치관, 능력, 관심, 인간관, 세계관, 미래관 등에 대해 지속적으로 인식하고 있는 상태를 말한다. 한마디로 말해서 자아정체감은 내가 누구인지를 깨닫고, 무엇을 좋아하고 싫어하는지에 대하여 판단할 수 있는 것을 말한다.

내가 누구인지를 깨달아야 세상에서 자신의 역할을 다할 수 있다. 따라서 자아정체감이 형성되어 있어야 자신의 역할을 찾을 수 있고 꿈을 가질 수 있는 것이다. 자아정체감이 제대로 형성되어 있지 않다면 자신에 대한 정체성과 역할 혼란을 초래하여 인생을 어떻게 살아야 하는지도 모를 뿐더러 자신이 원하는 꿈을 갖는 것조차 힘들다.

자아정체감은 이처럼 인생을 행복하게 사는 기준이 될 수도 있고, 불행한 삶을 살게 할 수도 있다. 자아정체감을 일찍 형성할수록 꿈을 세우는 데 좋기 때문에 늦어도 중학교를 졸업하기 전까지 뚜렷한 자아정체감을 형성하는 것이 중요하다.

> **자아정체감**
>
> 자신의 성격, 취향, 가치관, 능력, 관심, 인간관, 세계관, 미래관 등에 대해 지속적으로 인식하고 있는 상태를 말한다. 한마디로 말해서 자아정체감은 내가 누구인지를 깨닫고, 무엇을 좋아하고 싫어하는지에 대하여 판단할 수 있는 것을 말한다.

2) 자아정체감의 필요성

성공한 사람들은 일반적으로 자아정체감이 중학교 입학 전에 형성된 경우가 많다. 이는 초등학교 고학년이 되면 추상적 사고가 가능하고 막연한 꿈에서 벗어나 구체적인 꿈을 가질 수 있기 때문이다. 자아정체감을 형성해야만 중학교에서 무엇을 해야 하는지를 알게 되고, 이를 바탕으로 인문계 또는 전문계 고등학교를 선택하며 인문계에서도 이과와 문과를 결정하게 된다. 이는 앞으로 대학 진학 시 학과를 선택하고 직업을 정하는 것까지 연결된다.

그러나 자아정체감을 제대로 갖지 못하면 학교를 다녀야 하는 이유를 잘 모를 뿐더러 성적에 맞추어 대학이나 학과를 선택하고, 직업도 전공과는 별개로 선택하게 된다. 그러다 결국에는 나이가 들어서야 자신이 선택한 것을 후회하게 된다. 자아정체감을 갖지 못하면 준비되지 않은 상태에서 성인의 역할을 수행해야 하는 불행을 경험하는 것이다.

예를 들면, 초등학교 고학년에 들어서 자신의 자아정체감이 뚜렷하게 형성되면 존경받는 삶을 살아야겠다는 생각이 들고 이를 바탕으로 구체적인 꿈을 갖는다. 그리고 이를 위해서 중학교 때부터 공부를 열심히 하며, 고등학교에서는 일찌감치 진로를 선택한다. 이후 다른 사람들로부터 존경을 받고 원하는 삶을 살게 되어 소위 성공한 인생이 된다. 반대로 자아정체감이 뚜렷하게 형성되지 않으면 초등학교에서는 막연하게나마 꿈을 갖지만 중학교에 진학하면서부터는 꿈이 사라지게 되고, 어영부영 중 · 고등학교 시절을 보내고, 대학도 대충 성적에 맞추어서 가다 보니 평생 하고 싶은 직업을 가질 수도 없고 꿈꾸던 인생과는 거리가 먼 인생을 살게 된다.

3) 자아정체감을 형성하는 방법

자아정체감을 형성하기 위해서는 자신에 대해서 정확히 아는 것이 중요하다. 이러한 자아정체감을 형성하는 방법은 누군가의 가르침에 의해서도 이루어지지만 무엇보다 중요한 것은 스스로 깨우치는 것이다. 자신의 자아정체감을 깨우치는 것은 다음과 같은 훈련을 통해서 할 수 있다.

- 자신의 성격을 정확히 파악한다.
- 자신이 무엇을 좋아하고 싫어하는지 취향을 파악한다.
- 자신의 행동에 영향을 미치는 가치관을 정립한다.
- 자신이 무엇을 잘하고 무엇을 못하는지 파악한다.
- 자신의 관심거리가 무엇인지 파악한다.
- 자신이 좋아하는 사람과 싫어하는 사람의 유형을 구별한다.
- 자신의 세계관을 파악한다.
- 자신의 미래가 어떻게 전개될지 예측한다.

활동지 1 나는 어떤 사람일까?

이 활동지는 자신이 어떤 사람인가를 알게 함으로써 학생들의 자아 확립을 형성하는 데 도움을 줄 수 있다. 학생들로 하여금 자신이 어떤 사람인가를 생각하면서 작성하도록 지도한다.

한글 이름		한자 이름	
이름의 뜻			
나이		성별	
아버지 직업		어머니 직업	
별명		혈액형	
취미		특기	
주소			

좋아하는 음식	
싫어하는 음식	
하루 중 좋아하는 시간대	
기분이 좋을 때	
기분이 나쁠 때	
가족들과 자주 하는 일	
좋아하는 사람	
좋아하는 색깔	
성격	
친구들은 나를 ……	
부모님은 나를 ……	
선생님은 나를 ……	

활동지 2 나의 가치관 찾기

이 활동의 목적은 자신의 인생에서 무엇이 가장 중요한지를 알아보고 꿈을 설정하는 것입니다. 목표 란에 내가 가장 하고 싶은 것 열 가지를 적고, 현재 수준에는 '◆'를, 목표 수준에는 '●'를 체크합니다. 모두 작성한 다음 현재 수준끼리, 목표 수준끼리 선을 그어 연결합니다.

목표 / 단계	용돈	수집	운동	만화 그리기	여행	저축	블록 쌓기	컴퓨터 게임	공부	봉사 활동
10										
9										
8										
7										
6										
5										
4										
3										
2										
1										

해석방법

가치관 계단 작성은 스스로 자신의 삶에 대한 가치관을 세우고 그 가치관의 우선순위를 결정하도록 도와준다. 인생의 가치관 설정은 꿈을 세우는 데 도움이 되고, 우선순위를 결정할 때 영향을 미친다는 점에서 큰 의미가 있다. 가치관 계단은 처음 학습 코칭을 시작할 때와 끝나가는 시점에 작성해서 비교하는 것도 좋다.

분석하기

가치관 계단은 두 가지로 체크하는 데 자신의 현재 상황은 '◆'로 하고, 자신이 목표하는 수준은 '●'로 체크하는 것이다. 두 가지를 비교해 보면 학생의 문제나 상황과 목표 수준과의 차이를 알 수 있고, 가치관 계단 작성을 통해 학생의 성격이나 상태를 진단할 수 있으며, 비전을 설정하는 방향을 잡는 데도 도움을 받을 수 있다.
가치관 계단 작성 결과를 분석하는 방법은 다음과 같다.

성격파악: 5가 기준이기 때문에 자신의 현재 상황을 5 이상에 많이 체크하면 자신을 긍정적으로 생각하는 학생이며, 5 이하로 많이 체크하면 자신을 부정적으로 생각하는 학생이다.

욕구파악: 현재 수준과 목표 수준의 차이가 전반적으로 3 이상으로 큰 차이가 나면 욕심이 많은 학생으로 무엇이든 하려는 욕구를 가지고 있다고 볼 수 있으나, 1~2 정도로 차이가 작으면 욕심이 적은 학생이라고 할 수 있다.

가장 관심 있는 가치관: 현재 수준과 목표 수준의 차이가 가장 큰 것이 학생에게 가장 관심 있는 분야이므로 그 분야와 관련된 직업들의 정보를 알려 주면 비전을 설정하는 데 도움이 된다.

검사지 1 자아정체감 검사

이 검사를 통해 학생 자신이 어떤 사람인가를 알게 함으로써 자아정체성을 확립하는 데 도움을 줄 수 있다. 학생들이 자신이 어떤 사람인가를 생각하면서 체크하도록 지도한다.

자아정체감 검사

이 검사의 목적은 여러분 자신에 대해 얼마나 알고 있는가를 검사해 보는 것이므로 솔직하게 대답해 주시기 바랍니다. 해당 문항이 맞으면 '예' 에, 해당 문항이 맞지 않으면 '아니요' 에 체크해 주세요.

	나의 자아정체감은 어느 정도일까요?	예	아니요
1	나는 내가 어떤 사람인지 알고 있다.		
2	내가 무엇을 좋아하고 싫어하는지 정확히 알고 있다.		
3	내가 무엇을 잘하는지 못하는지 정확히 알고 있다.		
4	내가 하고 싶은 일이나 하고 싶지 않은 일이 무엇인지 정확히 알고 있다.		
5	남들이 나에 대해서 어떻게 생각하는지 알고 있다.		
6	나의 성격을 알고 있다.		
7	나의 취미가 무엇인지 알고 있다.		
8	나는 앞으로 무엇을 하면서 살면 좋을지 알고 있다.		
9	내가 좋아하는 사람의 유형이 어떤지 알고 있다.		
10	나의 미래가 어떻게 전개될지 예측할 수 있다.		
'예' 에 답한 총 개수 ( ) 개			

자아정체감 전체 분석하기

- 8~10개: A 유형－자아정체감이 높군요.
- 4~7개: B 유형－자아정체감이 조금 있는 편이네요.
- 0~3개: C 유형－자아정체감을 기르기 위해 노력하세요.

[A 유형]

- 자아정체감이 높은 유형으로 평소 목표를 잘 알고 있는 학생이다.
- '아니요' 라고 답한 것만 찾아서 부족한 부분을 지도해 준다.

[B 유형]

- 자아정체감이 보통인 유형으로 평소 목표가 뚜렷하지 않은 학생이다.
- '아니요' 라고 답한 것만 찾아서 부족한 부분을 지도해 준다.

[C 유형]

- 자아정체감이 낮은 유형으로 목표를 잘 알지 못하는 학생이다.
- 전반적인 자아정체감 형성을 위해 처음부터 지도해 준다.

자아정체감 형성 코칭

응답	코칭방법	
	예	아니요
1		학생을 상담하면서 느낀 점을 객관적으로 말해 준다.
2		학생이 좋아하고 싫어하는 것들을 찾을 수 있도록 가치관을 형성한다.
3		학생이 할 수 있는 활동들을 알려 주고 그중에서 좋아하는 일과 못하는 일을 찾아 준다.
4		학생이 할 수 있는 활동들을 알려 주고 그중에서 하고 싶은 일이나 하고 싶지 않은 일을 찾아 준다.
5		남들이 자신을 어떻게 생각하는지 상담을 통해 객관적으로 해 준다.
6		자신의 성격을 알 수 있도록 다양한 성격 검사를 실시해서 알려 준다.
7		자신이 좋아하는 것을 찾아서 취미가 무엇인지를 알게 해 준다.
8		학생이 할 수 있는 활동들을 알려 주고 그중에서 앞으로 하고 싶은 일을 찾아 준다.
9		자신이 좋아하는 사람의 유형이 무엇인지를 알게 해 준다.
10		자신의 삶의 방식이나 꿈을 가지고 미래를 상상하게 해 준다.

2. 진로 결정에 영향을 주는 요소

진로를 결정하는 데 영향을 주는 요인에는 개인적 요인, 환경적 요인, 직업적 요인, 사회구조적 요인이 있다. 개인적 요인에는 적성, 흥미, 가치관, 성격, 신체적

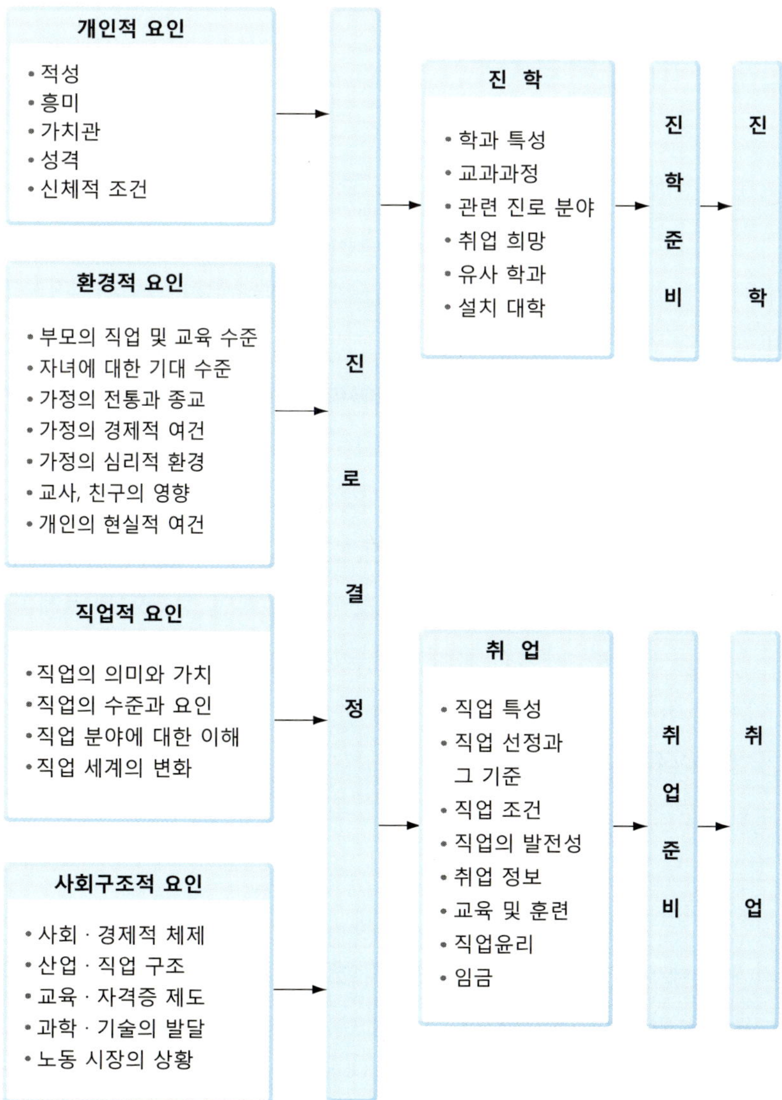

[그림 1-1] 진로를 결정하는 데 영향을 주는 요인

출처: 김충기(1997). 생활지도와 상담. 서울: 교육과학사.

조건 등이 있다. 환경적 요인으로는 학부모의 직업 및 교육 수준, 자녀에 대한 기대 수준, 가정의 전통과 종교, 가정의 경제적 여건, 가정의 심리적 환경, 교사 및 친구의 영향, 개인의 현실적 여건 등을 들 수 있다. 직업적 요인에는 직업의 의미와 가치, 직업의 수준과 요인, 직업 분야에 대한 이해, 직업 세계의 변화 등이 있다. 사회구조적 요인에는 사회 · 경제적 체제, 산업 · 직업 구조, 교육 · 자격증 제도, 과학 · 기술의 발달, 노동 시장의 상황 등이 포함된다.

3. 적성에 따른 진로지도

적성(適性)은 직업에 대한 각 개인의 적응 능력 또는 어떤 일에 알맞은 성질을 말한다. 즉, 적성이란 어떤 특수 영역에서 필요로 하는 기능을 쉽게 학습하고, 그 기능을 성공적으로 성취할 수 있는 개인의 특수한 잠재능력을 말한다. 지능 또는 능력이 일반적이고 포괄적인 능력의 가능성을 지칭하는 데 반하여 적성은 구체적인 활동이나 직업에 대한 성공 가능성을 의미하며, 나아가 적성을 알아야 그에 따른 올바른 진로를 선택할 수 있다. 여기서 말하는 '알맞은 성질' 이란 '천부적으로 타고난 성질' 을 의미한다고 보는 것이 타당할 것이다.

지구상에 존재하는 모든 생물체는 천부적으로 생존을 위한 독특한 성격과 감각을 타고난다. 개개인마다 생긴 모양이 다르듯이 천부적인 성격도 다르게 타고난다는 사실은 매우 중요하다. 따라서 적성에 맞는 직업을 갖게 되면 행복한 삶을 살 수 있지만, 이처럼 천부적인 성격을 무시한 채 무작정 직업을 갖게 되면 행복한 인생을 살아가기가 어렵다.

적성 검사 기관

적성 검사는 인터넷을 통해서 빠르고 쉽게 진행할 수 있다. 체크하면 바로 결과가 나오기 때문에 매우 간편하고 쉽다. 검사는 무료와 유료로 진행되는데 별 차이는 없다. 다음은 인터넷으로 검사를 실시할 수 있는 기관들이다. 기관마다 조금씩 차이가 있으므로 하나만 하지 말고 몇 가지를 해 보는 것도 객관성을 높이는 데 도움이 된다. 적성 검사를 할 수 있는 기관을 보면 〈표 1-1〉과 같다.

표 1-1 적성 검사를 할 수 있는 기관

기관명	홈페이지 주소
커리어넷	www.careernet.re.kr
유스 워크넷	www.work.go.kr/youth
직업 길라잡이	www.vcpkorea.com
청소년세계(진로탐색 검사, 인성 검사)	www.youth.co.kr/nukim_all.htm
한국 가이던스(심리 검사)	www.guidance.co.kr
3Q테스트	www.3qtest.co.kr
I&D Korea(인성, 적성 검사)	www.idk.co.kr
인크루트(Incruit)	www.incruit.com
적성 검사	www.idk.co.kr
한국 진로상담연구소	www.teensoft.net
홍익대학교 학생생활연구소(심리 검사)	www.hongik.edu/guidance

적성과 직업과의 관계

자기 소질이나 능력을 구체적으로 파악하여 적성에 맞는 직업을 선택하면 일에 대한 흥미나 창의력이 증가되어 직업에 대한 내면적 만족감이 커진다. 그러나 적성에 맞지 않는 직업 분야에서 일하면 작업에 능률이 오르지 않을 뿐만 아니라, 직장 생활이 재미가 없고 불만이 싹트게 되므로 적성에 맞는 직업을 선택하는 것이 무엇보다도 중요하다고 할 수 있다.

적성 유형에 따른 관련 직업 분야를 나열하면 〈표 1-2〉와 같다. 그러나 사람에 따라서는 적성 유형과 선택하는 직업이 다를 수 있다는 것을 주의해야 한다.

표 1-2 11가지 적성 유형과 관련 직업 분야

유형	의미	관련 직업
연구 능력	지시 사항, 사실, 원리를 추리하고 응용하는 능력, 복잡한 자료나 기초를 학습하고 암기하는 일반 학습능력	과학자, 연구원, 교수
언어 능력	정확한 의사소통을 위한 문장 이해 능력과 정보 및 자기 생각을 표현하는 능력	사회과학 연구가, 평론가, 논설위원, 안내원, 교사
수리 능력	정확하고 빠르게 계산하는 능력	사무 분야, 경리원, 회계원, 사무원, 판매원
사무지각 능력	유인물, 괘도, 표 등에서 문자나 기호를 정확하고 신속하게 식별하는 능력	프로그래머, 경리, 서기, 회사원
공간지각 능력	입체적 공간 관계를 이해하는 능력으로 실제 물체를 회전 또는 분해했을 때의 형태를 상상하는 능력	설계, 건축, 미술, 가구 디자인 분야
형태지각 능력	물체나 도면을 비교 및 판별하여 형태나 명암의 근소한 차이를 알아볼 수 있는 능력	사진 제판, 제도 등의 사무 분야, 도안, 디자인 등의 응용미술 분야
운동조절 능력	눈과 손 또는 손가락을 같이 움직여서 빠르고 정확하게 반응하는 능력	외과 수술, 치과치료 작업, 전자, 전기, 세공, 운동선수
손가락 재능	손가락을 사용하여 작은 물체에 신속하고 정확하게 반응하는 능력	정밀기계, 광학, 악기 연주, 공예, 예능 분야
손 재능	물체를 옮겨 놓거나 돌리는 등 손을 기능적이고 숙련되게 움직이는 능력	운전직, 기타 금속 부품 제작, 기타 신체적 작업 분야
기계추리 능력	각종 기계, 기구 및 물리학적 원리를 이해하고 추리하는 능력	토목, 기계, 조립, 시설 분야, 공장 기술자
척도해석 능력	척도, 그래프, 차트, 기계 등을 신속 정확하게 읽는 능력	이공학, 화학, 수학, 의학 분야, 실업 및 기술 분야

활동지 3 나의 적성은?

이 활동지를 통해 자신의 적성을 알아볼 수 있다. 학생들이 자신의 적성을 찾고 자신의 직업을 무엇으로 하면 좋을지 생각하면서 작성하도록 지도한다.

나의 적성은?

1. 내가 가장 잘하는 것을 찾아서 10가지를 적어 보세요.

①축구	②농구	③야구	④족구	⑤권투
⑥심부름	⑦등산	⑧친절	⑨성실	⑩유머

2. 위에 적은 내용을 앞 장의 11가지 적성 유형에 비추어 보았을 때 자신의 적성이 무엇인지 써 보세요.

스포츠와 움직이는 것을 좋아하는 것으로 봐서 운동조절 능력이 있음

3. 부모님이나 형제, 친한 친구 등 나를 매우 잘 아는 사람들로부터 잘한다고 칭찬받은 일들을 적어 보십시오.

①성실	② 인내	③건강
④활동	⑤ 긍정적	⑥부지런함

4. 위에 적은 내용을 앞 장의 11가지 적성 유형에 비추어 보았을 때 자신의 적성이 무엇인지 써 보세요.

활동적인 것을 많이 말하므로 운동조절 능력이 있음

5. 학교에서 실시한 적성 검사 결과는 어떤 유형의 적성이 높았습니까?

공간지각 능력

6. 위 세 가지의 조사를 비교하여 결과가 어느 정도 일치합니까? 일치하거나 일치하지 않는 이유가 무엇인지 적어 보세요.

2개는 일치하는데 적성 검사는 공간지각 능력임. 그러나 운동선수도 공간지각 능력이 필요함

7. 위의 세 가지 조사 결과를 종합하여 볼 때 나의 적성에 가장 적합한 직업은 무엇이라고 생각합니까?

프로 야구 선수가 좋음

활동지 4 나의 과목적성은?

이 활동지를 통해 자신이 좋아하는 과목에 따라 과목에 관련된 직업을 찾아볼 수 있다. 학생들이 자신의 적성을 찾고 직업을 무엇으로 하면 좋을지 생각하면서 작성하도록 지도한다.

나의 과목적성은?		
구분	내가 잘하는 과목은?	내가 좋아하는 과목은?
	수학	영어
이 과목과 관련된 직업군은?	수학자, 과학자	외교관, 회사원
직업을 위해 준비해야 할 일은?	박사학위 취득	외무 고시
흥미 검사와 적성 검사에서 동시에 제시된 직업군은?	언어능력 사회과학 연구가, 평론가, 논설위원	
검사 결과를 통해 새롭게 안 사실이나 느낀 점은?	내가 좋아하는 과목이 영어라 사회과학자나 연구가가 어울린다는 사실을 알았음	

4. 흥미에 따른 진로지도

흥미란 어떤 활동이나 사물에 대해 지속적으로 가지는 긍정적인 느낌을 말한다. 즉, 자신이 좋아하는 일에 관심을 나타내는 것이다. 직업에 대한 흥미 여부는 그 직업에 대한 만족감, 노력의 방향, 지속성을 결정짓는 중요한 역할을 한다. 그러나 어떤 분야에 흥미가 있다고 해서 반드시 그 분야의 직무를 수행하는 데 필요한 능력이 있다고 말할 수 없으며, 흥미 없는 직업 선택도 바람직하다고 할 수 없다. 흥미는 사람마다 강도가 다르고 계발 가능하며, 또한 퇴화할 수도 있기 때문이다.

따라서 흥미 있는 분야와 잘하는 분야가 조화된 일을 찾아보는 것이 무엇보다 중요하다.

흥미는 사람들의 견해와 방법에 따라 조금씩 다르게 분류되고 있다. 그러나 거기에 내포된 의미는 거의 같다고 볼 수 있다. 다음과 같이 흥미를 분류할 수 있다.

표 1-3 흥미의 분류

유형	의미	관련 직업
문학적 흥미	시 · 문학 등 문예 활동을 위주로 한 감정 표현이나 아이디어 창조하기에 대한 흥미가 있음	문인, 저술가, 번역가, 어문학자, 편집인, 방송인, 시나리오 작가
과학적 흥미	물리학, 화학, 지구과학, 생물학, 생리학, 의학, 동물학, 식물학, 미생물학에 흥미가 있음	과학자, 공학자, 의사, 보건 관계자, 농학자, 심리학자
사회과학적 흥미	정치, 선전, 광고, 법률, 외교 등 집단, 언론, 설득에 흥미가 있음	법관, 교수, 정치가, 외교관, 교사, 상담사
기계적 흥미	기계, 금속, 조선, 섬유, 교통수단, 기계 공학적 원리를 이용하여 실제 상황에 적용하는 데 흥미가 있음	기술자, 기사, 건축사, 기계 조작 관련직
전기 · 전자적 흥미	전기 · 전자 공학 기술 및 기타 전자 제품을 다루는 활동에 흥미가 있음	전기 · 전자 기술자, 전자공학자, 컴퓨터 프로그래머
상업적 흥미	경제, 경영, 무역 관리 등 기업 운영과 경제적 활동에 흥미가 있음	경영인, 제조업자, 경제학자, 판매, 상업

봉사적 흥미	사회사업, 사회복지, 교육, 종교 등의 활동에 흥미가 있음	사회사업가, 성직자, 교직자, 간호사
권력적 흥미	권력과 지위에 흥미가 있음	경찰, 군인
사무적 흥미	회계, 계산, 경리, 서기 활동에 흥미가 있음	은행원, 사무원, 회계사, 법조인, 공무원
운동적 흥미	체육 활동이나 야외 활동에 흥미가 있음	스포츠 관계자, 운동선수, 심판, 체육지도자
음악적 흥미	성악, 기악, 작곡, 감상, 평론 등 음악 활동에 흥미가 있음	음악평론가, 성악가, 작곡가, 지휘자
미술적 흥미	회화, 조각 등 미술 활동, 디자인, 감상, 평론 등 미술적 활동에 흥미가 있음	미술평론가, 조각, 회화, 공예가, 보석감정사, 가구제작자
종교적 흥미	종교에 대한 흥미가 높고 돈과 지위에 대해서는 관심이 없음	종교인, 종교평론가, 철학가

활동지 5 나의 흥미는?

이 활동지를 통해 자신의 흥미에 맞는 직업을 알아볼 수 있다. 흥미와 관련된 활동을 해 본 것을 과거, 현재, 미래 순으로 적고 그에 대한 순위를 매기도록 한다. 학생들이 이 질문을 통해서 자신의 흥미에 맞는 직업을 찾도록 지도한다.

나의 흥미는?				
흥미 영역	과거	현재	미래	순위
문학적 흥미	1	1	1	1
과학적 흥미	2	2	10	2
사회과학적 흥미	3	5	9	7
기계적 흥미	4	6	8	3
전기 · 전자적 흥미	5	8	7	4
상업적 흥미	6	10	6	5
봉사적 흥미	7	13	5	6
권력적 흥미	8	12	4	
사무적 흥미	9	11	3	
운동적 흥미	10	9	3	
음악적 흥미	11	7	8	
미술적 흥미	12	4	11	
종교적 흥미	13	3	12	

② 4위까지의 흥미에 맞는 나의 직업을 고른다면?	1. 저술가 2. 공학자 3. 법관 4. 기술자

5. 가치관에 따른 진로지도

가치관이란 가치의 기준을 어디에 두느냐를 결정하는 자신의 관점을 말한다. 가치는 어떤 특수 대상이나 생활을 넘어서 행동 양식을 결정하고 존재의 목적을 반영하는 것이다. 태도는 특수 대상이나 사건에 한정되는 데 반해, 가치는 그것을 넘어선다는 차이점이 있다. 가치란 무엇을 좋아하거나 반대로 싫어하는 것을 결정하기도 하고, 또 어떤 식으로 행동하는가를 말하기도 한다.

사람들이 가지는 가치관은 매우 다양하다. 왜냐하면 각자가 가치 있게 생각하는 것이 다르고, 좋아하는 것이 서로 다르며, 서로가 다른 것을 추구하고, 다르게 행동하기 때문이다. 어떤 사람은 건강이 중요하다고 생각하기 때문에 건강관리에 비중을 두며, 또 어떤 사람은 사회적 명예와 지위를 굉장히 중요하게 여긴다. 또 어떤 사람은 학문을 중요하게 여겨서 그것에 비중을 두기도 한다. 이에 따라 다양한 직업을 선택하게 된다. 이와 같이 가치관은 각자의 진로와 직업을 결정하는 데 중요한 역할을 하기 때문에 건전한 가치관을 세워서 개인적으로 만족감을 얻고 보람을 느끼며 생활하도록 하여야 한다.

가치관의 유형은 크게 이론형, 경제형, 심미형, 사회사업형, 정치형, 종교형 등 6가지로 나눌 수 있다. 가치관 유형에 따라 관련된 직업을 보면 다음과 같다.

표 1-4 가치관의 유형과 관련된 직업

유형	의미	관련 직업
이론형	사물의 진리를 탐구하고 연구하며 가르치는 일에 보람과 긍지를 느낌	교사, 교수, 연구원, 학자, 과학자, 소설가, 평론가, 수학자, 교육가
경제형	돈을 벌어 부자가 되는 일에 가치를 두고, 경제적 활동에 큰 비중을 둠	소매상인, 도매상인, 유통업 종사자, 무역인, 경영인
심미형	예술에 대한 가치를 추구하는 것을 최고의 가치로 삼음	음악가, 체육인, 무용가, 음악평론가, 화가, 소설가, 스포츠 해설가
사회사업형	다른 사람을 위해 봉사하고 돕는 것을 최고의 가치로 삼음	사회사업가, 서비스업 종사자, 상담교사, 재활상담원, 간호사, 사회봉사자
정치형	권력을 중시하고, 리드하는 것을 최고의 가치로 삼음	정당인, 정치가, 군인, 경찰, 공무원, 시·도 의원
종교형	종교적인 것을 최고의 가치로 삼음	목사, 승려, 종교인, 신부, 수도사

출처: 김충기(2000). 진로교육과 진로상담. 서울: 동문사.

활동지 6 나의 가치관은?

이 활동지를 통해 자신의 가치관을 알아볼 수 있다. 학생들이 자신의 가치관을 찾고 그에 맞는 직업을 찾도록 지도한다.

나의 가치관은?		
문제	답	이유
자신의 성격을 잘 나타내는 단어	심미형	예술에 대한 가치를 추구하기에
자신에게 없지만 갖고 싶은 성격	사회사업형	남을 위해 봉사하고 돕고 싶어서
고쳤으면 하는 성격	정치형	권력을 중시함
나의 성격에 맞는 직업	심미형	예술에 대한 가치를 추구하기에
나의 성격에 맞지 않는 직업	종교형	종교적인 것을 최고의 가치로 삼기 때문에

6. 성격에 따른 진로지도

성격은 인성, 인품, 성품, 기질 등 다양한 용어로 표현되고 있어 정확한 정의를 내리기는 어렵지만 통상적으로 사회생활을 할 때 자기를 대표하거나 상징하는 참된 모습이라고 할 수 있다.

성격은 직업 선택 및 진로 발달에 중요한 영향을 미친다. 즉, 개인의 성격과 직업의 성격이 맞지 않으면 직무에 만족하지 못하거나 불안한 상태에서 일을 하고, 성격과 직업의 성격이 맞으면 일의 효율성이 높아진다. 또한 능력이 우수하더라도 성격이 원만하지 못하면 사람들과 함께 일하는 데 어려움을 겪는다. 이처럼 성격은 직장에서의 적응 가능성 여부를 결정짓는 데 중요한 요인으로 작용한다.

표 1-5 성격 유형에 따른 관련 직업

성격 유형	성격 특성	관련 직업
사고형	생각이 깊으며 모든 일을 신중히 처리하고 책임감이 강하다.	물리학자, 인류학자, 화학자, 수학자, 생물학자
안정형	변화를 싫어하고 한곳에 머물기를 좋아한다.	은행원, 공무원, 통계학자
사교형	매사에 적극적이고 활달하며 화술이 뛰어나다.	외교관, 사업가, 임상심리학자, 교육자, 목사, 상담사, 아나운서
냉담형	감정이 별로 없고 싸늘하게 느껴진다.	의사, 변호사, 판사, 검사, 경찰관, 요리사, 간호사
민감형	감정이 예민하여 조그만 일에도 민감하게 반응한다.	형사, 연출가, 탤런트, 배우
흥분형	다혈질로 감정 표현이 강하다.	응원단장, 치어리더, 운동선수
고독형	말이 없고 혼자 있기를 좋아하며 매사에 조심스럽다.	작가, 소설가, 시인, 화가
담대형	배짱이 두둑하고 겁이나 두려움이 없으며 모험적이고 저항적이다.	모험가, 탐험가, 발명가
활동형	말보다 행동이 앞서며 현실감각이 강하고 매우 정열적으로 임한다.	비행사, 기술자, 운전기사, 사회사업가, 농부, 낙농가
강인형	끈기가 있고 인내심이 강하여 하고자 하는 일은 쉽게 포기하지 않는다.	등산가, 탐험가, 항해사, 기관사, 승무원

예술형	감정이 풍부하고 예술적인 것을 좋아한다.	문학가, 음악가, 조각가, 화가, 극작가, 연출가, 성악가
지배형	다른 사람을 이끌고 지배하는 것을 좋아하고 화술이 뛰어나다.	정치가, 군인, 사회자, 경영인
독립형	의지가 강하여 다른 사람의 간섭을 싫어하고 독자적으로 판단하며 주장이 강하다.	사업가, 신문기자, 잡지 편집인, 낙농가, 약사, 개인 사업
내성형	사람 앞에 나서기를 수줍어하고 매사에 소극적이다.	디자이너, 미용사, 기사, 사진업, 문방구
순종형	복종하기를 좋아하고 얌전하며 차분하여 어디서나 잘 어울린다.	회사원, 공무원
태평형	낙천적이며 매사를 긍정적으로 생각한다.	농부, 농장 경영인

출처: 서울특별시교육연구원(1991). 학부모를 위한 진로 지도 100문 100답. 서울특별시교육연구원.

활동지 7 성격에 따른 직업 유형 찾기

이 활동지를 통해 자신의 성격에 따른 직업 유형을 찾을 수 있다. 학생들은 먼저 성격 유형에 따른 관련 직업에서 자기에게 가장 맞는 유형을 찾아 답지의 번호에 직업을 찾아 적게 한다. 학생들이 자신의 성격 유형을 찾고 그에 맞는 직업을 찾도록 지도한다.

1번 유형	2번 유형
___ 몇 번이고 생각하며 검토한다. ___ 여러 번 생각한 끝에 결정을 내린다. ___ 어떤 일이든 따지려 든다. ___ 일단 결정하면 행동으로 옮긴다.	___ 매사에 흥분하는 일이 별로 없다. ___ 마음을 편안하게 갖는다. ___ 덜렁대지 않는다. ___ 아무 걱정이 없다.
3번 유형	**4번 유형**
___ 쾌활하고 대화하기를 좋아한다. ___ 마음이 따뜻하다. ___ 새로운 환경에 끊임없이 도전한다. ___ 충동적이며 계획을 자주 변경한다.	___ 끈기가 있다. ___ 조용하다. ___ 동정심이 별로 일어나지 않는다.
5번 유형	**6번 유형**
___ 무슨 일이나 기분에 좌우된다. ___ 생각보다 행동이 앞선다. ___ 침착하지 못하다. ___ 행동의 쾌감을 느낀다.	___ 혼자서도 일을 잘한다. ___ 모든 일에 잘 참는다. ___ 실제적이고 현실적이다. ___ 강인해 보인다.
7번 유형	**8번 유형**
___ 무엇인가 창조하고 싶어 한다. ___ 자주 감동받는다. ___ 마음이 훈훈하다. ___ 누군가를 사랑하고 싶어 한다.	___ 다른 사람의 말은 듣기가 싫다. ___ 모든 일에 앞장서야 후련하다. ___ 항상 명령하는 위치에 있고 싶어 한다. ___ 어디서나 지배하는 사람이 되고 싶다.
9번 유형	**10번 유형**
___ 상상력이 풍부하다. ___ 다른 사람의 도움을 자주 구한다. ___ 부드럽고 점잖아 보인다. ___ 감정이 예민하여 조그만 일에도 놀란다.	___ 끈기가 없다. ___ 솔직하고 직선적이다. ___ 쉽게 당황한다. ___ 잘 긴장하고 침착하지 못하다.

11번 유형	12번 유형
___ 항상 혼자 있기를 즐긴다. ___ 낙엽을 사랑한다. ___ 달을 보면 울고 싶은 기분이 든다.	___ 배짱이 두둑하여 두려운 것이 없다. ___ 언제나 자신만만하다. ___ 담이 크다. ___ 법이나 질서를 쉽게 무시하기도 한다.
13번 유형	**14번 유형**
___ 내 주장대로 한다. ___ 지시나 충고를 받으면 불쾌하다. ___ 급진적이고 변화를 좋아한다. ___ 필요한 경우 정해진 규칙이라도 깬다.	___ 지시나 충고를 쉽게 받아들인다. ___ 전통적이고 관습적인 생각을 좋아한다. ___ 넌지시 제안한다. ___ 규칙을 잘 지킨다.
15번 유형	**16번 유형**
___ 조심성이 많다. ___ 앞에 나서기를 꺼려한다. ___ 부끄러움을 잘 탄다. ___ 심사숙고하여 결정한다.	___ 아무런 근심 걱정이 없다. ___ 모든 것이 잘되어 간다고 생각한다. ___ 평화로운 시골 풍경과 한가함을 좋아한다. ___ 나쁜 일은 쉽게 잊어버린다.

출처: 서울특별시교육연구원(1991). 학부모를 위한 진로 지도 100문 100답. 서울특별시교육연구원.

〈답지〉

유형	성격	관련 직업	유형	성격	관련 직업
1	사고형		9	민감형	
2	안정형		10	흥분형	
3	사교형		11	고독형	
4	냉담형		12	담대형	
5	활동형		13	독립형	
6	강인형		14	순종형	
7	예술형		15	내성형	
8	지배형		16	태평형	

7. 신체적 조건에 따른 진로지도

신체적 조건은 직업을 갖고 일을 하는 데 필요한 체력, 체능, 체격, 체질 등의 신체적 특성과 건강 상태를 말한다. 인간의 모든 활동은 신체를 가지고 하기 때문에, 직업을 갖기 위해서는 해당 직업에서 필요로 하는 신체적 조건에 대한 이해가 필수적이다. 신체적 조건은 키, 몸무게, 난청, 난시, 색맹 등이 기본 조건이며 다른 조건들도 추가될 수 있다. 예를 들면, 직업에 요구되는 신체적 조건으로 체력의 지구력, 손의 힘, 팔의 힘, 다리의 힘, 손가락의 기교성, 팔다리의 기교성, 시각력 · 청각력 · 후각의 발달정도, 미각의 발달정도, 두 손의 독자적인 운동, 용모, 눈과 손의 협동, 다리와 손과 눈의 협동, 신장, 체중 등이 중요하다. 신체적 활동에는 걷기, 높이 뛰기, 달리기, 균형 잡는 일, 무릎을 굽히는 일, 운반하는 일, 잡아당기는 일, 깊이를 탐지하는 일 등이 있다. 이 외에도 자신이 선택하고자 하는 직업에 따라 신체적인 특수한 조건을 잘 살펴야 한다.

중학교 시기는 신체 발달이 빠르게 변화되는 시기이므로, 건강을 유지하고 체력을 증강시키는 새로운 생활 습관이 매우 중요하다. 그러므로 자신의 생활 습관을 돌아보고 건강 유지와 체력 향상을 위해 노력하여야 한다. 신체적 조건을 맞추지 못한다면 아무리 적성이 맞고 능력이 있어도 원하는 직업을 갖기 위해 필요한 자격 조건부터 충족시키지 못하게 된다.

신체가 건강하고 체력이나 체능, 체격 등이 잘 발달되어 있으면 직업 선택에서 문제가 별로 없겠지만, 신체적 결함이 있거나 생기면 직업분야에 관심과 흥미, 능력이 있다 할지라도 경우에 따라 지원 자체가 불가능해진다. 따라서 직업에 따라 신체적 장애가 어떤 문제가 되는지 아는 것이 매우 중요하다. 다음을 보면 직업과 신체적인 조건의 관계를 알 수 있다.

표 1-6 직업과 신체적인 조건의 관계

신체적 장애	부적당한 직업의 성질	부적당한 직업의 예
신체적 쇠약	강인한 체력이 필요한 직업	갑판원, 군인, 압연공, 주조공, 광부, 토목공, 농업 종사자, 운반 인부, 토목기술자, 건축가, 경찰, 기자, 방송국 종사자
근시	충분한 시력이 필요한 직업	정밀 기계공, 교통 종사원, 활판 · 문선 · 식자공, 인쇄공, 금세공사, 사진 기술자, 조각공
색맹	색채를 상세히 구별하는 직업	화가, 도안가, 의사, 교통 종사자, 염색공, 인쇄공, 자수공, 미술가, 서예가, 약제사, 해양 관계업
난청	재해 위험이 큰 직업이나 귀를 많이 사용하는 직업	음악가, 악기 조율사, 시계 수선공, 통신사, 교환수, 교원, 판매원, 간호사, 의사
발음장애	유창한 연설이 필요한 직업	아나운서, 교원, 교환수, 요리사, 영양사, 성악가, 판매원, 서비스업 종사자
후각장애	약품, 화장품, 요리 등에 관련된 직업	약제사, 요리사, 화장품공, 식료계, 향료업계
폐질환	산, 수증기 등 고도, 고온, 저온 등 열악한 환경, 대인 접촉이 많은 직업	연마공, 도금공, 부식판공, 방적공, 요리업 종사자, 의료품 판매업, 요리사, 간호사, 교원, 의사
심장질환	많은 활동을 하거나 재해 위험이 큰 직업	야외에서 일하는 직업, 의사, 간호사, 소방관, 석공, 군인, 목수, 미장이, 비행사, 선원, 운전원, 토목기사, 배달부
피부병	화공약품을 제조하며 타인과 접촉하는 직업	화학공, 염색공, 피혁공
악취	대인관계에 접하는 직업	서비스업 종사자, 의사, 간호사, 외교관, 교원, 요리사, 이용업 종사자, 대인업무 종사자
손떨림(유수)	손으로 작업하는 직업	자수공, 재봉공, 제본공, 도안가
서툰 솜씨	정밀함 및 기교가 필요한 직업	정밀기계공, 금세공기술자, 인쇄공, 시계수리공, 편물사
각질 (편평족, 하지 혈관경련 포함)	직립 및 많은 보행이 필요한 직업	수금원, 매점원, 이용사
불민첩한 신체 동작	재해 위험이 큰 직업	목수, 미장이, 소방관, 운전수, 경마기사
간질	재해 위험이 큰 직업	기계운전공, 옥상근무자, 전선공, 고층청소부
류머티스성 체질	옥상에서 작업하거나 물에 젖거나 온도의 변화가 많은 직업	피혁공, 어부, 포목공, 선원, 세탁부, 염색공, 운전원, 도금공, 잠수부
탈장	중량물을 들거나 힘을 주는 작업	운반공, 석공, 미장이, 단조공, 목수

출처: 장석민(1998). 진로교육의 이론과 실제. 한국교육개발원.

8. 가정환경에 따른 진로지도

가정환경이란, 학생 개인에게 영향을 미치는 가정의 물리적, 심리적 환경을 모두 포함한다. 학부모의 직업, 가족의 월 평균 소득, 학부모의 학력 등이 학생들의 진로에 영향을 미치는 것으로 나타났다. 교육사회학에서는 개인의 사회경제적 배경, 출신 배경 같은 변인들이 장래에 얻게 되는 개인의 직업 지위에 영향을 미치고 있다는 것을 실증적으로 밝히고 있다. 즉, 학부모의 사회경제적 지위가 자녀에게 직접적으로 세습된다고 보는 입장에서 이러한 점이 더욱 강조되고 있는 실정이다.

최근에 이루어진 진로 관련 분야의 연구들에 따르면, 사회경제적 변인이 직접적으로 직업 지위에 영향을 미치기보다는, 사회심리적 변인을 통하여 간접적으로 영향을 미친다고 보고하고 있다.

사회경제적 수준에 따라 사회적 반응, 교육을 받는 정도, 직업적 야망 등을 결정하는 심리적 환경이 달라지며 이것은 결국 개인의 직업 선택과 직업 발달에까지 영향을 미치게 된다는 것이다.

따라서 사회경제적 지위가 낮은 가정의 자녀들이 열망하는 직업과 그들이 실제로 가질 수 있을 것이라고 생각하는 직업 간에는 상당한 차이가 나타난다. 이러한 현상은 근본적으로 자신이 원하는 진로를 선택할 때 주위 환경이 허용하지 않을 것이라는 생각에서 기인하는 것이다.

활동지 8 나의 가정환경 조사하기

이 활동지에서는 자신의 가정환경에 대해 조사한다. 가족 환경이 자신에게 어떠한 영향을 주고 있는지를 파악하도록 지도한다.

나의 가정환경 조사하기			
구분	학력	직업	월 수입
아버지	대졸	회사원	300만원
어머니	고졸	무직	
나의 진로에 대해 가장 많이 걱정해 주시는 분은?	어머니		
이유는?	나를 가장 잘 알기 때문에		
나의 가족들은 내가 무엇이 되기를 바라고 있는가?	직업군인		
이유는?	안정된 직장		
만일 가족과 나의 의견이 다르다면 자신은 어떻게 할 계획인가?	설득할 생각이 있음		
이유는?	내가 원하는 직업이 있기 때문에		

활동지 9 나의 진로계획 설정하기

이 활동지에서는 자신의 진로를 종합적으로 검토해 본다. 가장 알맞은 직업이 무엇인지 찾아보도록 지도한다.

나의 진로계획 설정하기		
구분	내용	직업
적성	공간지각 능력	건축가
흥미	기계적 흥미	기술자
가치관	경제형	유통업 종사자
성격	생각형	인류학자
신체조건	건강함	아무 직업이나 상관없음
가정환경	좋은 편임	군인
결과적으로 자신의 진로를 정한다면?	공간지각과 기계적인 흥미를 가지고 건강하므로	로봇과학자
선택한 직업	로봇을 만드는 과학자	
선택한 직업이 하는 일	로봇을 만드는 일	
선택한 직업의 월 보수	500만 원	
선택한 직업을 위한 대학과 학과	전자공학과	
선택한 직업을 위한 자격증	전자기술사	

9. 꿈 세우기

꿈을 세우는 것은 공부습관을 형성하는 데 가장 중요한 부분이다. 자신의 공부의 지향점을 제시할 뿐만 아니라 제대로 공부를 활용하고 있는지를 판단하는 기준도 되기 때문이다.

성공한 사람들의 특징을 보면 여러 가지 공통점이 있지만 그중에서 가장 중요한 것이 하나같이 꿈을 크게 세웠다는 것이다. 결국 자신의 미래에 대한 꿈을 구체적으로 세운 사람일수록 성공에 이르는 비율이 높다는 것을 알 수 있다.

학습코치가 학생의 꿈을 세워 주는 방법을 보면 다음과 같다.

꿈은 크게 그리게 한다

옛말에 "고양이를 그리려면 호랑이를 그리려고 해야 못 그려도 고양이라도 그리지만, 고양이를 그리려면 아무것도 못 그릴 수 있다."는 말이 있다. 따라서 학생들이 꿈을 크게 그리도록 지도해야 한다. 예를 들면, '공무원' 이 꿈인 학생에게는 '대통령' 을 그리도록 하고, '교사' 가 꿈인 학생에게는 '교육감' 을 그리도록 하는 것이다. 꿈이 크면 이룰 수 있는 것도 크지만, 꿈이 작으면 이룰 수 있는 것이 없게 될 수도 있다. 뿐만 아니라 큰 꿈이 있어야 가는 길이 멀어도 지치지 않고 멀리 갈 수 있기 때문이다.

꿈은 구체적이고 분명하게 설정하게 한다

꿈이 정확하지 않으면 중간에 목표를 잃어버리게 되어서 꿈을 포기할 수도 있다. 따라서 꿈은 정확하게 가져야 한다. 예를 들면, 꿈이 '의사' 라고 해도 의사 중에서 '내과 의사' 또는 '정신과 의사' 등으로 구체화해야 한다. 그리고 꿈을 분명하게 정해야 자신이 현재 목표에 어느 정도까지 도달했는지 자신의 상태를 점검해 볼 수 있다.

꿈은 달성 가능한 것으로 해야 한다

꿈이 크고 목표가 뚜렷하다고 해도 학생들이 달성할 수 있는 목표로 해야 한다. 만약 목표가 그저 허황되면 나중에 포기하게 되고, 결국은 좌절을 경험하게 된다.

반대로 열심히 노력하지 않아도 현재의 역량으로 충분히 달성할 수 있는 목표를 세운다면, 학생에게 꿈과 설레임을 주지 못하게 된다. 따라서 막연한 기대만으로 목표를 수립하는 것이 아니라, 꿈과 설레임을 주고 달성 가능하면서도 한번 해 볼 만한 꿈을 세워야 한다. 그래야 비로소 학생이 설레는 가슴을 안고 기꺼이 목표를 달성하기 위하여 도전하려고 할 것이다.

꿈을 세울 수 있는 기회를 준다

학생들의 꿈을 세우기 위해서는 다양한 기회를 만들어 주는 것이 좋다. 학생들의 꿈을 세우기 위한 방법에는 진로직업지도, 적성 검사, 비전캠프, 꿈 찾기 프로그램 등이 있다.

꿈에 대한 정확한 목표를 세우기 위해서는 자신의 목표를 이미 이루어 낸 사람들의 삶을 보게 하거나 직접 직업을 체험하게 하는 것이 좋다.

학생이 원하는 꿈을 세우게 한다

학생의 생각과 가치가 반영되지 않은 목표, 부모가 권해서 선택한 목표는 이루기가 어렵다. 따라서 학생이 현재 그리고 미래에 바라는 것이 무엇이고, 열정을 다해 얻고자 하는 것은 무엇인가가 목표에 담겨져 있어야 한다.

따라서 학생의 꿈을 세우기 위한 충분한 자료를 수집하고 심사숙고하는 과정이 반드시 필요하다. 이러한 심사숙고하는 과정에서 진로직업지도를 받거나, 해당 분야의 먼저 성공한 사람들을 만나 보거나, 직업체험을 해 보는 것이 필요하다. 이와 같은 다양한 진로직업지도 과정은 학생 스스로 꿈을 세우는 데 도움을 준다.

목표 달성의 장애요인과 대안을 사전에 생각하게 한다

꿈을 세울 때는 장애가 무엇인지를 미리 생각하고 그에 따라 대안을 준비해 둔다. 장애요인이나 대안을 사전에 고려하는 것은 학생으로 하여금 꿈을 포기하게 하려는 것이 아니라, 원하는 꿈을 이루기 위해서는 장애요인을 극복하든지 대안을 선택하도록 지도하기 위해서다. 그러면 목표에 도달할 확률이 더욱 높아진다.

예를 들어, 의대를 가고 싶은 학생이 있는데 이 학생이 의대를 갈 실력이 되지 않는다면 장애요인은 공부를 잘 못하는 것이 되기 때문에 더욱 열심히 공부해서 의대로 진학하든지, 공부를 안 하는 상태에서 의대는 못 가니까 대안으로 의사 대신에 간호사를 선택하는 것이 방법이 된다.

목표 달성에 필요한 정보를 제공한다

목표를 달성하기 위해서는 다양한 자료나 정보가 필요하다. 꿈을 이루기 위해서 무엇을 전공해야 하는지, 어떤 대학을 가야 하는지, 어떤 공부나 자격증이 필요한지, 어떠한 경로로 직업을 갖는지, 보수는 얼마나 되는지, 직업의 장단점은 무엇인지에 대한 정보를 제공해 준다. 학생들이 꿈을 세우기 위한 정보를 많이 검토할수록 정확한 목표를 세우는 데 도움이 된다.

고용노동부 워크넷(http://www.work.go.kr)에 학생들의 꿈에 대한 많은 자료와 정보가 있으므로, 직업을 구체적으로 선택하는 데 도움이 되도록 미래 직업에 대한 정보들을 모아 보여 주도록 한다.

목표 달성 여부를 평가하는 기준을 정하여 중간 평가를 하게 한다

꿈을 이루기 위해서는 실천이 중요한데 실천이 이루어지기 위해서는 중간평가를 해야 한다. 따라서 꿈을 세울 때는 평가요소를 만들어 일정한 간격을 두고 목표를 향한 노력을 점검하는 중간 평가를 한다. 중간 평가를 통해 부족한 부분은 보충하고, 문제점이 생기면 이를 제거하는 과정을 거쳐 목표를 달성할 수 있다.

꿈은 잘 보이는 곳에 붙여 놓게 한다

꿈은 자주 상기해야 도달할 수 있지만, 꿈을 세우고 상기하지 않으면 잊어버리거나 포기하게 된다. 따라서 꿈을 상기하기 위해서는 자신의 목표가 무엇인지 지속적으로 생각나도록 적어서 책상이나 자주 보는 곳에 붙여 놓고 항상 읽어 보는 것이 좋다. 꿈을 자주 상기하면 잠재의식 속에 자신의 노력에 대해 긍정적으로 받아들이고 자신이 세운 목표를 달성하도록 노력하게 된다.

꿈을 이루기 위한 세부적인 계획을 수립하게 한다

단순히 꿈을 세우는 것만으로는 성공을 이룰 수 없다. 성공하는 사람들은 하나같이 목표의 강력한 성취 도구인 세부적인 계획을 만들어서 실천한다.

세부적인 계획은 꿈을 이루기 위해 필요한 장기계획과 단기계획으로 나눌 수 있다. 장기계획은 연 단위 계획을 말하며, 단기계획은 일 단위부터 월 단위 계획을 말한다. 계획이 구체적이어야 목표에 도달하기가 쉽다.

필요하면 계획의 일부를 수정하게 한다

꿈을 이루기 위해 계획을 세워 도전하다 보면 문제점이 나타날 수 있는데, 이럴 때는 문제점을 분석하여 목표나 계획의 일부를 수정할 수 있다. 반대로 처음에 설정했던 목표보다 결과가 더 좋게 나타나거나 계획을 초과 달성한 경우는 목표를 더욱 상향 조정해야 한다.

활동지 10 비전선언문 작성하기

이 활동은 학생들의 꿈을 바로 세우기 위한 것이다. 학생들은 이 질문을 통해서 꿈을 바로 세우고, 꿈을 실현하기 위해 어떤 학교에 진학해야 하는지, 또한 어떤 노력이 필요한지를 판단할 수 있다. 그리고 이미 세운 꿈을 더욱 구체화할 수 있도록 자신이 세운 꿈과 관련하여 성공한 사람을 닮기 위해서 어떻게 해야 하는지를 깨닫도록 지도한다.

또한 꿈을 이루기 위해 실천해야 할 올해의 목표와 매일 실천해야 할 생활신조를 5개 정도 적게 한다. 목표나 생활신조는 책상 앞에 적어 놓고 매일 반복해서 읽도록 지도한다.

1. 나는 남들보다 언어 능력이 뛰어나다.

2. 나의 성격은 아주 꼼꼼한 편이다.

3. 나의 장래 꿈은 판사다.

4. 꿈을 실현하기 위해서 나는 서울대학교 법학과에 진학할 것이다.

5. 내가 닮고 싶은 사람은 빌 게이츠다.

6. 내가 그 사람을 닮고 싶은 이유는 세계적인 영향력을 가지고 있기 때문이다.

7. 내가 그 사람과 비슷한 점은 열심히 사는 것이다.

8. 내가 그 사람과 다른 점은 아직 영어를 잘 못한다는 것이다.

9. 내가 그 사람보다 더 멋진 점은 매우 낙천적인 성격을 가졌다는 것이다.

10. 꿈을 이루기 위해서 지금까지 노력해 온 일은?

- 반에서 3등을 벗어나지 않았다

11. 꿈을 이루기 위해서 앞으로 반드시 해야 할 일은?

- 일주일에 한 권 이상 책을 읽을 것이다.

12. 나의 올해 목표는?

- 반장되기
- 수학 문제 완벽하게 풀기
- 부모님 기쁘게 해 드리기

13. 나의 하루 생활 목표는?

- 영어 단어 3개씩 외우기
- 수학공식 1개씩 외우기
- 잠 자는 시간 1분씩 줄여 나가기

제2장

학습동기는 공부의 기둥

학습동기란 공부하고 싶은 욕구를 말한다. 따라서 학습동기가 생기지 않고서는 절대 공부를 잘할 수 없다. 하고 싶을 때 공부를 해야 주의력과 암기력이 생겨 잘할 수 있는 것이지 억지로 한다고 되는 것이 아니기 때문이다. 공부를 하고 싶다는 동기유발이 확실하면 공부를 잘하게 해 주는 공부습관을 만드는 데 50%는 성공한 셈이다.

학습동기는 내재적 · 외재적 · 개인적 · 환경적 요인들이 포함되어 다양하게 작용한다. 특히 학습동기가 높고 낮음은 학생들이 겪어 온 많은 경험과 연관이 있다. 따라서 학습의 동기는 개인마다 다른 요인이 작용되어 나타나며 그중 홍미가 중요한 영향을 끼친다.

1. 공부의 목적을 정확히 알기

공부를 잘하기 위해서는 먼저 공부에 대한 정확한 의미를 알아야 한다. 많은 학생들은 공부가 무엇인지도 모르고 공부를 하고 있는 경우가 많다. 그래서 많은 학생들이 “공부가 뭐야?” “공부는 왜 하는데?” 라고 물어본다. 공부가 무엇인지 모르는 학생들은 공부를 왜 해야 하는지도 모르고, 물론 재미가 없을 뿐만 아니라 공부에 대한 무조건적인 반항의식을 가지고 있기도 하다.

공부가 무엇인지를 알고 해도 힘든 것이 공부일 수 있는데 공부가 무엇인지도 모르고 하는 공부는 그만큼 어려운 것이 될 수 있다. 공부에 대한 정확한 의미를 모르고 공부를 하는 것은 목적지를 모르고 끌려 가는 소와 같다. 공부에 대한 개념을 정확히 아는 것은 공부를 통해서 얻을 수 있는 확실한 비전을 세우는 데 도움이 될 뿐만 아니라 오랫동안 공부를 지속하게 하는 힘을 준다.

공부(工夫)의 사전적 의미는 학문이나 기술을 배우고 익히는 것을 말한다. 그러나 이러한 사전적 의미는 학생들에게 와 닿지 않기 때문에 우리는 쉽게 '시험을 잘 보기 위해서 하는 것' 또는 '좋은 대학에 가기 위해서 하는 것' '좋은 배우자를 얻기 위해서 하는 것' '좋은 직장을 갖기 위해서 하는 것' 등으로 설명한다. 이러한 것을 공부의 수단적 의미라고 한다. 공부의 수단적 의미는 초등학생들에게 공부를 즐겁게 하기 위한 설득으로는 부족하다. 왜냐하면 초등학교에 입학한 학생에게 공부가 좋은 대학을 가기 위해 하는 것이라고 한다면 이것은 그 학생에게 12년 뒤의 일이고, 좋은 직장을 얻기 위해 하는 것이라고 한다면 16년 뒤의 일이기 때문에 너무 멀다는 것이다. 12년이나 16년 동안 열심히 공부하면 나중에 원하는 목표에 도달한다는 것은 내일도 기다리기 어려운 학생들에게는 납득하기 어려운 설명이다.

따라서 학생들에게 가르치기에 가장 좋은 공부의 의미는 목적적인 의미다. 목적적인 의미는 바로 공부를 하는 이유가 '인간다운 삶을 살기 위해서' 와 '자아실현의 기회를 얻기 위해서' 라는 것이다. 물론 공부의 목적적 의미도 학생들에게 다가가기 힘들기 때문에 말로만 할 것이 아니라 체험할 수 있는 기회를 만들어 주면 정확히 이해하는 데 도움이 된다.

예를 들면, 어려운 삶과 성공한 삶을 체험하게 하고 성공한 삶을 사는 것이 인간다운 삶이라고 알려 주면 직접 체험하기 때문에 스스로 공부를 해야 한다는 생각을 갖게 하는 데 도움이 된다. 학생들이 되고 싶은 직업으로 성공한 사람들을 직접 만나게 함으로써 그들로부터 자아실현하는 방법이나 자아실현 후의 소감 등을 듣게 하면 효과적이다.

표 2-1 공부의 의미

사전적 의미	학문이나 기술을 배우거나 익히는 것
목적적 의미	인간다운 삶을 보장받기 위해, 자아실현의 기회를 얻기 위해
부모나 학생들이 생각하는 공부의 목적	1. 시험을 잘 보기 위해서 하는 것 2. 좋은 대학에 가기 위해서 하는 것 3. 좋은 배우자를 얻기 위해서 하는 것 4. 좋은 직장을 갖기 위해서 하는 것 5. 신분 상승을 위해서 하는 것

공부를 잘하기 위해서는 무엇보다 공부를 하는 목적을 바로 알아야 한다. 그래야만 이를 통해 학습동기도 세울 수 있고, 비전도 세울 수 있으며, 계획도 세울 수 있다. 목적을 모르고 하는 공부는 억지로 하는 것이며 그것은 학생에게 고문밖에 되지 않는다.

활동지 11 공부의 의미 알기

이 활동은 학생들이 공부의 정확한 의미를 파악할 수 있도록 하는 것이다. 학생들이 답한 것을 보고 공부의 의미를 바로잡아 주도록 한다.

1. 자신이 생각하는 '공부' 란 무엇인지 자유롭게 적어 봅시다.
   - 인간다운 삶을 보장해 주는 것
   - 시험을 잘 보기 위한 것
   - 대학에 진학하기 위한 것

2. 공부는 왜 해야 하는지 자유롭게 적어 봅시다.
   - 성공을 위해서
   - 좋은 직장에 가기 위해서
   - 행복한 삶을 위해서

3. '공부' 라는 단어를 들으면 어떤 생각이 드는지와 그 이유를 자유롭게 적어 봅시다.
   - 기분이 안 좋다. 너무 힘들기 때문이다.
   - 아무리 해도 잘 모르겠다. 기초가 없어서인 것 같다.

4. 공부를 하면 좋은 이유는?
   - 칭찬을 듣는다.
   - 용돈을 받을 수 있다.
   - 마음이 기쁘다.

2. 학습동기 높이기

학습동기가 생기면 일단 공부에 관심을 가지게 되고, 흥미가 생기며, 주의력과 집중력이 증대되고, 자아효능감이 높아지며, 할 수 있다는 자신감이 생긴다. 또한 학습의욕을 불러일으켜 학습활동의 효과를 높이고, 지속적인 학습욕구를 가지게 한다. 결국 학습동기가 높은 학생은 스스로 열심히 공부한다. 따라서 학생들의 학습동기는 자기주도학습에 지대한 영향을 미친다.

학습동기는 내재적 학습동기와 외재적 학습동기로 구분된다. 외재적 학습동기는 일시적으로 학습동기를 높이는 데 탁월한 효과가 있지만, 꾸준한 학습습관으로 연결하기 위해서는 내재적 학습동기가 생기도록 해야 한다.

1) 내재적 학습동기

- 내재적 학습동기는 내적 강화 요인에 의한 것으로서 학생 스스로 공부에 대해서 자발적인 흥미나 관심을 갖고 기쁨과 같은 내적 보상에 따라 유발되는 것을 말한다.
- 내재적 학습동기는 자발적으로 이루어지도록 하는 자연적인 동기유발을 말한다.
- 내재적 학습동기는 공부 자체가 보상으로 작용하기 때문에 특별한 보상이나 벌이 필요없다.
- 내재적 학습동기를 가진 학생에게는 공부할 수 있는 분위기를 조성해 주면서 지속적인 관심을 가지는 것이 좋다.

2) 외재적 학습동기

- 외재적 학습동기는 행동주의 심리학을 배경으로 출발하였는데, 타인으로부터 받는 칭찬이나 인정, 보상, 사회적 압력, 벌 등의 외적 보상으로 학습동기를 유발하는 것을 말한다.
- 외재적 학습동기는 외적 강화 요인에 의한 것으로서 과제 자체에 대한 관심보

다는 활동 과정에서 얻을 수 있는 것에 많은 관심을 둔다.

- 외재적 학습동기를 가진 학생은 외적 보상이 없어지면 해 오던 공부를 하지 않을 수 있다.
- 외재적 학습동기를 가진 학생은 외적 보상에 대하여 내성이 증가하므로 계속적인 동기부여를 위해서는 더 좋고 큰 보상이 주어져야 한다.

내재적 학습동기를 높이는 방법

내재적 학습동기를 높이는 방법은 즐거운 마음으로 학습에 임하도록 하고, 학생 스스로 긍정적인 마음으로 학습하고 싶도록 만드는 것이다.

공부에 대해 호기심을 갖게 한다

호기심을 가질수록 탐구하려는 마음이 생긴다. 따라서 공부를 왜 해야 하는지에 대한 호기심은 공부를 해야겠다는 마음을 갖게 하는 데 도움이 된다.

배움이 유익하다는 생각을 하게 한다

공부는 자아실현의 기회를 제공하고 인간다운 삶을 사는 데 가장 중요한 요소라는 생각을 갖는다.

공부를 통해 성공할 수 있다는 자신감을 갖게 한다

공부를 잘하기 위해서는 자신감을 가지는 것이 중요하다. 따라서 공부를 해서 원하는 목표에 도달하면 자신이 하고 싶은 일을 할 수 있다는 생각을 가지게 하여 '나도 할 수 있다'는 자신감을 갖도록 지도한다.

원하는 목표에 도달하면 스스로에게 보상을 하게 한다

원하는 목표에 도달하면 이전에 자신이 하고 싶었던 일들, 즉 휴식을 취하거나 맛있는 것을 먹거나 예전부터 가지고 싶었던 물건을 구입함으로써 성취감을 높인다.

모델을 선정하고 닮아 가도록 하게 한다

성공한 사람들 중에서 닮고 싶은 사람을 정해 그 사람의 삶의 방식대로 따라 하다 보면 결국은 닮게 되고 성공할 수 있다는 생각을 갖게 한다.

학습목표를 지인들에게 알리게 한다

자신의 목표를 지인들에게 알리면 목표에 도달하려는 책임의식을 가지게 된다. 예를 들어, 영어 단어 50개를 다음 날까지 외우겠다는 학습목표를 정하고 주변에 알리면 그 말을 지키려는 노력으로 공부를 하게 된다.

목표에 도달하지 못했을 때 스스로에게 벌을 주게 한다

자신이 목표를 달성하지 못했을 때 벌로 다른 대가를 치르겠다는 약속을 학부모나 친구와 해 두면 도움이 된다. 예를 들면, 잠을 줄이거나 한 끼를 거르거나 노는 시간을 줄인다.

책상 위에 격려가 되는 말들을 적어 두게 한다

자신에게 긍정적인 영향을 주는 말들을 적어 둔다. 긍정적인 말을 많이 해 주는 친구들을 자주 만나는 것도 긍정적인 생각과 동기를 지속하는 데 도움이 된다. 예를 들어, "나는 날마다 모든 면에서 점점 좋아지고 있다." "나는 영어가 정말 재미있고, 수업시간에 이해가 잘 된다." 등을 붙여 둔다.

공부하고 있는 과목에 흥미를 갖게 한다

공부하는 과목에 흥미를 갖기 위해서는 많은 사전 지식이 필요하다. 따라서 과목 담당 교사에게 왜 그 분야를 전공하게 되었는지, 그 분야에서 정말로 좋아하는 것은 무엇인지, 그 분야에서 성공하면 무엇을 얻을 수 있는지 등을 물어보고 과목에 대한 이해와 흥미를 갖게 되면 공부에 좀 더 매력을 느낄 수 있다.

규칙적으로 휴식하게 한다

한 가지 일을 오래하면 효율성이 떨어지므로 규칙적으로 쉬는 것이 좋다. 그러나 휴식 중에 장시간 텔레비전을 보거나, 컴퓨터를 한다거나, 친구에게 문자메시지를 보내는 일은 하지 않는 것이 좋다. 피곤하면 잠시 수면을 취하는 것도 좋은 방법이다.

학습의욕이 높은 친구들과 사귀게 한다

학교생활에 열정을 갖고 있거나 자신의 학습의욕을 고취시켜 줄 수 있는 친구들과 시간을 많이 갖도록 한다. 그 친구로부터 긍정적인 모습을 배움으로써 자극이 된다.

성공한 미래를 꿈꾸게 한다

목표를 세우고 그것에 도달했을 때를 상상해 본다. 그러면 성취 만족을 기대하면서 현재의 고통과 갈등을 극복하려고 지속적으로 노력하게 된다.

외재적 학습동기를 높이는 방법

구체적인 목표를 세우게 한다

목표가 구체적이어야 그 학습목표에 도달할 수 있음을 알게 하고 목표를 세우도록 한다.

공부방법에 대하여 자세하게 안내한다

공부방법이나 학습과정에 대하여 자세하게 안내함으로써 공부에 흥미를 갖고 적극적으로 참여하도록 한다.

과제를 부여한다

독립심이 약하고 의존성이 강한 학생들에게는 지속적으로 과제를 부여하여 도달하게 한다. 과제를 달성하면 칭찬과 격려로 성취감과 함께 공부하는 과정을 즐기고 만족감을 느낄 수 있도록 한다.

도전하고 싶은 마음을 갖게 한다

사람은 어느 정도 도전해야 하는 일에 흥미를 갖는다. 따라서 항상 목표를 세워 도전하도록 격려한다. 그러나 목표가 자기 능력에 비해 너무 어렵거나 지나치게 모험적이면 오히려 포기하게 되므로 학생의 수준에 맞는 목표를 세우도록 한다.

자신감을 준다

공부습관이 형성되지 않은 학생들은 자신감이 부족하여 학습에 나쁜 영향을 미친다. 따라서 학습에 대한 자신감을 갖도록 장점과 잠재 능력을 찾아 격려하고 칭찬해 준다.

책임을 지도록 한다

학습목표와 과제를 주고 결과를 평가한 다음 그 결과에 대하여 학생이 책임을 지도록 한다. 성공과 실패에 대한 책임을 스스로 짐으로써 타인에게 의지하지 않고 자립심을 갖도록 한다.

결과에 대한 관심을 가져 준다

사람은 자신이 하는 일에 관심을 가져 주면 잘하려는 마음이 생긴다. 따라서 학생의 공부와 관련된 모든 것에 대해 관심을 가져 주고 지켜봐 주는 것이 중요하다.

소속감과 경쟁심을 갖게 한다

공부는 혼자 하는 것보다 집단에 소속되어 소속감이나 경쟁심을 가질 때 더욱 효과가 있다.

경험한 것을 바탕으로 학습과 연결한다

학생이 이미 경험한 것들을 학습과 연결시켜 기억에 도움이 되도록 한다.

칭찬과 벌을 적절히 준다

학습자 개인의 장점을 찾거나, 공부를 잘했을 때는 칭찬을 하고 학습의 결과가 좋지 않을 때는 벌을 준다.

공부하는 동안 발문을 통해 사고의 기회를 마련한다

공부를 혼자 하면 성과를 알기가 어려우므로 공부하는 동안 발문을 통해서 점검해 보고 기억하도록 한다.

검사지 2 학습동기 검사

학생의 학습동기 검사를 통해 공부습관과 마음가짐, 상태를 분석한다. 학생들이 이 검사를 통해서 자신이 어떤 학습동기를 가지고 있는지를 생각하면서 체크하도록 지도한다.

학습동기 검사

여러분의 학습동기를 높이기 위한 사전 검사이므로 솔직하게 대답해 주시기 바랍니다. 해당 문항이 맞으면 '예', 맞지 않으면 '아니요' 에 체크해 주세요.

	나의 학습동기는 어느 정도일까요?	예	아니요
1	부모님의 강요로 공부한다.		
2	부모님을 기쁘게 해 드리고 싶어서 공부한다.		
3	교사의 칭찬을 받기 위해서 공부한다.		
4	남에게 지는 것이 싫어서 공부한다.		
5	좋은 성적을 받기 위해서 공부한다.		
6	대학을 가기 위해서 공부한다.		
7	꿈을 실현하기 위해서 공부한다.		
8	즐거움을 느낄 수 있기 때문에 공부한다.		
9	배우는 것이 좋아서 공부한다.		
10	성취감 때문에 공부한다.		

1~6번 중 '예' 에 답한 총 개수 (　　　　) 개
7~10번 중 '예' 에 답한 총 개수 (　　　　) 개

학습동기 전체 분석하기

1~6번까지는 외재적 동기에 대한 내용이고, 7~10번까지는 내재적 동기에 대한 내용이다. 따라서 검사 문항 전체가 '예' 나 '아니요' 가 될 수 없기 때문에 검사를 진지하게 했는지 장난으로 했는지를 분석할 수 있다. 뿐만 아니라 1~6번까지 체크를 한 학생들은 외재적 동기를 가진 학생들로 공부를 못하는 학생들이 많은 반면, 7~10번까지 체크를 한 학생들은 내재적 동기를 가진 학생들로 공부를 잘하는 학생들이 많음을 알 수 있다.

- 1~6번에 '예' 라고 답한 것이 많은 경우: A 유형-외재적 동기가 많군요.
- 7~10번에 '예' 라고 답한 것이 많은 경우: B 유형-내재적 동기가 많군요.

[A 유형]

- 이 유형은 공부를 못하는 학생들이 많다.
- 이 유형의 학생에게는 공부가 자신을 위한 것임을 알려 주고, 지속적인 칭찬과 격려 및 학습 목표 달성에 대한 보상을 주면 효과적이다.
- 외재적 학습동기가 없는 학생에게는 학습목표를 구체적으로 세워 주는 것이 효과적이다.

[B 유형]

- 이 유형은 공부를 잘하는 학생들이 많다.
- 이 유형의 학생에게는 지속적인 관심과 격려를 해 주는 것이 효과적이다.
- 내재적 학습동기가 없는 학생에게는 공부를 통해 스스로 만족감이나 성취감을 느낄 수 있도록 지도하는 것이 효과적이다.

학습동기 코칭

응답	코칭방법		
	유형	예	아니요
1	외재적 학습 동기	학부모의 강요에 의하여 공부를 억지로 하는 학생이므로 더 이상 강요하지 않도록 부모를 지도해야 한다.	공부를 하면 부모님이 기뻐하고 행복해 하므로 공부를 하는 것이 효도라고 알려 준다.

2	외재적 학습 동기	학부모의 강요에 의한 공부는 아니지만 학부모를 즐겁게 해 주려는 마음에서 공부를 하기 때문에 공부는 자신을 위해서 해야 한다는 것을 알려 준다.	공부를 하면 부모님이 기뻐하고 행복해 하므로 공부를 하는 것이 효도라고 알려 준다.
3		교사의 칭찬을 받기 위해서 공부하는 학생으로 공부습관을 길러 주기 위하여 칭찬과 격려를 자주 해 주는 것이 좋다.	공부를 잘해서 교사의 칭찬을 받는 것이 얼마나 기쁜 일인지 알려 준다.
4		남에게 지는 것이 싫어서 공부하는 학생으로 적당히 경쟁심을 자극하여 공부습관을 기르도록 이끌어 주는 것이 좋다.	다른 학생들과 적당한 경쟁심이 생겨야 공부를 잘할 수 있다고 알려 준다.
5		공부의 목적이 좋은 성적을 받는 것으로 인식하기 때문에 공부를 해서 효과가 나타나도록 이끌어 주어야 한다.	공부를 하면 왜 좋은가를 설명해 준다.
6		공부의 목적이 대학을 가기 위한 것이라고 생각하기 때문에 공부는 근시안적인 목표가 아닌 평생의 목표라는 것을 알려 준다.	좋은 대학에 가면 성공할 수 있음을 알려 주고, 그렇기 때문에 공부를 해야 한다는 것을 알려 준다.
7	내재적 학습 동기	꿈을 실현하기 위해서 공부를 한다고 생각하기 때문에 공부방법을 알려 주고 공부습관을 들이도록 한다.	공부를 잘하면 원하는 꿈을 실현할 수 있으나, 공부를 못하면 꿈을 실현할 수 없다는 것을 알려 준다.
8		공부하는 것이 즐거워서 공부를 한다고 생각하기 때문에 공부방법을 알려 주고 공부습관을 들이도록 한다.	공부하는 것은 지겨운 것이 아니라 알아 가는 기쁨을 느낄 수 있는 것임을 알려 준다.
9		배우는 것이 좋아 공부를 한다고 생각하기 때문에 공부방법을 알려 주고 공부습관을 들이도록 한다.	배움은 모르는 것을 알게 해 주는 평생 필요한 일임을 알려 준다.
10		성취감 때문에 공부를 한다고 생각하기 때문에 공부방법을 알려 주고 공부습관을 들이도록 한다.	공부를 잘하면 무언가 이루었다는 성취감을 느낄 수 있어 좋다는 것을 알려 준다.

3. 자기효능감 높이기

자기효능감은 특정 상황에서 자신이 할 수 있다고 생각하는 자신감을 말한다. 자기효능감이 높은 사람들은 어떤 일이든 자신감이 있기 때문에 일을 하더라도 꾸준히 할 수 있고 좋은 결과를 얻는다. 이러한 긍정적 사고와 행동은 결국 보다 좋은 성과로 이어지며, 스트레스나 강박관념 등에 덜 시달린다.

뿐만 아니라 자기효능감 수준이 높은 학생들은 자기효능감 수준이 낮은 학생에 비해 도전적으로 공부를 하며 오랫동안 지속할 수 있고 성적도 좋다. 특히 자기효능감 수준이 높은 학생들은 도전에 실패해도 더 많은 노력을 하며, 공부할 내용이 어려워도 금방 포기하지 않는다. 반면에 자기효능감이 낮은 학생들은 자신을 부정적으로 보고 타인에 대해서도 부정적인 태도를 취하는 경향이 많다. 그래서 다른 사람을 욕하거나, 일이나 공부에서도 부정적이기 때문에 쉽게 포기하고 좋은 성적을 얻지 못한다.

자기효능감이 강한 사람은 모든 일에 대해서 긍정적으로 사고하고 행동함으로써 공부에 대해서도 긍정적 결과를 낳게 된다. 따라서 공부습관을 형성할 때 '나는 공부를 잘할 수 있다' 는 자기효능감을 갖는 것이 중요하다. 자기효능감을 높이는 방법은 다음과 같다.

성취 경험을 만들어 준다

반복된 성공을 통해서 성취 경험이 누적되면 자기효능감이 증가한다. 따라서 학생이 충분히 달성할 수 있는 작은 목표를 부여하고 이를 성취할 수 있도록 격려하면 자기효능감이 증가한다.

대리 경험을 하게 한다

다른 사람이 특정 과업에서 성공을 거두는 것을 보면 '나도 할 수 있다' 는 자기효능감이 증가한다. 따라서 이미 성공한 사람들이나 위인들을 모델링하여 대리 경험하게 해 주면 자기효능감이 증가한다.

언어적으로 설득한다

다른 사람, 특히 교사나 학부모, 학습코치의 격려나 칭찬은 자기효능감을 증가시킨다. 따라서 학생에게 공부를 잘할 수 있다는 것을 확신시키고 설득함으로써 자기효능감을 증가시킨다.

정서적으로 안정감을 준다

불안해하거나 공포감을 느끼면 원래의 목적을 달성하기 어렵다. 따라서 학생들이 시험이나 중요한 일을 앞두고 불안해하지 않도록 정서적으로 안정을 취할 수 있게 격려해 주면 자기효능감이 증가한다.

자신감을 갖게 한다

자기효능감은 자신감과 같기 때문에 자신감을 가질 수 있도록 항상 칭찬과 격려를 해 준다. 그리고 잠재능력을 발견해서 잘할 수 있도록 이끌어 주면 학생의 자신감이 높아지고 결국 자기효능감이 증가한다. 성공한 사람들도 특별한 능력 때문이 아닌 노력과 습관으로 그 자리에 이르렀다는 것을 이야기해 준다.

기를 살려 주는 대화를 한다

학생이 새로운 일을 시도하려 할 때는 어른의 기준으로 무조건 반대할 것이 아니라, 곁에서 지켜봐 주면서 실패의 두려움을 없애 주고 격려해 주는 것이 중요하다.

작은 일에도 칭찬을 해 준다

매일 한 가지 이상 잘한 행동에 대해서는 칭찬을 많이 해 준다. 단순히 말뿐 아니라 머리를 쓰다듬어 주거나 엉덩이나 등을 두드려 준다. 가볍게 안아 주거나 놀란 표정을 지어 온몸으로 학생을 칭찬해 주는 것도 효과적이다.

스스로 해결할 수 있는 기회를 만들어 준다

어떤 일을 할 때 지시하기보다는 학생 스스로 심사숙고하여 문제를 해결할 수 있도록 충분한 시간을 주는 것이 좋다. 혼자서 문제를 찾아 해결할 수 있도록 끊임없이 격려하고 독립심을 북돋아 준다.

비난하거나 냉소적인 태도는 피한다

학생이 비록 잘못을 했다 하더라도 감정적으로 얼굴을 붉히거나 무조건 크게 화내는 일은 삼간다. 간혹 학생이 한 일에 너무 화가 날 때는 잠시 자신의 감정부터 다스리고 학생을 대해야 한다.

비교하지 않는다

형제나 친구, 친척과 비교해서 학생을 위축시키지 않는다. 학생이 또래에 비해 어떤 부분에서 뒤처지더라도 상심하지 않도록 잘하는 것을 찾아서 칭찬해 준다.

검사지 3 자기효능감 검사

이 검사는 학생 자신의 믿음과 자신감 정도를 측정한다. 학생들이 이 검사를 통해서 자기효능감을 가질 수 있도록 지도한다.

자기효능감 검사

이 질문은 여러분 자신에 대한 믿음과 자신감을 검사해 보는 것이므로 솔직하게 대답해 주시기 바랍니다. 해당 문항이 맞으면 '예', 맞지 않으면 '아니요' 에 체크해 주세요.

	나의 자기효능감은 어느 정도일까요?	예	아니요
1	공부한 것이 시험에 잘 나오는 편이다.		
2	내가 할 수 있는 것과 못하는 것을 확실히 구분할 수 있다.		
3	학습목표를 세운 대로 공부를 진행한다.		
4	문제가 풀릴 때까지 도전한다.		
5	학습 순서를 정해 차례로 공부할 수 있다.		
6	큰 일이 생겨도 공부에 집중하는 데 문제가 안 된다.		
7	시험을 보기 전에 떨리지 않는다.		
8	중요한 내용이라고 생각하면 시험에 나오는 편이다.		
9	이해가 안 되면 다른 사람에게 물어본다.		
10	외우기만 하면 기억에 오래 남는다.		
'예' 에 답한 총 개수 (　　　) 개			

자기효능감 전체 분석하기

- 8~10개: A 유형—자기효능감이 높군요.
- 4~7개: B 유형—자기효능감이 조금 있는 편이네요.
- 0~3개: C 유형—자기효능감을 기르기 위해 노력하세요.

[A 유형]

- 자기효능감이 강한 학생으로 모든 일에 대해 긍정적으로 사고하고 행동함으로써 공부도 노력만 하면 좋은 결과를 얻는다.
- '예' 라고 답한 것이 많을수록 공부하는 방법을 어느 정도 알고 있기 때문에 지속적으로 노력하는 습관을 만들어 주면 된다.

[B 유형]

- 추진력이 강한 학생으로 자신이 세운 계획대로 실행하는 유형이다.
- '아니요' 에 체크한 부분을 주로 보충해 준다.

[C 유형]

- 자기효능감이 상당히 떨어지는 학생으로 자기효능감을 높이는 방법을 집중적으로 지도한다.

자기효능감 코칭

응답	코칭방법	
	예	아니요
1		공부하기 전에 중요한 것과 아닌 것을 구분하여 공부하는 습관을 갖도록 한다.
2		내가 할 수 있는 것과 못하는 것을 확실히 구분하여 할 수 있는 것은 스스로 하되, 하지 못하는 것은 다른 사람이나 참고서의 도움을 받는 습관을 갖도록 한다.
3		공부하기 전 학습목표를 세우고 그에 따라 공부하는 습관을 갖도록 한다.
4		문제가 어렵다고 해서 중간에 포기하지 말고 풀 때까지 도전하는 공부습관을 갖도록 한다.
5		공부할 때 학습 순서를 정해 어려운 과목일수록 먼저 공부하는 습관을 갖도록 한다.

6		큰일이 생겨도 공부와는 별개라는 생각을 가지고 공부에 집중할 수 있는 습관을 갖도록 한다.
7		시험을 보기 전에 떨리는 것은 너무 잘하려는 욕심이 앞서기 때문이다. 결과보다는 과정이 중요하다는 생각이 들게 하여 마음을 안정시키는 공부습관을 갖도록 한다.
8		중요한 내용의 기준을 학생 스스로 정하는 것이 아니라 교사나 참고서에서 중요하다고 하는 것을 공부하도록 한다.
9		이해가 안 되는 것을 그냥 넘어가지 말고 모르면 꼭 다른 사람에게 물어보아 해결하는 공부습관을 갖도록 한다.
10		외우기만 하면 기억에 오래 남을 수 있다는 자신감을 가지고 외운 것을 끊임없이 점검하는 공부습관을 갖도록 한다.

활동지 12 나의 프로필 만들기

이 활동은 자신의 장점을 강조하면서 표현함으로써 자신감을 얻을 수 있도록 한다. 따라서 프로필을 만들 때는 자신의 긍정적인 면을 가능한 한 많이 표현하도록 지도해야 한다. 멋진 모습의 사진을 함께 수록하여 장점을 좀 더 구체적이고 객관적으로 바라볼 수 있도록 한다.

나의 프로필 만들기

나만의 프로필을 만들어 보세요.

<table>
<tr><th colspan="2">○○○의 프로필</th></tr>
<tr><td rowspan="4">사진</td><td>나는 자신감이 넘칩니다.</td></tr>
<tr><td>꿈도 크지만 열정도 대단합니다.</td></tr>
<tr><td>초등학교 1학년 때 봉사활동 경험이 있고, 초등</td></tr>
<tr><td>학교 2학년 때는 회장을 했으며, 초등학교 3학</td></tr>
<tr><td colspan="2">년 때는 □□도 다녀왔습니다. 그래서 리더십이 있으며, △△△도 조금 할 수 있습니다.</td></tr>
<tr><td colspan="2"></td></tr>
<tr><td colspan="2"></td></tr>
<tr><td colspan="2"></td></tr>
<tr><td colspan="2"></td></tr>
<tr><td colspan="2"></td></tr>
<tr><td colspan="2"></td></tr>
<tr><td colspan="2"></td></tr>
</table>

4. 귀인 변환하기

귀인이란 어떤 사건에 대해 자신의 입장에서 지각한 원인을 말한다. 귀인은 성공과 실패의 원인을 의미하므로 공부에서의 귀인은 공부를 잘하거나 못하는 원인을 말한다. 따라서 공부를 잘하게 하는 방법은 공부를 못하는 원인을 찾아서 그것을 해결해 주는 것이다. 공부를 못하는 원인을 찾아 바꾸어 주는 것을 귀인 변환하기라고 한다.

귀인이론에 따르면, 어떻게 받아들이는가에 따른 귀인의 결과가 학습동기에 영향을 주고 행동의 동기 수준을 결정한다. 학생들은 공부를 잘하거나 못하는 원인에 대해 저마다 다른 방식으로 이해한다. 공부에 영향을 미치는 공통적인 귀인은 능력, 노력, 운, 과제의 난이도, 교사나 부모, 친구 등이다.

예를 들어, 노력을 하지 않아서 다음에는 더욱 열심히 공부해야겠다는 생각을 가지기도 하지만 머리가 나빠서 더 이상 공부를 못하겠다고 포기하기도 하고, 또는 교사의 성적 평가가 공평하지 않다고 비난을 하기도 한다. 때로는 교사나 부모, 친구 때문에 공부를 하거나 이와 반대로 하지 않는 경우도 있다. 따라서 공부를 잘하는 것은 문제가 되지 않지만 공부를 못할 때는 그 원인을 찾아서 해결하면 공부를 잘하게 할 수 있다.

검사지 4 귀인 검사

이 검사를 통해 학생이 시험을 잘 못 보는 이유나 공부를 못하는 이유를 찾을 수 있다. 공부를 못하는 이유가 자신의 능력 때문인지, 노력 때문인지, 외부적인 것으로 책임을 전가하는지를 스스로 분석할 수 있다.

귀인 검사

이 검사는 시험을 보고 느낀 감정에 대해 묻는 것으로서 여러분의 시험 성적이 좋지 못한 원인을 검사하는 것이므로 솔직하게 대답해 주시기 바랍니다. 해당 문항이 맞으면 '예', 맞지 않으면 '아니요' 에 체크해 주세요.

	내가 공부를 못하는 원인은 무엇일까요?	예	아니요
1	공부에 대한 소질이 없기 때문이다.		
2	평소 지능이 나쁘기 때문이다.		
3	학교 수업을 따라가기 어렵기 때문이다.		
4	공부하는 습관이 되어 있지 않기 때문이다.		
5	열심히 공부하지 않았기 때문이다.		
6	예습이나 복습이 부족했기 때문이다.		
7	이번 시험에는 노력하지 않았기 때문이다.		
8	이번 시험은 난이도가 너무 높았기 때문이다.		
9	이번 시험 문제가 까다롭게 출제되었기 때문이다.		
10	문제가 교과서 밖에서 출제되었기 때문이다.		

1~3번 중 '예' 에 답한 총 개수 (　　　　) 개
4~7번 중 '예' 에 답한 총 개수 (　　　　) 개
8~10번 중 '예' 에 답한 총 개수 (　　　　) 개

귀인 검사 전체 분석하기

• 1~3번에 '예' 라고 답한 것이 가장 많은 경우: A 유형 – 머리가 나빠서라고 생각하는군요.
• 4~7번 '예' 라고 답한 것이 가장 많은 경우: B 유형 – 노력이 부족해서라고 생각하는군요.
• 8~10번 '예' 라고 답한 것이 가장 많은 경우: C 유형 – 시험이 어려워서라고 생각하는군요.

[A 유형]

- 시험 성적이 떨어졌을 때 자신은 머리가 나쁘고 능력이 없기 때문에 공부를 못한다고 생각해서 공부를 쉽게 포기하는 유형이다.
- '예' 라고 답한 것이 많을수록 자신을 무능력하다고 생각하는 고정관념이 강하고 학생 스스로 학습결과를 통제하지 못하는 상태로 학습코칭이 제일 어려운 대상이다.
- 고정관념을 깨고 노력하면 능력이 생길 수 있다고 설득하고, 쉬운 문제부터 해결하도록 일깨워 주면서 자기효능감을 높여 준다.

[B 유형]

- 시험 성적이 떨어졌을 때 노력이 부족하기 때문이라고 생각해서 쉽게 좌절하지 않고 더 열심히 노력하는 유형이다.
- 공부 못하는 요인을 자신에게 돌리는 학생들로 자신의 부족함을 충분히 인식하고 있기 때문에 학습코칭이 제일 쉬운 유형이다.
- 미래 상황에서 더 노력하고 어려운 과제를 지속적으로 풀어 가도록 지도해 준다.
- 실제로 공부를 잘하는 사람들의 유형이므로 노력하면 더욱 공부를 잘할 수 있다고 지속적으로 격려해 준다.

[C 유형]

- 시험 성적이 좋지 않은 이유를 시험 문제 때문이라고 생각하는 유형으로서 자신의 노력 정도에 대해서는 그다지 반성하지 않는다.
- 시험 성적이 부진하게 나오는 것은 시험 문제의 난이도 때문이 아니라 자신의 노력이 부족해서였다는 생각으로 바꾸어 주도록 한다.
- 성공과 실패를 통제할 수 없는 교사의 관대함이나 운 때문이라고 생각한 학생들은 필요할 때 도움을 청하는 것이 어려울 것이다. 따라서 긍정적 귀인을 하도록 피드백을 준다.

귀인변환 코칭

<table>
<tr><th rowspan="2">응답</th><th colspan="3">코칭방법</th></tr>
<tr><th>구분</th><th>예</th><th>아니요</th></tr>
<tr><td>1</td><td rowspan="3">머리가 나빠서</td><td>공부에 대한 소질이 없어도 공부방법을 알고 공부습관을 잘 들이면 공부를 잘할 수 있다는 것을 알려 준다.</td><td rowspan="3">머리가 나쁘거나 능력이 없다고 생각하지 않기 때문에 공부에 대한 자신감이나 성취감을 높여 주는 것이 좋다.</td></tr>
<tr><td>2</td><td>공부는 지능에 상관없이 지속적인 노력이 필요하다는 것을 알려 준다.</td></tr>
<tr><td>3</td><td>학교 수업을 따라가기 어려운 것은 예습과 복습을 잘 안 해서이므로 예습과 복습을 잘하면 공부를 잘할 수 있다는 것을 알려 준다.</td></tr>
<tr><td>4</td><td rowspan="4">노력이 부족해서</td><td>공부하는 습관이 되어 있지 않으면 정확한 공부방법을 익히고 이를 습관화하면 공부를 잘할 수 있다는 것을 알려 준다.</td><td rowspan="4">공부하는 방법을 잘 몰라서 좋은 결과가 나오지 않았다면 공부 전략을 알려 준다.</td></tr>
<tr><td>5</td><td>열심히 공부하지 않았기 때문에 앞으로 공부를 하면 잘할 수 있다는 것을 알려 주고 격려해 주어야 한다.</td></tr>
<tr><td>6</td><td>예습이나 복습이 부족해서 공부를 못했기 때문에 앞으로는 공부를 잘하기 위하여 예습이나 복습 습관을 길러야 한다는 것을 알려 준다.</td></tr>
<tr><td>7</td><td>시험에 노력하지 않았기 때문에 좋지 않은 결과가 나왔다면 앞으로는 시험에 더욱 노력하면 좋은 결과를 얻을 수 있다는 것을 알려 준다.</td></tr>
<tr><td>8</td><td rowspan="3">시험이 어려워서</td><td>시험 난이도가 너무 높아 성적이 낮다고 생각하면 다른 학생들도 어려운 것이기에 더욱 노력해야 하며 극복할 수 있다는 것을 알려 준다.</td><td rowspan="3">시험 문제가 어렵다고 생각하지 않지만 시험을 잘못 본 경우에는 시험 전략을 알려 준다.</td></tr>
<tr><td>9</td><td>시험 문제가 까다롭게 출제되었기 때문이라고 생각하면 다양한 예상 문제를 풀어 보도록 한다.</td></tr>
<tr><td>10</td><td>문제가 교과서 밖에서 출제되었기 때문이라고 생각하면 참고서나 문제집을 공부하도록 한다.</td></tr>
</table>

5. 성취감 높이기

성취감이란 목표를 이루었을 때의 만족감을 말한다. 공부에 대해서 성취감을 느낀 학생들은 공부가 재미있어지고 하는 동안에도 즐겁다. 게임이 중독성이 있는 중요한 이유가 바로 짧은 시간에 성취감을 지속적으로 느끼게 해 주기 때문이다. 따라서 공부도 게임처럼 성취감을 느끼게 되면 공부가 즐거워지고, 공부에 대한 자신감을 고취시켜 오랫동안 공부에 집중할 수 있는 능력이 생긴다.

그러나 공부에 대한 성취감을 느껴 보지 못한 학생들은 공부를 해도 행복하지가 않고, 오히려 공부가 지겹다고만 느낄 것이다. 예를 들어, 수학 공부를 할 때 성취감이 없이 무조건 공식을 외우거나 반복해서 문제를 풀어서는 실력이 늘지 않는다. 그러나 수학문제를 풀면서 성취감을 느끼면 힘든 것도 느끼지 못하고 시간 가는 줄 모르고 수학 공부를 하게 된다. 따라서 학습동기를 높이려면 학생들에게 공부에 대한 성취감을 느끼게 하여 '나도 할 수 있다'는 자신감을 키워 주는 것이 우선이다. 공부를 통해서 즐거움과 성취감을 느낀다면 성적 향상은 시간문제다.

성취감을 높이는 방법은 성취 경험을 하게 하는 방법이 제일 좋다. 무엇이든 해 본 사람이 잘하듯이 성취감을 많이 경험해 본 학생일수록 성취를 느끼고 싶어서 도전하기 때문이다. 성취감을 느껴보지 못했거나 공부를 잘 못하는 학생들에게는 쉽게 도달할 수 있는 목표를 주어서 도달할 수 있는 기회를 많이 만들어 주어야 한다. 성취감을 높이는 방법에는 다음과 같은 것들이 있다.

학생이 답할 수 있는 것들을 골라 질문하고 그 결과에 대한 피드백을 준다

예 코치: 오늘 학교에서 무엇을 질문했니?

학생: 수학시간에 방정식을 질문했어요.

코치: 그랬더니 어땠어?

학생: 모르는 것을 다 알게 되었어요. 기분이 좋았어요.

코치: 그렇게 모르는 것을 알게 되면 기분이 좋아지기 때문에 공부를 하는 거야.

달성 가능한 작은 목표를 학습코치와 학생이 같이 세운 후 학생이 목표에 도달할 때마다 칭찬을 하여 성취감을 맛보게 한다

예 "10분 동안 세 문제를 풀어 봐! 풀어 보니 기분이 어때?" "하루에 영어단어를 한 개씩만 외워 봐! 외우니 어땠어?"

학생이 좋아하는 것을 가지고 목표에 도달했던 경험을 이야기하게 하며 성취감을 느끼게 한다

예 게임을 좋아하는 경우—"스타크래프트는 어디까지 해 보았니? 그때 기분이 어땠어?" "리니지에서 마법의 반지를 구해 보았니? 그때 기분이 어땠어?"

학생에게 자신의 자랑거리나 장점을 발표하게 한다

자랑을 하는 것은 이미 해 보았던 것으로 성취감을 느껴 본 것이기 때문에 쉽게 말할 수 있다. 이에 대해 코치가 인정해 주면 말하는 학생도 즐거워한다.

간단한 운동이나 율동을 하게 한다

학생들이 좋아하는 운동이나 율동을 시키고 잘하면 칭찬을 해 주어 성취감을 느끼게 한다.

미루었던 일을 찾아 성취감을 느끼게 한다

그동안 미루어 둔 귀찮은 일에 찾아내서 그 일을 처리하도록 도와주어 성취감을 느끼게 한다.

성취감을 못 느껴 본 학생이 공부를 시작할 때는 우선 짧은 시간 안에 할 수 있는 적은 양을 공부하여 목표에 도달하게 해서 성취감을 느끼도록 하게 한다

활동지 13 성취감 높이기

이 활동지는 학생들의 성취감을 높이기 위한 것이다. 학생들이 성취감을 느끼게 하고 자신이 무엇이든 할 수 있다는 자신감을 갖도록 지도한다.

가. 스스로 계획을 세워 목표에 도달했던 것 3가지를 적어 실천한 후 소감을 적어 보세요.

1: ______________________ 소감: ______________________

2: ______________________ 소감: ______________________

3: ______________________ 소감: ______________________

나. 자신이 할 수 있는 것 3가지를 적어 실천한 후 소감을 적어 보세요.

1: ______________________ 소감: ______________________

2: ______________________ 소감: ______________________

3: ______________________ 소감: ______________________

다. 자신이 잘하는 것이 있다면? 그것을 했을 때의 느낌은?

잘하는 것: ______________________

그것을 했을 때의 느낌: ______________________

라. 자신의 자랑거리나 장점 3가지 적기

1: ______________________ 이유: ______________________

2: ______________________ 이유: ______________________

3: ______________________ 이유: ______________________

검사지 5 성취감 검사

이 검사로 학생들의 성취동기가 얼마나 높은지를 알아볼 수 있다. 자신의 성취감이 어느 정도인지를 생각하면서 체크하도록 지도한다.

성취감 검사

여러분의 성취감 정도를 알아보기 위한 것이므로 질문에 솔직하게 대답해 주시기 바랍니다. 해당 문항이 맞으면 '예', 맞지 않으면 '아니요' 에 체크해 주세요.

	나의 성취감은 어느 정도일까요?	예	아니요
1	나는 목표를 달성하고 기뻤던 적이 있다.		
2	나는 목표를 정하면 끝까지 노력한다.		
3	나는 하는 일마다 잘될 것이라는 생각을 갖는다.		
4	새롭게 시작하는 일도 잘될 것이라고 믿는다.		
5	예전에 목표에 도달했던 기억이 잘 난다.		
6	목표를 이루고 칭찬을 받을 때가 정말 좋다.		
7	작은 목표라도 이루면 기쁘다.		
8	목표를 이루면 새로운 목표를 만든다.		
9	지치면 목표를 이루었을 때를 생각하면서 열심히 한다.		
10	목표를 이루지 못했을 때 스스로 힘들어한다.		
'예' 에 답한 총 개수 (　　　) 개			

성취감 전체 분석하기

- 8~10개: A 유형－성취감이 높군요.
- 4~7개: B 유형－성취감이 조금 있는 편이네요.
- 0~3개: C 유형－성취감을 기르기 위해 노력하세요.

[A 유형]

- 성취감이 아주 높은 학생으로 목표만 주어지면 잘할 수 있는 학생이다.
- '아니요' 라고 답한 것만 찾아서 부족한 부분을 지도해 준다.

[B 유형]

- 성취감을 조금 느끼는 편이다.
- '아니요' 라고 답한 것만 찾아서 부족한 부분을 지도해 준다.

[C 유형]

- 성취감을 느끼지 못하는 학생이다.
- 전반적으로 성취감을 높이는 방법에 대해 처음부터 숙달되도록 지도해 준다.

성취감 코칭

응답	코칭방법	
	예	아니요
1		작은 목표를 세우고 도전하여 성취했을 때의 기쁨을 느끼도록 한다.
2		목표를 세우면 끝까지 도전하도록 지도한다.
3		무슨 일이든 최선을 다하면 이룰 수 있다고 지도한다.
4		새롭게 시작하는 일도 최선을 다하면 잘될 것이라고 지도한다.
5		새롭게 목표를 세워 도전해서 성취감을 느끼도록 지도한다.
6		목표를 이루고 칭찬 받을 때를 경험하게 만든다.
7		처음에는 실천할 수 있는 작은 목표를 세워 꼭 이루도록 지도한다.
8		목표를 이루면 새로운 목표를 만들도록 지도한다.
9		목표를 이루었을 때를 상상하면서 도전하도록 지도한다.
10		목표를 이루지 못했을 때 좌절하지 말고 새로운 목표를 세워서 도전하도록 한다.

6. 공부에 대하여 긍정적 생각 가지기

긍정적인 생각이란 좋다고 인정하는 마음을 말한다. 긍정적인 생각은 어떤 일을 성공적으로 마치는 데 매우 큰 영향을 미친다. 즉, 공부에 대하여 긍정적 생각을 가지면 공부를 잘하게 된다는 것을 의미한다. 사람의 뇌는 관심 있는 일에 초점을 맞추고 그렇지 않은 일은 금세 소멸시키기 때문에, 사물을 긍정적으로 보면 긍정적인 사고가 강화되지만 부정적으로 보면 그 반대가 된다.

공부에 대해서 즐겁다는 긍정적인 생각을 가지면 공부가 재미있어지고 공부를 하는 동안 즐겁기만 하다. 공부가 힘든 것이라는 부정적인 생각을 가지면 공부는 재미없어지고, 하기 싫어서 포기하게 된다. 그리고 공부에 대해 부정적으로 생각하면 어쩔 수 없이 해야 하는 것이라고 생각하기 때문에 공부가 지겨워진다.

공부에 대하여 부정적인 생각을 가지면 성적이 기대한 만큼 좋지 않을 경우 '내가 그럼 그렇지' '난 공부랑 맞지 않구나' 라는 부정적인 생각을 하여 후속 학습에도 그 영향이 미치고 결국 공부를 포기하게 만든다. 반면에 공부에 대한 긍정적인 생각을 가지면 '다음에는 더 열심히 공부해서 좋은 성적을 받아야지' 라며 오히려 전화위복의 기회로 삼고 자극을 받아 동기유발이 된다.

공부에 대한 생각을 긍정적으로 바꾸지 않으면 아무리 공부를 잘해도 행복한 마음을 갖지 못한다. 따라서 학생들에게 공부를 잘하게 하려면 공부에 대해 긍정적인 생각을 갖게 해야 좋은 성과를 가져올 수 있다. 공부에 대한 긍정적인 생각을 갖게 하는 방법은 다음과 같다.

자신감을 갖게 한다

마음을 먹은 일이라면 반드시 이룰 수 있다는 자신감을 가져야 한다. 성공한 모습을 상상하며 자신감 있게 일을 진행하다 보면 아무리 어려운 일도 설령 완벽한 성공은 아니더라도 적어도 실패는 하지 않는다. 그러한 결과는 또 다른 문제들 앞에서도 당황하지 않고 당당히 도전할 수 있는 용기를 가지게 한다.

공부를 잘하려고 하지 말고 즐기게 한다

옛말에 천재는 열심히 공부하는 사람을 이길 수 없고, 열심히 공부하는 사람은 공부를 즐기는 사람을 이길 수 없다고 하였다. 머리가 좋아서 공부를 잘하는 학생들은 공부를 열심히 하는 사람을 이길 수 없다. 천재나 영재들은 자신이 최고라는 생각에 최선을 다하지 않을 수 있기 때문이다. 따라서 최선을 다해 공부하는 사람이 당연히 더 잘할 수밖에 없다.

문제는 사람은 일관되게 살지 못하기 때문에 늘 최선을 다하기가 어렵다는 것이다. 공부를 열심히 하는 사람이 공부를 즐기면서 하는 사람을 이길 수 없다는 것은 어떤 공부를 하든지 즐기면서 하는 사람은 같은 시간에 더 많은 공부를 능률적으로 할 수 있을 뿐만 아니라 오랫동안 해 나갈 수 있다는 것이다.

공부할 때는 열심히 하려는 생각도 중요하지만 공부를 즐기려는 마음을 가지고 시작하면 오랫동안 즐겁게 할 수 있으므로 공부의 효율성이 증가하고 시간도 단축된다.

긍정적인 생각으로 시작하게 한다

아무리 힘든 공부라도 즐거운 공부라고 생각하면 즐거운 일이 될 수 있다. 따라서 어떤 공부든 마음먹기에 따라 달라진다는 것이다. 누가 봐도 공부를 하면서 부정적인 생각을 가지고 투덜대거나 짜증을 낸다면 목표에 도달한 후에도 성공적이라고는 할 수 없다. 그리고 부정적인 생각을 많이 가질수록 공부를 수행하는 시간이 길어지기 때문에 모든 공부는 긍정적으로 생각하고 시작해야 한다. 그래야 공부를 해도 효율성이 있고 잘 된다.

피할 수 없으면 즐기게 한다

세상을 살다 보면 자신이 하고 싶은 일만 할 수는 없다. 때로는 원하는 일을 만나기도 하지만 포기하고 싶을 정도로 하기 싫은 일도 있다. 문제는 하기 싫은 일에 부딪히면 일의 진척은 당연히 없을 뿐더러 일에 대한 스트레스를 받게 되어 시간을 무의미하게 보낼 수 있다는 것이다.

평소에 자신이 좋아하던 공부를 하는 것은 전혀 문제가 되지 않지만 하기 싫은 공부를 하게 되면 반사적으로 피하고 싶은 욕구가 생긴다. 그러나 피할 수 없는 환경인데 피하려고 하면 오히려 더 고통스럽기만 하다. 따라서 이왕 해야 할 공부라면, 어쩔 수 없이 해야 할 공부라면 그 순간을 즐겨 보도록 하자. '조금만 참으면 공부가 끝난다' 든지, '조금만 참으면 좋은 결과를 얻을 수 있다' 는 생각을 가지면 아무리 힘든 공부라도 참고 이겨 낼 수 있을 것이다.

활동지 14 긍정적 생각 가지기

이 활동지는 학생들이 긍정적인 생각을 갖도록 자신의 장점을 찾게 해 준다. 학생들이 장점을 찾아서 긍정적인 생각을 갖도록 지도한다.

1. 본인이 생각하는 자신의 장점을 적어 봅시다.

- 나는 말을 잘한다.
- 영어를 잘한다.
- 청소를 잘한다.
- 잘생겼다.

2. 선생님이나 친구들이 말해 주는 자신의 장점을 적어 봅시다.

- 성실하다.
- 예쁘다.
- 건강하다.

3. 공부에 대한 긍정적 생각을 적어 봅시다.

- 공부를 하면 꿈을 이룰 수 있다.
- 공부를 하면 칭찬을 받는다.
- 공부는 즐거운 것이다.

7. 주의집중력 높이기

주의집중력이란 마음이나 주의를 한곳으로 모으는 힘을 말한다. 즉, 한정된 시간 동안 지속적으로 한곳에 모든 마음을 기울이고 몰입하는 능력이다. 공부할 때의 주의집중력이란 주변에서 어떤 일이 일어나든지 의식적으로 자신의 주의력을 한곳, 즉 공부하는 데만 기울이는 능력을 말한다.

1) 주의집중력이 필요한 이유

짧은 시간에 많은 공부를 할 수 있다

주의집중력은 주어진 시간 내에 공부를 완성하는 능력으로, 주의집중력이 높은 학생은 공부를 짧은 시간에 마치지만, 낮은 학생은 주변의 사소한 자극에도 쉽게 주의를 빼앗기기 때문에 주어진 시간 내에 일이나 공부를 끝내지 못한다. 짧은 시간에 많은 공부를 하기 위해서는 주의집중력이 필요하다.

스스로 통제력이 생긴다

주의집중력이 높으면 자신이 정한 목표에 도달하기 위해서 어느 정도 참아 내는 인내력과 함께 자신을 통제하는 능력이 생긴다.

암기력에 도움이 된다

암기력은 주의가 집중되어야만 가능한 고도의 두뇌활동이다. 주의집중력이 높으면 암기력이 높아지고 주의집중력이 낮으면 암기력이 낮아진다.

성적 향상에 도움이 된다

주의집중력은 암기력에 영향을 주고 암기력은 결국 시험에 영향을 미친다. 따라서 주의집중력이 높으면 시험에서 좋은 성적을 낼 수 있다.

도전하고 싶은 마음이 커진다

주의집중력이 높을수록 목표에 대한 도달 욕구가 커져서 더 높은 단계에 도전하려는 의지가 강해진다. 반면에 주의집중력이 떨어지면 실패에 대한 두려움 때문에 도전 의지도 사라져 버린다. 주의집중력이 높을수록 성공할 수 있다는 강한 자부심이 생기고 이는 결국 도전을 향한 자극이 된다.

자신감이 커진다

주의집중력 저하는 암기력 저하와 성적 부진을 가져올 뿐만 아니라 자신감을 떨어뜨려 소심한 아이가 되어 대인관계를 기피하게도 만든다. 그러나 주의집중력 향상으로 자신감이 생기면 적극적인 성격이 되어 대인관계를 주도하려는 성향이 나타난다.

2) 주의집중력에 영향을 미치는 요인

주의집중력은 학습의 효율을 높이는 데 매우 중요한 능력이다. 이 주의집중력은 매우 많은 요인에 따른 영향을 받는데 학자들마다 약간의 견해 차이가 있다. 하지만 이러한 차이에도 불구하고 핵심적인 요인은 비슷하게 나타난다. 그러한 요인은 주거환경, 학부모의 양육 태도, 가족 구성원 간의 유대관계, 교육 수준, 직업, 가족의 성격과 성장과정, 교우관계와 같은 외적 요인과, 개인적 욕구, 경험, 성취감, 유전형질과 같은 내적 요인으로 구분할 수 있다.

이처럼 다양한 요인에 따라 학생의 주의집중력이 떨어지는 경우를 살펴보면 다음과 같다.

야단을 맞으면 주의집중력이 떨어진다

자주 야단을 맞는 학생은 매사에 자신감이 없고 정서가 불안해지기 쉽다. 학생은 어른과 달리 아직 경험이 부족하기 때문에 시행착오를 많이 겪기 마련이다. 이때 아이가 스스로 문제를 해결할 수 있도록 기다려 주어야 하는데 그렇지 않으면 아이는 점점 위축되어 불안한 정서를 갖게 된다.

무기력증과 우울증이 있으면 주의집중력이 떨어진다

학생의 우울증은 어른과는 다른 양상으로 나타나는데, 학생은 자신이 우울하다는 것을 잘 깨닫지 못하며 말로 표현하지도 못한다. 이때 학생은 몸을 잘 움직이지 않으려 하거나, 이유 없이 아프다는 말을 하거나, 어떤 일에도 관심을 보이지 않으면서 기운이 없다. 이럴 때 집중을 못하는 것은 당연하다. 집중은 상당한 정신적인 에너지를 적극적으로 사용해야 하는 활동이기 때문에 우울하고 무기력한 학생은 주의집중력이 떨어질 수밖에 없다. 따라서 관심을 가지고 평소 학생의 상태를 지켜본 후 우울증이 의심되면 관심을 많이 기울여 주고, 성취감을 느낄 수 있도록 학생의 장점을 칭찬해 주어야 한다. 어떤 일을 열심히 했는데도 칭찬을 받지 못하거나 못한다는 평가를 받으면 사람이라면 누구나 우울해하고 의기소침해진다.

학습의욕과 동기가 부족하면 주의집중력이 떨어진다

컴퓨터 게임을 하거나 놀 때는 오랜 시간 집중하지만, 공부를 할 때만 주의집중력이 떨어진다면 바로 학습의욕과 동기가 낮기 때문이다. 잘하는 것보다는 잘 못하는 여러 가지를 야단치면 학생은 의기소침해지고 공부를 싫어하게 된다. 따라서 못하는 부분을 야단치지 말고 학생의 흥미와 적성을 최대한 살펴 학습 의욕을 키워 주어야 하며, 흥미를 느끼지 못하는 것에 대해서는 학습동기를 만들어 주어야 한다. 사람은 자신이 한 일에 대해 인정을 받으면 더 열심히 하려는 의욕을 느낀다. 이를 바탕으로 실력이 향상되면 성취감과 함께 학습동기와 의지가 생길 수 있다.

공부 혐오증에 걸리면 주의집중력이 떨어진다

공부 혐오증이란 공부하는 것 자체를 매우 싫어하는 것을 말하는데, 이러한 공부 혐오증이 생기는 이유는 공부와 관련해서 기분 나쁜 경험이 반복되었기 때문이다. 일단, 공부 혐오증이 생기면 학생의 의지력만으로 극복하려 하기보다는 코치가 공부 혐오증을 없앨 수 있도록 도와주어야 한다. 대개 공부 혐오증이 있는 학생은 나쁜 공부습관을 가지고 있다. 어렸을 때부터 주의집중력을 떨어뜨리는 공부습관을 들이면 계속해서 학습에 악영향을 미친다.

뇌 기능에 문제가 생기면 주의집중력이 떨어진다

주의력 결핍 및 과잉행동장애처럼 주의집중력이 매우 부족한 경우는 뇌에서 작용하는 신경전달물질의 이상 때문일 수도 있다. 주의력 결핍의 경우 타고나는 특성도 중요하지만 심리적 환경도 매우 중요하다. 생애 초기부터 기질이 부산스럽고 다루기 힘든 학생의 경우, 양육자가 어떻게 반응하느냐에 따라 주의집중력이 개선될 수도 있고 더 악화될 수도 있다. 기질적으로 주의집중력이 부족한 성향을 타고난 데다가 부모의 잘못된 양육방식이 결합되면 최악의 경우 주의력 결핍장애가 된다. 집중을 못하고 부산스러운 학생은 다른 사람을 자주 화나게 만드는데, 그럴 때 학부모나 코치가 인내심을 잃고 쉽게 화를 잘 낸다면 학생은 이 때문에 스트레스를 받게 된다. 이런 일이 반복되면 학생은 정서적으로 불안정해져 더 집중을 못하게 되고, 가족 관계도 악화되어 학부모의 말에 순종하지 않는다. 이때는 전문적인 상담과 부모교육을 받고, 필요하다면 약물 치료를 병행한다. 문제가 시작되는 초기에 치료할수록 후유증을 최소화할 수 있다.

가족 내 관계가 원만하지 못하면 주의집중력이 떨어진다

가정불화 속에서 자라는 학생은 오랜 시간 긴장 상태로 위축되어 있어서 주변의 눈치를 살피는 등 한 가지 일에 집중하지 못한다. 주의집중력을 향상시키기 위해서는 부모가 융통성 있고 여유 있는 양육관을 가져야 하며 건강, 성격, 적성과 흥미, 지능 등과 같은 학생의 특성을 고려해야 한다. 또한 학생을 인정해 주고 존중해서 자존감을 높여 주어야 하며 다양한 보상(외적 · 내적 동기부여)을 자주 제공해야 한다. 주의집중력을 키우는 데 도움이 되는 과제와 놀이를 활용하는 것도 매우 중요하다.

스케줄이 너무 많으면 주의집중력이 떨어진다

하루 종일 해야 하는 공부나 일들이 산재해 있으면 주의집중력이 떨어진다. 어떤 역할에 안정적으로 적응하고 있으면 주의집중력이 높게 나타나지만, 버거운 현실이라면 해야 하는 일이라도 집중하기 힘들다.

3) 주의집중력을 높이는 방법

공부를 할 때 어떻게 하면 주의집중을 오랫동안 유지할 수 있을지를 고민한다. 이 같은 고민을 해결하기 위해서 주의집중력을 높여 주는 약도 개발되었지만 이러한 약은 주의집중력 자체를 높이기보다는 뇌에 산소를 공급하고 피로를 회복시키는 것이 대부분이라고 한다. 따라서 집중에 가장 큰 보약은 뇌가 충분히 활동할 수 있도록 휴식과 수면을 적절히 취하는 것이다.

주의집중력을 높이는 데는 내부적인 요인과 외부적인 요인이 있다. 내부적인 요인은 집중해야겠다는 마음과 즐거운 마음으로서 집중하려는 마음가짐이다. 예를 들면, 화가 많이 나든가, 깊은 슬픔에 빠지든가, 사랑에 빠져 있다면 대뇌의 정상적인 정보처리과정이 혼선을 빚어 집중하기가 어렵다. 한편 내부적으로 집중을 해도 외부적 요인인 주변 환경이 방해를 한다면 집중을 하기 어렵기 때문에 주변 정리도 필요하다.

내부적 · 외부적으로 주의집중력을 향상시키는 방법을 알아보면 다음과 같다.

몸의 상태를 최상으로 유지하게 한다

주의집중력을 높이기 위해서 가장 중요한 것은 몸의 상태를 최상으로 만드는 것이다. 몸의 상태가 좋지 못하면 자연적으로 신경이 그쪽으로 쓰이기 때문에 집중하기 어렵다. 따라서 몸의 상태를 최상으로 유지하기 위해서 아픈 곳을 만들지 말아야 하며 올바른 식습관을 유지해야 하는데, 다음과 같은 방법을 습관화함으로써 가능하다.

식사는 적당하게 규칙적으로 하게 한다

식사는 적당량만 해서 너무 배고프거나 배부르지 않아야 집중하기 쉽다. 배가 고프거나 부르면 신경이 분산되기 때문에 주의집중력이 떨어진다.

식사 후에는 30분 정도 휴식을 갖게 한다

식사 후 소화를 시키는 동안에는 주의집중력이 떨어지므로 식후 30분 정도는 가벼운 운동이나 휴식을 한 다음 공부를 하는 것이 좋다.

아침 식사는 꼭 하게 한다

아침 식사는 두뇌에 포도당을 제공해 주고, 포도당은 뇌에 활력을 주는 것이기 때문에 거르지 않도록 한다.

잠은 충분히 자게 한다

잠을 충분히 자야 정신이 맑아져서 주의집중력이 높아진다. 충분히 자지 않으면 머리가 멍해져서 주의집중력이 떨어질 뿐만 아니라 기억한 내용을 불러오기도 힘들기 때문에 충분히 자는 것이 중요하다.

몸에 아픈 곳이 없게 한다

몸이 아프면 집중을 할 수 없다. 특히 감기나 비염의 경우는 주의집중력을 현저하게 떨어뜨리므로 완전히 치료하는 것이 좋다.

채소와 과일을 많이 먹게 한다

몸의 상태와 정신을 맑게 하기 위해서 비타민과 무기질이 풍부한 채소와 과일을 많이 섭취한다. 또한 물은 두뇌의 윤활유 역할을 하므로 충분히 마시는 것이 좋다.

적당한 운동을 하게 한다

꾸준히 매일 하는 운동은 심장병과 비만, 고혈압, 골다공증 등을 예방할 수 있도록 도와주며 발바닥 신경과 뇌를 자극해 혈액순환을 원활하게 하여 스트레스로 인한 각종 정신질환을 예방한다. 특히 하루 30분 걷기는 무릎을 자극하고 성장판의 눌림을 방지하여 성장기 청소년들의 키가 자랄 수 있도록 할 뿐만 아니라 바른 자세를 갖도록 해 준다.

공부하는 자세를 바르게 한다

공부할 때 집중력을 높이기 위해서는 바른 자세로 앉아서 하는 것이 좋다. 눕거나 엎드려서 하는 등 자세가 안 좋으면 당연히 집중력이 떨어지게 된다. 그만큼 바른 자세로 앉아 있을 수 있는 의자를 선택하는 것도 중요하다.

수업 시작하기 전 3분 먼저 앉고 수업 종료 후 3분 뒤에 일어나게 한다

공부에 집중하기 위해서는 수업시간 3분 전에 착석하여 그날 배울 내용들을 대략적으로 예습한다. 수업이 끝나면 바로 일어나지 말고 노트를 중심으로 그날 학습한 내용을 정리해 본다. 기억에 관한 연구에 따르면, 수업 직후 3분간의 복습이 24시간 기억을 연장시켜 준다.

궁금하면 바로 질문하게 한다

수업 중에 궁금증을 남기면 공부할 때 머릿속에서 궁금증이 떠나지 않아 공부하는 데 방해가 될 수 있다. 따라서 궁금한 것은 바로 질문하여 답변을 들어 해결한다. 궁금했던 내용은 알고 싶었던 것이기 때문에 기억에도 오래 남는다.

공부방법을 바꾸어 보게 한다

한 과목만 계속 공부하거나 한 가지 방식으로만 공부를 하면 주의집중력이 떨어진다. 따라서 공부를 하다가 집중력이 떨어지면 분야가 다른 과목을 공부하는 것이 집중력 향상에 도움이 된다. 국어를 공부하고 이어서 영어를 하는 것보다 수학이나 과학 등 성격이 다른 분야의 공부를 하면 집중력을 다시 높일 수 있다.

또 적절하게 공부방법을 바꿔 가면서 공부하는 것도 집중력을 높이는 데 도움이 된다.

마감시한을 정하고, 단위시간을 쪼개어서 계획하게 한다

공부를 할 때 마감 시한을 정하고 공부를 하면 정해진 시간 안에 해야 한다는 목표의식이 생기므로 주의집중력이 높아진다. 이때 단위시간을 작게 쪼개어서 공부를 하면 더 집중이 잘된다.

다이아몬드 존의 앞쪽에 앉게 한다

교사를 중심으로 다이아몬드 존에 앉아 교사와 눈도 맞추고 고개도 끄덕여 보면 수업에 훨씬 집중이 잘된다. 다이아몬드 존의 앞쪽에 앉을수록 주변에 신경을 쓰지 않을 수 있어서 수업에 집중하기 좋다. 뿐만 아니라 교사들과 의사소통할 수 있는 시간이 많아지고 친밀감을 느끼기가 쉬워 공부가 즐거워진다. 통계적으로 앞쪽에 앉는 학생일수록 성적이 높다. 이는 수업에서 교사와의 의사소통이 그만큼 중요하다는 것을 의미한다.

[그림 2-1] 다이아몬드 존의 위치

4) 주의집중력 장애요소를 제거한다

주의집중력은 말 그대로 한곳에 온 정신을 몰두하는 것이다. 하지만 우리 주변에는 주의집중력을 방해하는 요소가 많다. 예를 들어, 전화, 텔레비전, 컴퓨터, 친구와 같은 외부적인 요소나 실망, 걱정, 흥분과 같은 내부적인 요소들은 한곳에 온전히 집중할 수 없도록 한다. 따라서 주의집중력을 높이기 위해서는 우선 주의집중력을 방해하는 요소가 무엇인지 파악하고 이를 제거하는 노력부터 해야 한다.

〈표 2-2〉는 주의집중력을 방해하는 요인을 환경적 요인, 심리적 요인, 학습적 요인, 신체적 요인, 외부적 요인으로 구분한 것이다.

방해요소를 제거하는 방법은 먼저 나에게 방해요소가 정확히 무엇인지 규정하고 집중하기 전에 방해요소를 제거하는 것이다. 방해요소는 사람의 성격, 생활방식 등에 따라 다를 수 있기 때문이다. 즉, 나에게는 방해요소지만 다른 사람에게는 아닐 수 있다.

텔레비전은 눈에 보이지 않게 한다

공부할 때 텔레비전이 눈앞에 있으면 보고 싶어진다. 따라서 텔레비전은 없애는 것이 좋으나 꼭 있어야 한다면 가능한 한 시야에 들어오지 않도록 배치한다. 또 가족들의 텔레비전 시청도 공부에 방해가 되는 경우가 많으므로, 양해를 구하고 적정한 협의점을 찾도록 한다.

표 2-2 주의집중력 장애요소

구분	내용	
환경적 요인	• 정리되지 않은 공간 • 불쾌한 환경	• 사람에 의한 방해 • 소음
심리적 요인	• 무기력한 태도 • 건망증 • 우유부단함 • 과도한 의욕	• 개인적 혼란 및 걱정 • 다른 사람의 말을 못 알아들음 • 실천력 부족 • 일어나지 않은 일에 대한 과도한 걱정
학습적 요인	• 완수하지 않은 공부의 방치 • 매사 불분명한 정의 • 불분명한 목표	• 과도한 공부 • 뒤로 미루는 습관 • 엉성한 계획
신체적 요인	• 피로	• 수면 부족
외부적 요인	• 불필요한 대화 • 우선순위의 변경과 충돌 • 휴대전화 • 음식 • 부모의 심부름	• 커뮤니케이션 부족 • 컴퓨터 게임 • 텔레비전 • 놀이 • 분쟁(다툼)

컴퓨터는 거실에 놓게 한다

학부모들의 걱정거리 중 하나가 자녀들의 컴퓨터 게임이다. 컴퓨터 게임에 빠지면 자제력을 잃게 되어 끊임없이 하고 싶어 한다. 몰래 게임을 계속 하기 때문에 컴퓨터는 공부방에 두지 않는 것이 좋다.

공부 중에는 전화를 꺼 놓게 한다

요즘 학생들은 휴대전화가 없으면 불안해할 정도로 문자를 주고받는 것을 즐긴다. 따라서 휴대전화를 켜 놓으면 공부에 집중하기 어려우므로 중요한 전화를 기다리는 경우가 아니라면 휴대전화를 공부하는 동안 꺼 두도록 한다.

침대에 누워서 공부하지 않게 한다

책상 앞에 오랫동안 앉아서 공부를 하다가 침대를 보면, 누워서 쉬거나 누워서 공부하고 싶은 생각이 든다. 잠시 눕게 되면 너무 편안한 나머지 잠이 들어 버려 학습에 방해가 된다. 따라서 공부하는 도중에는 침대에 눕는 것을 자제한다. 여건이 된다면 책상과 침대를 가까이 두지 않는 가구 배치가 공부에 도움이 된다. 침대가 바로 옆에 있으면 누워 보고 싶은 생각이 들기 때문이다.

음악은 선택해서 듣게 한다

공부할 때 음악은 독이 되기도 하고 약이 되기도 한다. 음악을 들어야만 공부가 잘되는 학생들이 있다. 일반적으로 가사가 있는 대중음악을 들으면서 공부를 하는 것은 주의집중력을 떨어뜨려 학습효과를 약화시킨다. 하지만 가사 없이 음으로만 구성한 고전음악을 들으면서 공부하는 것은 마음을 안정시켜 주어 주의집중력 향상에 어느 정도 도움을 준다. 또한 외부에서 들려오는 소음에 대응하는 방법으로 이러한 음악을 사용하는 것도 좋은 방법이다.

활동지 15 주의집중력을 떨어뜨리는 요소 열 가지 찾기

학생들이 공부할 때 주의집중력을 떨어뜨리게 하는 방해요소를 적는 활동지다. 열 가지를 모두 적고 가장 주의집중력을 떨어뜨리는 요소부터 순위를 매겨 보도록 지도한다.

	방해요소	순위
1	전화나 문자를 하고 싶은 마음	3
2	게임을 하고 싶은 마음	1
3	친구와 놀고 싶은 마음	2
4	방 청소가 안 되어 있음	4
5	소음문제	7
6	친구와의 다툼	6
7	집안 사정의 어려움	9
8	건강이 안 좋음(감기, 골절, 교통사고)	5
9	이성문제	8
10	온도가 너무 높거나 낮음	10

활동지 16 주의집중력을 방해하는 요소와 해결책 찾기

주의집중력을 방해하는 요소를 심리적 요인, 학습적 요인, 신체적 요인, 환경적 요인, 외부적 요인으로 나누어 찾은 다음 그에 따른 해결책을 적어 보도록 한다. 그런 다음 일주일 동안 그대로 노력해 보고 일주일이 지난 후 자신이 얼마나 변화했는지 스스로 평가하고 칭찬해 보게 한다.

구분	내용	해결책	칭찬하기
심리적 요인	게으름	시간 계획 세우기	
학습적 요인	암기력 부족	암기방법에 대해 공부하기	
신체적 요인			
환경적 요인			
외부적 요인			

검사지 6 주의집중력 검사

이 검사를 통해 학생들의 주의집중력이 얼마나 높은지를 알아본다. 학생들이 자신의 성취감이 어느 정도인지를 생각하면서 체크하도록 지도한다.

주의집중력 검사

여러분의 주의집중력 정도를 측정하는 검사입니다. 다음 질문은 여러분의 주의집중력을 높이기 위한 사전 검사이므로 솔직하게 대답해 주시기 바랍니다. 해당 문항이 맞으면 '예', 맞지 않으면 '아니요' 에 체크해 주세요.

	나의 주의집중력은 어느 정도일까요?	예	아니요
1	공부하는 자세가 바른 편이다.		
2	잠을 자고 나면 개운하다.		
3	공부하는 시간을 정해서 한다.		
4	공부하기 전 주변을 정리한다.		
5	수업 시작 전 먼저 앉고 종료 후 바로 복습한다.		
6	수업 중 궁금하면 질문한다.		
7	수업 중에 다른 생각을 하지 않는다.		
8	한 가지 일을 오랫동안 하지 못한다.		
9	수업시간에 잠을 자지 않는다.		
10	수업시간에 잡담을 하지 않는다.		
'예' 에 답한 총 개수 (　　　) 개			

주의집중력 전체 분석하기

- 8~10개: A 유형 – 주의집중력이 높군요.
- 4~7개: B 유형 – 주의집중력이 조금 있는 편이네요.
- 0~3개: C 유형 – 주의집중력을 기르기 위해 노력하세요.

[A 유형]

- 주의집중력이 높은 편으로 주의집중 전략을 잘 알고 있는 학생이다.
- '아니요' 라고 답한 것만 찾아서 부족한 부분을 지도해 준다.

[B 유형]

- 주의집중력이 보통인 편으로 주의집중 전략을 잘 모르지만 공부하려는 의지가 있는 학생이다.
- '아니요' 라고 답한 것만 찾아서 부족한 부분을 지도해 준다.

[C 유형]

- 주의집중력이 낮은 편으로 주의집중력이 거의 없는 학생이다.
- 전반적으로 주의집중 전략에 대해 처음부터 숙달되도록 지도해 준다.

주의집중력 코칭

응답	코칭방법	
	예	아니요
1		공부하는 자세가 바르지 못하므로 공부하는 자세를 바로 갖추고 공부하도록 지도한다.
2		공부를 잘하기 위해서는 숙면을 취해야 기억력에 도움이 된다는 것을 알려 주고 숙면을 취하도록 해 준다.
3		공부는 시간을 정해서 지속적으로 해야 효과가 있다는 것을 알려 주고 공부시간 계획을 세우도록 해 준다.
4		공부하기 전에 주변을 정리해야 공부가 잘된다는 것을 알려 주고, 주변 정리를 지도한다.
5		수업 시작하기 전 3분 정도 미리 앉아 예습을 하고, 수업 종료 후에는 3분 정도 앉아서 복습을 하면 공부가 잘된다는 것을 알려 준다.

6		궁금하면 바로 질문해야 기억에 오래 남게 되어 공부가 잘된다는 것을 알려 준다.
7		공부하는 중에 잡념을 하지 말아야 공부가 잘된다는 것을 알려 준다.
8		공부를 잘하기 위해서는 주의집중력을 길러야 한다. 따라서 한 가지 일을 오랫동안 하는 습관을 길러 준다.
9		수업시간에 잠을 자면 수업을 놓치고, 결국 공부에 대한 흥미를 잃게 된다. 따라서 수업시간에는 자지 않도록 한다.
10		수업시간에 잡담을 하면 수업을 놓치고 교사에게 야단도 맞는다. 따라서 수업시간에는 잡담을 하지 않도록 해야 하며, 앞쪽에 앉도록 지도한다.

8. 무기력과 나태함 제거하기

무기력은 어떠한 일을 감당할 수 있는 기운과 힘이 없는 경우를 말한다. 나태함은 행동, 성격 따위가 느리고 게으른 것을 말한다. 공부에서 무기력과 나태함은 학습동기유발을 억제한다. 따라서 학습동기를 높이려면 무기력과 나태함을 없애야 한다.

무기력과 나태함은 선천적으로 가지고 태어나기보다는 후천적으로 가정이나 사회적, 문화적 환경의 영향을 받아서 굳어지는 경우가 많다. 무기력과 나태함은 단순히 사람을 게을러 보이게 할 뿐만 아니라 시간을 낭비하게 하는 시간도둑이라는 데 문제가 있다.

공부를 열심히 하던 사람도 어느 순간 공부에 지쳐서 공황 상태에 빠지고 이것이 장기화되면 무기력과 나태함에 빠질 수 있다. 골프 황제 타이거 우즈도 "나도 골프가 싫을 때가 있다."라고 말한 적이 있다. 이처럼 한 분야에서 성공한 사람들도 슬럼프에 빠질 때가 있는데, 이 슬럼프를 슬기롭게 탈출하지 못하면 무기력과 나태함에 빠지는 것이다.

무기력과 나태함은 아주 교활하다. 무기력과 나태함에 빠진 사람들은 항상 그럴듯한 핑계를 대 자신을 합리화시킨다. 그러나 무기력과 나태함은 항상 결심을 흔들리게 하고 끝내는 주의집중력을 떨어뜨린다. 이러한 나태함을 극복할 때 다음과 같은 방법을 활용하면 효과가 있다.

공부를 하지 않았을 때의 결과를 상상해 보게 한다

나태함에 빠져 아무 공부도 하지 않았을 때의 결과를 상상해 본다. 공부를 하지 않아서 원하는 학교를 못 간다든지, 공부를 게을리해서 부모에게 꾸중을 듣는다든지, 나태함 때문에 가족들의 생계에 막대한 영향을 끼쳤다든지, 나태함 때문에 친구들과의 약속을 어겨 왕따를 당하는 등의 결과를 생각한다면, '나태함을 끝까지 유지할 것인가?' 아니면 '나태함을 여기서 끝낼 것인가?'를 결정할 수 있을 것이다.

나태함에 대한 보상체계를 세우게 한다

나태함에서 벗어나려고 노력하여 미약하나마 진척을 보였을 때 그 대가로 스스로에게 보상을 하면 나태함에서 벗어날 가능성이 훨씬 높아진다. 보상은 다양한 형태를 취할 수 있는데, 자신이 좋아하는 영화를 본다거나 친구를 만나 수다를 떤다거나 수면을 취하는 것 등이 있다. 이처럼 보상은 대단한 것이 아니라 자신이 원하는 것을 하는 것으로, 나태함에서 벗어나려는 노력을 보일 때마다 스스로에게 주면 효과가 높아진다.

나중에 하면 더 쉬울 것인가를 생각해 보게 한다

공부는 나중으로 미루는 순간 완전히 잊어버리거나, 나중에 다시 시작하려고 할 때 그 공부의 성격이나 규정을 다시 찾지 못해서 제대로 수행하지 못할 때가 많다. 그리고 같은 양의 공부를 소화하는데도 바로 시작하는 것보다 더 오랜 시간이 필요하게 된다. 따라서 공부를 뒤로 미루기 전에 먼저 '이 공부를 나중에 하면 더 쉬울까?' 라고 자신에게 물어보도록 한다. 그 대답은 대체로 부정적일 것이다.

주어지면 바로 실천하게 한다

오늘날처럼 급변하는 현실에 비추어 볼 때 마음이 내킬 때까지 기다린다는 것은 사치다. 공부를 미루는 것은 그 공부가 급하지도 않고 중요하지도 않다고 생각하기 때문이다. 그러나 대부분 주어지는 공부는 시급한 것들이 많다.

따라서 어떤 공부든 주어지면 바로 해결하려는 습관을 가져야 하고, 공부가 몰려서 쌓일 때는 우선적으로 기간이 정해져 있는 급하고 중요한 공부를 하고, 그 후에 기간이 정해지지 않은 공부들을 수행해야 한다.

무슨 공부든 주어지면 실천하려는 노력은 결국 행동으로 전이된다. 보통의 경우, 아무리 하기 싫은 일이라도 일단 행동을 시작하면 마음이 홀가분해지고 기분이 좋아진다는 사실이 입증되기도 하였다. 따라서 이제는 뒤로 미루려는 기분 따위는 과감하게 묻어 버리고 주어지는 공부는 무조건 즉시 실천하려는 습관을 기르도록 한다. 공부를 시작한 순간 긍정적인 기운들이 학습동기를 유발시켜 보다 쉽게 공부를 하도록 도울 것이다.

어떤 공부든 쉽게 시작하게 한다

공부가 어렵다고 생각하면서 나중에 해야겠다고 스스로 포기하는 경우가 있다. 어떤 공부든 어렵게 생각하다 보면, 바로 시작하지 않고 조금 쉬었다가 할까, 나중에 여유가 있을 때 할까 등등의 핑계와 위안으로 스스로를 합리화하려고 한다.

따라서 해야 할 공부가 주어졌을 때 '어렵다' 혹은 '쉽다' 라는 개념으로 구분하지 말고 어떤 공부든 쉽게 생각하고 시작하도록 해야 한다. 비록 처음에는 시간이 걸리고 해결하기 어려운 공부들도 자꾸 연습하고 적응하다 보면 점점 쉬운 공부로 바뀌는 것을 볼 수 있다. 공부는 하지 않으려고 해서 어려운 것이지 하려고만 한다면 어떤 공부든 아주 쉬운 일이 될 수 있음을 명심하자.

반성의 시간을 갖게 한다

공부를 마친 후 공부의 진행과정과 결과에 대하여 반성의 시간을 가짐으로써 공부를 미루지 않고 바로 처리하는 습관을 굳히는 계기를 마련할 수 있다.

반성의 시간을 갖는다는 것은, 공부가 진행되는 도중에는 '공부를 진행하는 과정에서 어떤 문제가 있었는가?' 또는 '공부를 진행하는 과정에서 어려운 점은 무엇이었는가?' 를 반성해 보고 공부가 끝났을 때는 '공부의 결과에 자신은 만족하고 있는가?' 를 생각해 보는 것이다. 이때 학생으로 하여금 반성의 시간을 통해 얻은 결과물을 적용하여 좋은 학습결과를 얻는 상상을 하게 하면 학업에 대한 성취욕이 커지고 도전의지가 강해져서 뒤로 미루는 습관을 보다 쉽게 고칠 수 있다.

진행과정을 미리 구상하게 한다

업무나 공부를 시작할 때, 출발지점이 불명확하거나 진행 순서가 체계적이지 못하면 일을 뒤로 미루는 경향이 있다. 그러나 공부의 진행과정을 미리 구상한다면 이러한 문제를 충분히 해결할 수 있다. 어떤 공부가 주어지든지 그에 따라서 진행 순서를 계획하고 사안마다 구체적으로 어떻게 해야 할지를 구상해 보면, 한번 시작된 공부는 순서대로, 그리고 일사천리로 진행될 것이다.

검사지 7 나태 정도 검사

이 검사에서는 학생들의 나태함과 무기력함이 얼마나 되는지를 알아본다. 학생들이 자신의 나태한 정도를 생각하면서 체크하도록 지도한다.

나태 정도 검사

여러분의 나태함 정도를 알아보기 위한 질문입니다. 다음 질문에 솔직하게 대답해 주시기 바랍니다. 해당 문항이 맞으면 '예', 맞지 않으면 '아니요' 에 체크해 주세요.

	나의 나태함은 어느 정도일까요?	예	아니요
1	해야 할 공부를 하지 않고 있어도 마음이 편하다.		
2	계획대로 공부를 하지 않아도 마음이 편하다.		
3	공부를 자주 뒤로 미루는 편이다.		
4	공부를 하는 데 뜸을 많이 들이는 편이다.		
5	공부할 때 힘들게 시작한다.		
6	공부하고 나서 반성의 시간을 갖지 않는다.		
7	공부할 때 진행과정을 미리 구상하지 않는다.		
8	생활이 전반적으로 게으른 편이다.		
9	뒤로 미루어도 나중 일이 걱정되지 않는다.		
10	뒤로 미룰 때 표시해 두지 않는다.		
'예' 에 답한 총 개수 ( ) 개			

나태 정도 전체 분석하기

- 8~10개: A 유형-아주 나태하군요.
- 4~7개: B 유형-보통이군요.
- 0~3개: C 유형-아주 부지런하군요.

[A 유형]

- 아주 나태한 학생이다.
- '아니요' 라고 답한 것만 찾아서 이유를 물어보고 부족한 부분을 지도해 준다.

[B 유형]

- 보통인 학생이다.
- '아니요' 라고 답한 것만 찾아서 이유를 물어보고 부족한 부분을 지도해 준다.

[C 유형]

- 아주 부지런한 학생이다.
- 생활 태도를 그대로 유지해 나갈 수 있도록 지도해 준다.

나태에서 탈출하기 위한 코칭

응답	코칭방법	
	예	아니요
1	해야 할 공부는 꼭 하도록 지도한다.	
2	계획을 정하면 정한 대로 공부를 하도록 지도한다.	
3	공부를 뒤로 미루지 않도록 지도한다. 공부를 뒤로 미룰 때 생기는 문제점을 알려 준다.	
4	공부를 하는 데 뜸을 들이지 않고 바로 시작하도록 지도한다.	
5	공부할 때 즐겁게 시작하도록 지도한다.	
6	공부하고 나서 반성의 시간을 갖도록 지도한다.	
7	공부할 때 진행과정을 미리 구상하도록 지도한다.	
8	생활할 때 전반적으로 부지런하도록 계획을 세워 실천하도록 지도한다.	
9	뒤로 미루면 안 되는 이유를 알려 준다.	
10	뒤로 미룰 때는 잊어버리지 않기 위해 꼭 표시해 두도록 지도한다.	

9. 칭찬과 격려로 학습동기 높이기

칭찬이 중요한 이유는 여러 가지가 있지만, 특히 공부에서 칭찬은 불가능을 가능으로 만들기도 한다. 우리 주위에는 칭찬의 힘으로 변화된 사람들이 많이 있다. 칭찬은 기분을 좋게 만들 뿐만 아니라 한 사람의 미래를 건강하게 만든다.

의학적으로도 칭찬을 받으면 각종 면역강화물질의 분비가 촉진된다는 보고가 있으며 이는 다시 뇌로 피드백되어 불필요한 스트레스 호르몬의 분비를 억제시킨다고 한다. 그 결과 자율신경계가 편안해져 최적의 신체 상태를 유지하기 때문에 건강한 몸을 지속할 수 있을 뿐 아니라 목표 달성을 위하여 노력할 수 있는 자세를 만들어 준다.

칭찬은 가장 빠르게 자신감과 행복감을 갖게 하고 자석처럼 서로 끌어당겨 하나가 되게 하며 불가능도 극복하게 만드는 위대한 힘이 있다. 칭찬과 비난은 상반된 위치에 있어 칭찬의 무게가 커지면 비난의 무게는 자연히 줄어든다.

위인들의 업적을 보면 그들 혼자서 이룩한 성과가 아니라는 것을 알 수 있다. 그 뒤에는 조력자와 더불어 그들이 전하는 참된 칭찬과 격려가 뒷받침되어 있다. 이들의 평범했던 인생을 바꿔 놓기도 한 마법의 언어인 칭찬과 격려, 이는 사람이 갖고 있는 능력과 잠재력을 최대한 활용하도록 만드는 촉진제와 같다.

1) 공부를 잘하게 하는 칭찬 방법

칭찬이 좋다는 것은 다 알지만 칭찬을 잘하는 사람은 드물다. 칭찬을 해 보지 않던 사람이 어색하게 하면 오히려 역효과가 나는 경우도 있다. 칭찬은 받아 본 사람만이 할 수 있으며, 연습할수록 잘할 수 있다. 칭찬을 잘하는 방법은 다음과 같다.

평범하고 하기 쉬운 칭찬부터 시작한다

칭찬의 시작은 가장 하기 쉬운 것부터 하는 것이다. 학생이 늘 잘해 오던 일이어서 당연히 그러려니 했던 사소한 일부터 하나하나 칭찬하는 것이 중요하다.

왜 칭찬을 하는지 구체적인 이유를 말해 준다

칭찬을 할 때는 구체적으로 이유를 말해 주는 것이 중요하다. 이렇게 해야 학생은 어떤 이유로 자신이 칭찬받았는지 분명하게 알 수 있고 이후에도 같은 행동을 계속하게 된다.

성공한 결과보다는 과정을 칭찬한다

결과에만 초점을 맞추어 칭찬하면 대화 과정에서 왠지 모를 압박감에 초조함을 느낀다. 그리고 열심히 일을 수행하다가도 일이 제대로 성사되지 않으면 쉽게 좌절하여서 일의 마무리조차 짓지 못할 수도 있다. 즉, 일의 성패를 먼저 논하기보다 과정의 중요성을 일깨워 주었을 때 맡겨진 일을 긍정적으로 끝까지 해낼 수 있는 저력을 보이게 된다. 칭찬은 도약의 힘이다. 씨앗이 땅에서 썩어야만 열매를 맺을 수 있듯이 아픔의 과정이 없는 결과는 결코 좋은 결실을 맺을 수 없다. 설령 그 일이 만족스럽지 못한 결과를 가져왔더라도 과정과 경험을 통해 지혜를 얻고 새로운 도전을 다시 시작할 수 있다.

예 결과를 중시한 칭찬: 당신이 목표를 달성하여 참 기쁩니다.
과정을 중시한 칭찬: 이렇게 목표를 달성한 것은 지금까지 고생을 한 대가입니다.

말뿐만 아니라 몸으로 칭찬해 준다

칭찬을 말로만 하면 학생은 칭찬을 농담으로 생각하기 쉽다. 칭찬이 진실된 것처럼 인식하게 하려면 몸으로도 칭찬을 해야 한다. 때로는 열 마디 말보다 몸짓 하나가 더 강렬하고 함축적인 의미를 표현할 수 있다. 즉, 학생의 손을 꼭 잡아 주거나, 따뜻하게 꼭 안아 주거나, 정감 어린 눈빛을 보내는 등 다양한 방법으로 표현하는 것이다. 이런 행동에는 '나는 당신을 신뢰한다' '지금 당신의 행동은 너무 자랑스럽다' 는 의미가 포함되어 있다는 것을 학생이 느끼게 해야 한다.

즉시 칭찬한다

칭찬에도 적절한 순간이 있다. 칭찬받을 행동을 했을 때 즉시 칭찬을 해 주는 것이 가장 좋고 효과도 크다. 바로 칭찬하지 않고 한참 지난 후에 하면 그 의미는 반감되고 학생은 학습코치가 기분에 따라 칭찬한다고 생각할 수 있으며 이후 어떤 행동을 할 때 학습코치의 감정 상태부터 살피는 역효과가 나타나기도 한다.

스스로 한 일에 대해서는 더욱 많이 칭찬한다

칭찬을 많이 하는 이유 중의 하나는 학생이 스스로 할 일을 하게 하려는 데 있다. 그러므로 학생이 시키지도 않았는데 스스로 알아서 행동했을 때는 더욱 많이 칭찬해 주는 것이 필요하다. 이는 학생에게 성공할 수 있는 능력이 자라고 있다는 증거이기도 하므로 최고의 찬사를 해 주어도 아깝지 않다.

약속을 지켰을 때도 칭찬한다

보통 자신이 정한 일을 잘 따라 주었을 때는 칭찬을 해 주지만 하지 말라고 한 일을 하지 않았을 때는 당연하게 여기는 경우가 많다. 학생에게 하지 말라는 말을 한 후에도 관심 있게 지켜보다가 학생이 정말 그 행동을 하지 않을 때는 칭찬해 주어야 한다. 그래야 학생의 행동이 지속될 수 있기 때문이다.

2) 공부의 에너지가 되는 격려

칭찬과 격려는 학생이 공부 목표를 달성하는 데 중요한 동기유발 수단이다. 칭찬과 격려는 거의 비슷해 보이나 엄연히 차이가 있다.

칭찬은 대체로 남보다 잘했을 때나 최고일 때 한다. 또한 남보다 잘한 것이 너무 대견해서 다음에 또 잘하라고 칭찬을 한다. 즉, 성공했을 때 주어지는 것이다. 그러나 격려는 아주 작은 것이라도 열심히 노력한 것에 대해 주어진다. 실패했더라도 노력한 데 대해 주어지는 것이 격려인 것이다. 즉, 칭찬에는 경쟁 정신이 포함되어 있고, 격려에는 협동정신이 포함되어 있다.

격려는 아무 때나 하는 것이 아니라 적시에, 올바른 생각이나 행동을 했을 때 알맞게 하는 것이 가장 효과적이다. 격려는 항상 필요한 것이기도 하지만 특히 자신감을 잃어 도전할 마음이 없을 때, 실천하던 일이 잘 풀리지 않아 곤경에 빠졌을 때, 쉬운 일인 줄 알고 시작했는데 일이 어려워졌을 때, 기대 수준이 높았는데 기대가 낮아졌을 때 필요하다. 이러한 상황에 빠지면 자신의 생각이나 행동을 어느 방향으로 바꾸어야 할지 몰라 어려움을 겪으며, 심지어는 좌절에 빠질 수도 있기 때문이다.

그러나 격려가 좋다고 남용하는 것은 삼가야 한다. 격려의 남용은 오히려 학생이 어려운 일에 맞닥뜨렸을 때 혼자 해결하지 않고 도움을 받으려는 마음이 생기도록 하기 때문이다. 심하면 모든 일에 대하여 의지하려는 마음이 앞서게 되어 도전하려는 의지도 약해진다.

학생을 자신 있게 하는 말

- 너는 참으로 굉장한 사람이다.
- 너는 앞으로도 훌륭하게 해낼 수 있다.
- 너는 남들에게 없는 특별한 능력이 있다.
- 나는 당신을 자랑스럽게 생각하고 있다.
- 정말 좋은 시도였다.
- 나는 너를 믿는다.
- 너는 무엇이든지 할 수 있다.
- 너는 모든 일에 사려가 깊구나.
- 너는 참으로 지혜롭구나.
- 나는 네가 해내리라 믿는다.
- 정직하게 말해 주어서 고맙구나.
- 넌 오늘 나의 마음을 기쁘게 했다.
- 나는 항상 너와 함께 하고 있단다.
- 너와 함께 성공의 계단을 오르고 싶다.
- 나의 인생에 너를 만난 것은 축복이다.
- 너의 최선을 다하는 모습이 참 좋다.
- 최고가 되지 않아도 돼. 다만 후회하지 않도록 최선을 다하는 거야.

제3장

학습전략은 공부의 줄기

학습전략이란 공부방법을 말한다. 게임이나 스포츠를 잘하거나 즐기려면 규칙을 제대로 알아야 하듯이 공부를 잘하기 위해서도 필요한 것이 바로 공부의 규칙인 공부방법, 즉 학습전략이다. 학습전략을 모르고 하는 공부는 규칙을 모르고 참여하는 게임이나 스포츠와 다를 게 없다. 게임이나 스포츠에서 규칙을 모르고 참여하면 실격을 당하거나 승리하지 못한다. 이렇듯 학습전략을 모르고 하는 공부는 잘할 수도 없을 뿐더러 아무리 잘 세운 학습목표라도 도달할 수 없다.

학습전략은 기초학습능력인 읽기 · 쓰기의 원리, 예습과 복습 방법, 교과서 읽는 방법, 노트 필기하는 방법, 수업 듣는 방법, 암기방법, 시험 보는 방법 등이라고 할 수 있다.

학습전략은 잘 알고 있지만 성적이 잘 오르지 않는 이유는 자기가 알고 있는 학습전략이 자신의 체질과 능력에 맞지 않기 때문이다. 아무리 좋은 옷이 있더라도 자기 몸에 맞아야 하듯이 효과적인 학습전략도 학습자의 수준이나 능력에 맞아야 한다. 따라서 학습전략은 검사지를 통해서 학습자의 요구나 수준에 따라 적절하게 지도해야만 효과가 있다.

1. 읽기능력 향상 전략

읽기는 글을 읽는 것이다. 읽기능력이란 글을 읽고 그 뜻을 있는 그대로 이해하고 해석하는 능력을 말한다. 읽기능력은 국어뿐만 아니라 모든 과목에서 필요로 하는 기초적인 능력이다. 영어시험에서 아무리 영어 지문을 잘 해석했더라도 그 뜻을 제대로 이해하지 못했다면 좋은 성적을 거두기 어렵다. 수학 공식을 아무리 많이 외웠다 하더라도 막상 문제의 뜻을 이해하지 못하면 문제를 제대로 풀 수가 없는 것이다. 그리고 응용된 문제는 아예 문제 자체를 풀지 못하는 경우가 있는데 이는 읽기능력이 부족하기 때문에 생기는 현상이다.

읽기능력이 부족한 학생들은 어휘력이 약하기 때문에 낱말 하나하나에 신경을 쓰다 보니 전체적인 맥락을 보지 못하게 된다. 뿐만 아니라 전체적인 맥락을 보지 못하니까 다 읽고 나면 머리가 복잡해지고, 머리가 복잡해지니까 배경지식을 활용할 여유가 없는 것이다.

읽기능력을 높이려면 어휘력이 기본적으로 필요한데, 어휘력을 키우기 위해서는 평소에 생소한 낱말은 사전을 찾아 확실하게 그 뜻을 익혀 두는 습관을 들여야 한다. 그리고 아무리 어려운 낱말이라 하더라도 문맥에 따라 해석해 보면 어휘력 향상에 도움이 된다.

읽기 능력이 부족한 아이들의 특징

- 시험 때 틀린 문제도 부모가 함께 풀면 정확하게 푼다.
- 시험을 보고 와서는 안 배운 게 나왔다고 투덜댄다.
- 문제 유형이 조금만 바뀌어도 문제를 풀지 못한다.
- 공부를 했는데도 막상 시험을 보면 성적이 안 나온다.
- 갑자기 책을 멀리하거나 만화책만 보려 한다.
- 책을 다 읽었지만 내용을 물어보면 끝부분만 이야기한다.
- 책을 읽으라고 하면 혼자서는 절대 읽지 않는다.
- 책상 앞에 앉아 있는 시간은 많은데 성적이 좋지 않다.

1) 독서의 필요성

지식과 새로운 정보를 얻는다

현대와 같은 복잡한 사회에서 요구되는 많은 지식이나 기술을 한정된 시간 안에 직접 체험을 통하여 습득한다는 것은 사실상 불가능하다. 결국 수많은 자료 중에서 내게 필요한 정보를 갖기 위해서는 독서 능력이 필요하다. 독서란 자신이 필요한 정보를 찾고 그것을 바탕으로 인생을 헤쳐 갈 풍부한 지식으로 만드는 것이다.

언어 사용능력이 증가한다

독서를 하기 위해서는 글을 읽을 줄 알아야 할 뿐만이 아니라 단어를 많이 알아야 하고, 글을 읽더라도 뜻을 알기 위해서는 단어의 개념을 정확히 알아야 한다. 이는 읽는 데만 사용되는 것이 아니라 독서를 하면 풍부한 어휘력이나 문장력이 생겨서 말하거나 글을 쓰는 데도 도움을 받게 된다. 따라서 독서를 하면 글을 읽는 것은 물론이고 단어나 단어의 뜻을 알게 됨으로써 언어 사용 능력이 증가한다.

간접 경험을 확대시켜 준다

세상의 모든 일을 직접 경험하는 것은 불가능하지만 독서는 한정된 시간과 공간에서도 다양한 세계를 간접적으로 경험할 수 있게 해 준다. 따라서 독자는 과거 역사나 다른 나라의 문화, 사는 방식과 가치관에 대해 폭넓고 깊이 있는 경험을 간접적으로 체험할 수 있다.

사고력과 상상력을 길러 준다

독자는 책을 통해서 다양한 사람들의 판단과 생각을 알 수 있고 이를 내면화하는 과정에서 생각하는 힘을 얻는다. 뿐만 아니라 책의 내용을 통해 전개되는 상황 속에서 대처하는 방법을 생각해 보거나 미래를 유추함으로써 상상력을 기를 수 있다.

기쁨과 즐거움을 얻는다

재미있는 책은 독자에게 기쁨을 주기도 한다. 또한 책을 읽으면서 원하는 정보를 얻었을 때는 즐거움을 느낀다.

정서를 함양시킨다

책은 우리가 일상생활에서 느낄 수 있는 다양한 감정들을 보여 줌으로써 진정한 삶의 가치를 인식하게 한다. 이를 통해 독자의 정서는 함양된다.

감동을 느끼게 한다

독자는 책을 통해 다양한 사람들의 삶 속에서 자신이 찾던 공감대나 위안을 얻으며 감동을 느낀다. 이러한 감동은 생활의 활력소가 되며 인생을 풍요롭게 한다.

정신적으로 성숙해진다

독자는 책을 통해서 다양한 정보를 습득하여 교양을 넓힌다. 뿐만 아니라 인생을 살아가는 방법을 배워서 훌륭한 인격을 갖추게 되고, 이에 따라 성숙한 삶을 살아가는 바람직한 인격 수양을 이룬다. 이러한 교양과 인격 수양은 독자의 정신적인 성숙을 가져온다. 따라서 육체적, 정신적 성장의 시기에 있는 청소년들에게 미치는 독서의 영향력은 지대하다.

문제해결력이 길러진다

독자는 독서를 통해서 다양한 지식이나 간접 경험을 얻고, 일상생활에서 문제를 만났을 때 스스로 극복해 나갈 수 있는 문제해결력을 기를 수 있다.

2) 읽기와 독서의 차이

독서와 읽기는 같은 의미로 쓰이기도 하지만 엄연히 다르다. 읽기는 글을 읽는 것을 말하며, 독서(讀書)란 책을 읽는 것을 말한다. 따라서 읽기를 잘해야 독서를 잘할 수 있다.

독서는 많은 책을 읽고 지식을 쌓아 가는 데 도움이 되어 인생 전체를 살 때 삶의 지표를 주거나 필요한 지혜를 준다. 그러나 읽기는 글을 읽고 이해하고, 분석, 적용, 비판, 응용, 의미 파악을 하는 것이기 때문에 학습에 도움이 되며, 성적을 높이기 위한 수단이 된다.

그러나 독서와 읽기는 서로 완전히 다른 것이 아니라 아주 긴밀한 상호 관계에 있다. 올바른 독서를 하기 위해서는 제대로 된 읽기능력이 뒷받침되어야 하기 때문이다.

읽기능력이 없으면 아무리 책을 읽어도 내용이 아닌 단순 문자로서의 형태로 남을 수밖에 없다. 그러므로 읽기능력이 형성되면 글의 이해를 바탕으로 하기 때문에 읽기능력에 따라 독서 효율성도 함께 증가한다. 이런 방식으로 독서를 많이 하면 할수록 종합적인 사고력을 키우는 데 도움이 되고 결국에는 대학수학능력시험을 잘 치를 수 있는 튼튼하고 정교한 주춧돌이 마련되는 것이다.

종합해 보면, 독서는 지금 당장 학습과는 관계가 없지만 평생학습능력을 향상시키고, 읽기는 학습능력과 학업 성취도를 향상시키는 데 직접적으로 영향을 미친다.

표 3-1 독서와 읽기의 비교

비교	독서	읽기
의미	책을 읽는 것	글을 읽는 것
단계	마지막 단계	초보적인 단계
개념	글 읽기에서부터 견문 확장, 인격 수양, 정서 함양까지 포함하는 넓은 개념	글을 읽고 이해하고 내용을 분석, 적용, 비판하면서 글의 전체적인 의미를 파악
효과	인생 전체를 살 때 삶의 지표를 주거나 인생을 살아가는 데 지혜를 줌	학습에 도움이 되며 성적을 높임
결과	평생학습능력 향상	학습능력과 학업 성취도 향상

3) 읽기능력을 높이는 좋은 책을 선택하는 요령

재미있는 책을 선택한다

독서에 관심을 가지고 지속적으로 책을 읽게 하기 위해서는 어렵고 딱딱한 책보다는 쉽고 재미있는 책을 선택하는 것이 좋다.

구체적인 것을 제시하는 책을 선택한다

초등학교 고학년이나 되어서야 추상적 사고를 하기 때문에 구체적으로 상상하거나 삶의 모습을 그린 책을 선택해야 재미를 느낄 수 있고 올바른 삶의 방향을 찾을 수 있다.

역사를 바르게 인식할 수 있는 책을 선택한다

역사적 사실만큼 구체적인 것은 없다. 단, 역사적 사실을 개인적인 입장에서 집필한 것보다는 다수의 의사를 따르는 내용으로 구성된 책을 선택하는 것이 좋다.

자기의 수준에 알맞은 책을 선택한다

아무리 좋은 책이라고 해도 자신의 발달단계나 지식 수준에 맞아야 한다. 자신의 수준보다 높으면 결국은 중간에 읽는 것을 포기하기 때문에 수준에 맞는 책을 선택하는 것은 매우 중요하다.

학교 공부에 도움이 되는 책을 선택한다

학생 시기에는 아무 책이나 읽기에는 시간이 부족한 경우가 많다. 따라서 학교 공부와 관련된 내용을 다루는 책을 선택하면 공부에도 도움이 된다.

인생의 교훈이 되는 책을 선택한다

요즘에는 학생들의 인성교육을 강조하지만 스스로 깨닫지 않고서는 인성을 바꾸기 어렵다. 따라서 좋은 인성을 얻을 수 있는 교훈이 들어 있는 책을 선택해서 읽게 하면 인성을 변화시키는 데 도움이 된다.

생활에 도움이 되는 책을 선택한다

책은 읽어서 재미만 있는 것이 아니라 실생활에도 도움이 된다면 더할 나위 없이 좋은 책이라 할 수 있다. 생활에서 실수를 줄이거나 시간을 아낄 수 있도록 도움과 지혜를 얻을 수 있는 책을 선택하는 것이 좋다.

상상력을 길러 주는 책을 선택한다

읽을수록 호기심이 생기고 새로운 생각을 자극하는 책을 읽으면 좋다. 이러한 책은 상상력을 자극할 뿐만 아니라 기억에 강하게 남기 때문이다.

성공한 사람들이 권하는 책을 선택한다

성공한 사람들은 나름대로 책을 통해서 인생의 변화를 경험한 경우가 많다. 이들이 권하는 책은 자신의 인생에서 중요한 영향을 미친 책들이 많다. 그러므로 성공한 사람들이 추천하는 책을 읽는 것은 매우 유익하다.

4) 장르별 독서 지도

소설, 희곡, 수필 독서 방법

소설이나 희곡, 수필은 등장인물의 성격과 한 일이 무엇인가를 중심으로 읽어야 한다. 공통적으로는 다음과 같은 내용을 중점적으로 생각하면서 읽는다.

- 어떤 유형의 작품인가?
- 작품이 나에게 주는 감동은 어떤 것인가?
- 내가 이 작품에서 배워야 할 것은 무엇인가?
- 작품을 읽고 남는 것이 무엇인가?

시나 시조 독서 방법

시나 시조는 인간을 포함한 모든 자연 현상 속에서 떠오르는 상상과 감동을 언어의 조작으로 서술한 작품을 말한다. 글을 쓴 사람의 마음이나 느낌을 독자에게 전달하는 데 목적이 있다. 그래서 시 동요, 노랫말 등은 그 뜻을 분석하고 이해하는 것이 아니라 독자가 직감으로 느낄 수 있는 문학 형태의 자료다.

- 주제는 무엇인가?
- 소재는 무엇인가?
- 작품이 나에게 주는 주려는 의미는 무엇인가?

활동지 17 소설 읽는 방법

이 활동지를 통해 글을 읽고 중요 문제를 풀어 봄으로써 읽기 능력을 향상시킬 수 있다. 글을 읽고 다음의 물음에 답하도록 지도한다.

〈보기〉

피그말리온 효과는 그리스신화에 나오는 조각가 피그말리온의 이름에서 유래한 심리학 용어다. 피그말리온은 아름다운 여인상을 조각하였는데, 그 여인상을 진심으로 사랑하게 되었다. 그러자 여신(女神) 아프로디테는 그의 사랑에 감동하여 여인상에게 생명을 주었다. 그래서 현대에서는 사람을 칭찬하면 안 되는 일이 없다는 예로 피그말리온 신화를 들고 있다. 조각상도 사랑을 주면 사람이 되는데 사람을 칭찬하면 무엇이든 이룰 수 있지 않겠는가 하는 의미를 던져 주고 있다.

• 작품은 어떤 유형인가?

• 작품이 나에게 주는 감동은 어떤 것인가?

• 내가 이 작품에서 배워야 할 것은 무엇인가?

• 작품을 읽고 난 후 머릿속에 무엇이 남아 있는가?

그림책 독서 방법

그림책은 통상적으로 입학 전 연령의 아동에게 주어지는 최초의 책이지만 글씨가 있는 그림책은 초등학생에게도 필요하다. 그림책은 글보다 그림 위주로 되어 있는데 그림은 이야기의 줄거리와 내용을 이해하는 데 매우 큰 도움을 준다. 그러므로 그림의 형태는 물론, 그림의 세부성과 정확성이 전제되어야만 좋은 그림책이라고 볼 수 있다.

- 그림은 무엇을 나타내는 것일까?
- 왜 이렇게 표현했을까?
- 그림과 사실의 차이는 무엇일까?
- 나라면 어떻게 표현했을까?

동화 독서 방법

동화는 가상의 세계를 작가의 시각으로 표현한 글이다. 동화는 허구이지만 나름대로 현실성이 있어서, 동화에서 배운 것을 현실 세계에 적용할 수 있다. 작가는 풍부한 개성과 상상력을 통해서 자신의 인생관과 사상을 논리적으로 전개하려는 의도를 배경에 간직한다.

- 왜 이런 글을 썼을까?
- 이 작품에서 배울 것이 무엇일까?
- 이 작품이 우리에게 주고자 하는 것은 무엇일까?
- 무엇을 풍자하거나 비교한 것일까?

위인전 독서 방법

위인전은 역사적으로 성공한 사람들의 일대기나 왕이나 장군들과 같은 영웅들의 전기를 말한다. 다른 문학작품들이 허구를 기반으로 하고 있는 것과 달리 위인전은 실제로 있었던 인물에 대한 사실적인 이야기이므로 감동적으로 마음속에 기억하기 좋은 독서 자료다. 위인전은 주인공의 일대기를 글로 나타낸 것으로 주로 주인공과 관련된 사실들에 중점을 두고 읽어야 한다. 다음과 같은 내용을 중점적으로 생각하면서 읽는 것이 좋다.

- 어렸을 때의 생활상은 어떠했는가?
- 주인공은 어떤 고생과 역경이 있었는지?
- 어떻게 해서 성공하는 계기를 마련하게 되었는가?
- 주인공이 성공한 원인은 무엇인가?
- 주인공이 오늘날까지 존경받고 있는 이유는 무엇인가?
- 주인공은 언제, 어디서, 어떤 일을 하며 빛을 남겼는가?
- 이 주인공에게 나는 무엇을 배워야 하는가?
- 주인공이 살았을 당시와 오늘날을 비교해 보면서 어떤 점을 본받아야 하는가?

역사책 독서 방법

역사책은 역사적 사실을 기록하거나 설명한 책들을 말한다. 역사책은 독자에게 역사적 지식을 길러 주고, 선인의 삶을 통해 교훈을 준다. 또한 역사 속에서 살펴볼 수 있는 문화적 전통을 이해하고 계승하도록 하는 데 효과적이다. 역사책은 역사적 사실의 정확성이 중요하며, 등장인물과 때와 장소 등의 묘사가 정확해야 한다. 역사책을 효과적으로 읽기 위해서는 다음과 같은 내용을 중점적으로 생각하면서 읽는 것이 좋다.

- 역사적으로 가치 있는 일이었는가?
- 왜 이러한 역사적 사건이 발생했을까?
- 누가 언제 행하였는가?
- 내가 새롭게 안 사실은 무엇인가?
- 원인은 무엇이고 결과는 무엇인가?
- 만약에 원인이 없었다면 어떻게 되었을까?
- 만약에 인물이나 사건이 없었다면 어떻게 되었을까?

과학책 독서 방법

과학책은 기존에 없었던 것을 새롭게 발견하거나 만든 것을 설명한 책들이 많다. 과학책을 효과적으로 읽기 위해서는 다음과 같은 내용을 중점적으로 생각하면서 읽는 것이 좋다.

- 새로 밝혀진 사실은 무엇인가?
- 유용한 가치가 있는 사실인가?
- 사실이 역사 발전에 기여한 정도는?
- 사실을 더욱 발전시키기 위해서는?

5) 글의 목적에 따른 읽기 방법

읽기능력을 높이기 위해서는 적극적이고 능동적인 자세가 반드시 필요하다. 그런데 우리 주변을 살펴보면 적극적이고 능동적으로 공부를 하는데도 원하는 만큼의 성과를 얻지 못해 안타까움을 자아내는 학생들이 의외로 많다. 그렇다면 어떤 학생은 대강 읽는 것 같은데 글 내용을 쉽게 기억해 내고, 반면에 어떤 학생은 꼼꼼하게 읽는데도 글 내용을 쉽게 정리해 내지 못하는 이유가 무엇인가? 이런 의문을 풀기 위해 글의 목적을 분명히 하고 그 목적에 따른 효과적인 독서 방법을 이용하여 읽도록 한다.

정보를 전달하는 글

정보를 전달하는 글이란 설명문, 보고문, 기사문, 안내문 등을 말한다. 새로운 정보를 알리는 글들은 정보 획득을 목적으로 읽어야 하기 때문에 중요한 정보에 밑줄을 그어 가며 읽도록 한다. 모르는 단어가 나오면 메모를 해서 나중에라도 반드시 개념을 익혀 놓는다. 글을 다 읽은 다음에는 글의 정보를 체계적으로 요약할 수 있어야 한다.

설득을 위한 글

설득을 위한 글에는 논설문, 신문사설, 연설문, 광고문 등이 있다. 글쓴이가 독자로 하여금 자신의 말을 들어 달라고 하는 것이 목적이기 때문에 글쓴이의 의도를 파악하며 사실과 의견을 구분하며 읽어야 한다. 예를 들어, 광고지를 보고 너무 마음에 들어서 주문을 했는데 막상 물건을 구입하고 보니까 사실과 다르다면 손해를 볼 수밖에 없는 경우가 있다. 이를 통해 왜 사실과 의견을 구분하며 읽어야 하는지 실감할 수 있다. 글쓴이의 의견에 밑줄을 그어 가며 비판적인 의견을 제시할 수 있어야 한다.

친교나 정서 표현의 글

친교나 정서 표현의 글은 대체로 문학작품으로, 시, 소설, 수필, 희곡, 시나리오 등이 있다. 이러한 글은 사회적 동물인 인간의 삶과 관련된 정서나 삶의 가치를 표현하기 때문에 글쓴이의 마음을 느껴 가며 읽어야 한다. 단, 문학작품에 쓰인 낱말의 뜻에 매달리다 보면 전체적인 내용을 놓칠 수 있다. 따라서 글 전체 내용을 파악하며 대강 그 뜻을 짐작해 보는 훈련이 필요하다. 비유와 상징적으로 쓰인 낱말의 뜻에 주의를 기울일 필요가 있다. 비유와 상징에 대해서는 별도로 익혀 놓아야 한다.

6) 교과서를 읽는 방법

교과서는 가장 중요한 학습서임에도 불구하고 요즘은 책이 무겁다거나 요약된 참고서가 편하다는 이유로 외면당하고 있는 실정이다. 그러나 전국 수석자나 수능 만점자 등 성적 우수생들은 공통적으로 교과서를 중심으로 공부했다고 이야기한다. 교과서를 잘 읽고 정리하면 개념을 이해하는 능력을 키울 수 있으므로 중요한 학습교재로 인식해야 한다.

읽기 준비 단계

주제와 관련해 자신이 알고 있는 배경 지식을 떠올리며 읽기에 주의를 집중하도록 한다. 배경 지식을 끌어내는 것은 책을 읽는 목적을 분명하게 해 그 내용에 집중하게 함으로써 새로운 정보를 효과적으로 찾을 수 있게 한다. 또한 새로운 개념과 이미 알고 있는 것을 연관 짓도록 해 정보를 오랫동안 기억하게 만들어 준다. 그러기 위해서는 어떤 내용으로 전개될 것인지 미리 짐작해 본다든가, 그 글에서 자기가 특별히 알고 싶은 점이 무엇인지를 상상해 보는 일이 매우 중요하다.

읽기 전에 미리 내용을 상상해 본다

책을 읽기 전에 제목이나 저자, 시작하는 글, 소제목, 그림 등을 보고 글의 내용을 미리 생각해 보고, 책을 읽으면서 미리 생각해 본 것을 토대로 자신이 예측한 것을 수정 · 보완하고, 읽은 뒤에는 내용을 미리 상상한 것이 얼마나 같은지 점검하면 기억에 남는다.

- 제목에 대해 상상하기
  - 제목을 왜 이렇게 정했을까?
  - 제목에 담긴 본래 뜻은 무엇일까?
  - 내용은 어떻게 전개될까?
  - 제목이 궁극적으로 전달하고자 하는 것은 무엇일까?

- 책의 저자에 대해 상상하기
  - 어느 시대에 살았고, 무엇을 하는 사람일까?
  - 이 책을 쓰게 된 동기나 목적은 무엇일까?
  - 저자가 쓴 다른 글과 차이는 무엇일까?

글에서 알고 싶은 점을 문제로 만들어 보기

책을 읽기 전에 문제 형식으로 만들어 궁금증을 유발하면서 책을 읽으면 뚜렷한 목적의식을 가지게 되어 읽는 내용이 구체적이고 분명한 것으로 만들어지고 기억에 오래 남는다.

읽기 진행 단계

읽기 중에는 글에 집중하면서 글의 내용과 작가의 의도를 정확히 파악하고, 자기 입장에서 타당성 있게 해석, 비판한다. 이때 독자는 교재의 글에서 중요한 내용을 찾아내어 적절한 방법으로 내용을 구조화한다. 내용을 구조화하기 위해서는 중요 내용에 밑줄 긋기, 문맥을 활용해 낯선 어휘 이해하기, 글 내용을 구조적으로 읽기, 요약하기, 어려운 부분 다시 읽기, 메모 등의 방법을 사용하면 효율적이다.

중요 내용에 밑줄 긋기

책을 읽다가 중요한 단어나 글의 소재나 핵심어를 발견하면 밑줄을 그어 놓고 나중에 다시 한번 읽어 보도록 한다. 그러면 내용을 기억하는 데 도움이 되고 시험

공부에도 도움이 된다.

문맥을 활용해 낯선 어휘 이해하기

새로 나온 어휘가 이해되지 않으면 문맥을 전체적으로 읽어서 어휘의 의미를 이해한다. 이를 통해 어휘력이 증가하고 내용을 의미 있게 파악하기가 쉬워진다.

글 내용을 구조적으로 읽기

글에는 구조가 있다. 도입 부분인 서론과 전개 부분인 본론, 정리 부분인 결론으로 나누어 볼 수 있다. 책을 읽으면서 서론과 본론과 결론을 구분해 읽는 습관을 길들이면 무엇이 중요한지 알 수 있게 된다.

요약하기

요약하기란 글에 들어 있는 중요한 생각을 간략하게 간추리는 활동을 말한다. 즉, 글에 제시된 정보와 자신의 경험을 바탕으로 글의 내용을 압축하고 주제를 찾아내는 활동을 말한다. 책을 읽다 보면 내용이 증가할수록 기억해야 할 것들이 많아진다. 따라서 책을 한 문단씩 읽으면서 정리하고 요약하는 습관을 길들이면 책 전체를 기억하는 데 용이하다. 앞에 읽은 것이 기억나지 않으면 요약한 부분만 다시 읽어 기억을 떠올리는 것이다. 따라서 중심 내용을 잘 파악하려면 평소 글을 읽을 때 문단의 중심 내용에 밑줄을 긋거나 단락을 묶어 제목을 짓는 습관을 갖도록 한다.

메모하며 읽기

책을 읽다 보면 등장인물이 많을 때나 역사적으로 중요한 사건을 전개할 때, 내용이 복잡할 때 등은 한순간 집중하지 않으면 내용연결이 되지 않는다. 또한 앞에 읽었던 내용 중에서 중요한 부분을 되살리려고 할 때 기억이 나지 않는다면 메모를 해 둔다. 그러면 책의 내용을 완벽하게 이해하는 데 도움이 되고 메모해 둔 내용은 오랫동안 기억하게 할 수 있다.

주제 찾기

책을 읽을 때 내용에서 강조하고자 하는 주제를 찾아야 한다. 주제란 그 글의 중심 내용이기도 하고, 저자가 책에서 말하고자 하는 핵심 내용이기도 하며, 작가의 의도나 글을 쓴 목적이기도 하다. 중심 내용은 문단 안에 드러나 있는 경우와 암시되어 있는 경우가 있다.

책을 읽으면서 예측해 볼 내용

- 이 글에서 내가 새롭게 배울 수 있는 내용은 무엇일까?
- 이 글의 핵심 내용은 무엇일까?
- 이 글의 주제는 무엇일까?
- 필자는 나에게 무엇을 주고 싶은가?
- 이 글은 어떤 방식으로 문제를 풀어 나갔을까?
- 필자가 주장하는 내용의 근거는 무엇일까?
- 필자가 내린 결론에 대한 의견은?
- 왜 이런 내용을 썼을까?

읽기 후(後) 단계

책을 다 읽은 후에는 지금까지 읽은 내용을 전체적으로 조망해 보고, 독자 나름의 소견과 느낌을 자유롭게 정리하면 책을 다 읽었다는 성취감과 함께 즐거움을 얻을 수 있다. 책 읽은 것이 생활에 유익하려면 새로이 배운 내용을 기존 지식에 통합해 새로운 상황에 적용해야 한다. 또한 기억에 오래 남게 하기 위해서는 책 내용을 비판하거나 창의적인 생각으로 유도한다. 또한 독후감 쓰기, 소설을 연극으로 각색해 보거나 자신의 배경 지식을 끌어내어 재확인 또는 수정해 보면 지식이 체계화되고 오랫동안 기억에 남게 된다.

비판하며 읽기

비판하며 읽는다는 것은 글의 진실성, 정확성 등을 판단하며 읽는다는 뜻이다. 저자가 문제를 바라보는 관점을 파악하고 다른 관점으로 해석하기나 저자의 편견을 찾기, 또는 저자의 주장에 대해 정당한 근거를 내세워 평가하기, 저자가 독자를 설득하기 위해 사용한 표현 방식을 파악하기 등도 비판하며 읽기에 해당한다.

창의적 읽기

창의적으로 읽는다는 것은 책에서 이해한 것을 바탕으로 새로운 상황에 적용하거나 어떤 목적을 위해 책의 내용을 재구성해 통합하고 재창조하는 것을 말한다. 이것은 책 내용을 음악, 영화, 만화, 놀이, 무용 등의 다양한 매체와 연관지어 재해석하는 것이기도 하다.

7) 효과적인 읽기 방법(SQ3R)

읽기의 궁극적인 목표는 글 내용의 이해와 학습이다. 그럼에도 많은 학생들은 읽기에서 이 목표를 제대로 성취하지 못하고 있다. 이는 글을 읽기는 읽되 효과적으로 읽지 못하기 때문이다. 여기서는 효과적인 읽기 방법을 익힐 수 있도록 로빈슨의 'SQ3R' 방법을 소개한다. 'SQ3R'은 읽기의 과정을 다섯 단계로 나누고 있는데 각 단계에서의 활동 내용은 다음과 같다.

훑어보기(Survey)

글을 읽기 전에 제목이나 소제목, 서문, 차례, 삽화, 처음과 끝 등 글 전체를 훑어보고 책의 내용을 대강 짐작해 보는 단계다. 오늘 공부하기로 계획한 단원이 있다면 소제목과 그 단원의 개요나 요약 부분을 읽어 보는 것이 좋다.

질문하기(Question)

훑어보기와 동시에 제목과 소제목 등을 통해 스스로에게 물어보는 단계다. 적극적으로 배경 지식을 활용해 나가는 과정이다.

자세히 읽기(Read)

구체적으로 본문을 읽는 단계다. 설명문, 논설문, 소설, 시와 같이 종류에 따라 읽는 방법을 다르게 적용하는 것이 좋다. 질문에 대한 답을 찾아가는 과정으로 생각하고 정독하는 단계다.

암기하기(Recite, 인용하기)

자세히 읽은 내용들을 체계적으로 정리하는 단계다. 꼭 필요한 내용이나 용어는 암기할 수 있도록 체계적으로 정리해야 한다.

사람에 따라 차이는 있지만 일반적으로는 글을 읽은 후에 50% 정도를 기억할 수 있다. 이는 곧 많은 사람들이 글을 읽은 후에 50% 정도를 망각한다는 말이기도 하다. 따라서 글을 읽은 효과를 극대화하려면 읽은 즉시 반복하고 암기하는 연습을 해야 한다. 소제목을 중심으로 핵심 내용을 정리하는 것이 도움이 된다.

다시 보기(Review, 재검토하기)

읽은 내용을 다른 사람에게 이야기하거나, 글의 내용에 자신의 생각을 보태어 한 편의 글을 직접 써 보는 단계다. 글의 내용을 더욱 분명히 이해하고 오래 기억할 수 있는 방법으로 독후감 작성이나 토론 활동이 있다. 완전히 암기하지 못한 것을 훑어보고 다시 암기하는 단계이기도 하다.

활동지 18 읽기능력 점검

이 활동은 읽기능력을 향상시키기 위하여 글을 읽는 올바른 방법을 배우는 것이다.

다음 글을 읽고 물음에 답해 보세요.

〈보기〉

이순신의 도전

이순신 장군의 삶은 도전의 연속이었다.

이순신 장군은 어릴 때부터 남다른 체격에 영특한 지혜가 있었으며, 당시 선비들도 당해 내지 못할 정도로 탁월한 문장 능력과 수려한 필체를 가졌다. 주변 사람들은 이순신의 능력을 알고 문관으로 벼슬길에 오르길 바라고 권했지만 이순신은 무관이 되겠다며 무술 공부에 열중하였다.

6년간 무술 공부를 하였지만 계속 과거에 낙방하다가 4년 뒤에 다시 도전하여 31세에 드디어 무과시험에 합격하였다. 다른 사람 같으면 자신이 잘할 수 있는 분야를 선택하여 편하게 살았겠지만 이순신은 새로운 분야에 도전하기로 결심하고 10년의 세월을 보내 늦은 나이에 꿈을 이룬 것이다.

이순신은 관직생활도 순탄하지 않았다. 첫 부임지는 지형이 너무 험해 새들도 드나들지 않는다는 함경도 삼수 땅이었는데 그곳의 권관(소대장)으로 부임하게 되었다. 그의 성실함으로 봉사(종 8품)의 지위에 올랐지만 강직한 성격 때문에 계속 상급자와 마찰을 빚어 원하지 않는 전출과 하급관리 생활을 전전하였고, 모함과 강등이 계속되었다. 그렇지만 이순신은 현실과 타협하지 않았고 자신이 목표했던 올바른 관리가 되겠다는 마음으로 일관하였다. 결국 수많은 어려움을 겪으면서도 타협하지 않고 1591년 41세에 마침내 전라 좌수사로 임명되었다.

이순신은 책임자가 되면서 상사와의 마찰이 줄고 자신이 할 수 있는 역량이 많아짐에 따라 전쟁 준비에 몰두할 수 있었다. 임진왜란이 일어났을 때 이순신 장군의 눈부신 활약에 힘입어 남해안의 제해권을 완전히 장악할 수 있었고 이순신 장군에 대한 관심은 더욱 커져 갔다.

이순신 장군은 제1차 출전 이래 총 네 차례에 걸쳐 17회의 크고 작은 해전에 출전하였는데, 격침시키거나 사로잡은 배가 207척이었고 수리가 불가능할 정도로 대파한 적선은 152척이었다. 또한 왜병 33,780명을 전사시켰다. 이에 비해 조선 해군은 단 한 척의 배도 손실되지 않았고, 인명 손실은 전상, 전사자를 모두 합하여 243명에 그쳤다.

인류의 역사가 시작된 이래 세계의 어떤 전쟁에서도, 특히 해전에서 이런 기록이 없었다. 이순신은 전사할 때까지 23번의 크고 작은 해전에서 단 한 번도 패배한 적이 없었다.

1. 이 글의 주제는?

답 이순신 장군의 도전

2. 이 글의 제재는?

답 이순신

3. 어렸을 때의 이순신은 어떠했는가?

답 이순신 남다른 체격에 영특한 지혜가 있었으며, 탁월한 문장 능력과 수려한 필체를 가졌었다.

4. 이순신은 어떤 역경을 겪었는가?

답 원하는 무과공부를 하였지만 계속 낙방하다가 10년 만에 합격할 수 있었고, 그 후 모함과 강등의 연속이었다.

5. 어떻게 해서 성공하는 계기를 만들게 되었는가?

답 1591년 41세에 전라 좌수사로 임명받으면서 성공의 계기를 마련했다.

6. 이순신이 오늘날까지 존경받고 있는 이유는 무엇인가?

답 현실과 타협하지 않고 끝까지 자신의 길을 걸었기 때문에

7. 이 글을 통해 무엇을 배워야 하는가?

답 목표를 이루기 위해 끝까지 최선을 다하는 자세

8. 이순신이 살았을 당시와 오늘날을 비교했을 때 본받을 점은 무엇인가?

답 이순신 장군은 〈난중일기〉로 유명한 위인이다. 이순신 장군이 살았던 시대에는 글을 쓰기 위해 먹을 갈아야 했기 때문에 글을 쓰는 것이 많이 번거로웠을 것이다. 더욱이 그때는 언제 어디서 불화살이 날아올지 모르는 전쟁 중이었다. 하지만 이순신 장군은 한결같은 자세로 일기를 써 가며 자신의 마음을 정리하고 미래를 대비했다. 나는 이순신 장군의 부지런하고 미래를 대비하는 자세를 본받고 싶다.

9. 나라면 어떠했을까?

답 나도 이순신처럼 임진왜란에서 전쟁을 잘했을 것이다.

10. 제목을 보고 상상할 수 있는 것은?

답 이순신이 도전을 많이 했을 것 같다.

검사지 8 읽기능력 검사

이 검사로 학생들의 읽기능력이 어느 정도 되는지를 알아볼 수 있다. 학생들이 자신이 책을 얼마나 집중해서 읽고 중심 내용을 얼마나 잘 파악하고 있는지를 생각하면서 체크하도록 지도한다.

읽기능력 검사

이 검사의 목적은 여러분이 책을 얼마나 잘 읽고 이해하고 있는지를 알아보려는 것입니다. 질문에 답을 하면서 공부에 도움이 되는 책 읽기 방법을 생각해 볼 수 있을 것입니다. 솔직하게 대답하면서 '예'와 '아니요'로 체크해 주세요.

	나의 읽기능력은 어느 정도일까요?	예	아니요
1	책을 읽기 전에 제목을 보면 제목과 관련해 알고 있는 것을 연상한다.		
2	책을 읽으면서 내용과 관련해 알고 있는 지식을 떠올린다.		
3	책을 읽으면서 내용과 관련된 경험을 연상한다.		
4	책을 읽으면서 적절한 상황을 상상한다.		
5	단락을 읽으면서 전체 내용과 연관시켜 읽는다.		
6	모르는 단어를 보면 정확한 뜻을 찾아본다.		
7	내용의 난이도나 중요도에 따라 읽는 방법을 달리한다.		
8	책을 눈으로만 읽는 것이 아니라 기억하려고 노력한다.		
9	내용과 관련해 궁금한 것에 대해 스스로 질문하고 답을 해 본다.		
10	책을 읽고 내용을 요약을 한다.		
	'예'에 답한 총 개수 (　　　　) 개		

읽기능력 전체 분석하기

- 8~10개: A 유형 – 읽기능력이 높군요.
- 4~7개: B 유형 – 읽기능력이 보통이네요.
- 0~3개: C 유형 – 읽기능력을 기르기 위해 노력하세요.

[A 유형]

– 읽기능력이 높은 유형으로 읽기를 효율적으로 하는 학생이다.

– '아니요' 라고 답한 것만 찾아서 부족한 부분을 지도해 준다.

[B 유형]

– 읽기능력이 조금 있는 유형으로 평소 읽기에 관심을 가진 학생이다.

– '아니요' 라고 답한 것만 찾아서 부족한 부분을 지도해 준다.

[C 유형]

– 읽기능력이 부족한 유형으로 평소 읽기에 효율성이 없는 학생이다.

– 전반적으로 읽기 전략에 대해 처음부터 숙달되도록 지도해 준다.

읽기능력 코칭

응답	코칭방법	
	예	아니요
1		책을 읽을 때는 먼저 제목을 보고 기존에 알고 있는 배경지식을 떠올리도록 지도한다.
2		책을 읽으면서 내용과 관련해 알고 있는 배경지식을 떠올리도록 지도한다.
3		책을 읽으면서 내용과 관련해 경험한 것이 있으면 떠올리도록 지도한다.
4		책을 읽으면서 내용에 맞는 적절한 상황을 상상해 보도록 지도한다.
5		단락을 읽으면서 전체 내용과 연관시켜 읽도록 지도한다.
6		모르는 단어를 보면 정확한 뜻을 찾으면서 읽도록 지도한다.
7		내용의 난이도나 중요도에 따라 읽는 방법을 달리하도록 지도한다.
8		책을 눈으로만 읽는 것이 아니라 기억하도록 지도한다.
9		내용과 관련해 궁금한 것이 생기면 스스로 질문하고 답을 해 보도록 지도한다.
10		책을 읽고 내용을 요약하도록 지도한다.

2. 쓰기능력 향상 전략

쓰기는 독자를 전제로 한다. 따라서 일방적으로 내 생각과 느낌을 표현하면 그만인 것이 아니라, 독자를 고려하여 내용의 선택과 표현을 조절해야 한다. 저자는 자기 생각과 느낌을 글로 나타내는 것이 쓰기의 전부라고 생각하고 독자가 그 글을 고스란히 받아들일 것으로 여긴다. 그러나 실제로 독자는 글을 그대로 받아들이지 않으며, 읽으면서 자기 나름대로 정보를 거부하기도 하고 무시하기도 한다. 어떤 내용은 강화하여 받아들이기도 하고, 심지어 없는 내용을 스스로 만들어 내기도 하면서 독자의 읽기능력에 따라 글을 재구성한다.

이렇게 볼 때 쓰기는 생각과 느낌을 글로 표현하는 단순한 행위가 아니다. 글을 써 나가는 과정에서 생각을 바꾸기도 하고, 정교하게 다듬기도 하며, 새로운 생각을 떠올리기도 하기 때문에 상당히 많은 요인을 동시에 고려해야 하는 고등 정신활동이다. 따라서 쓰기는 저자가 가지고 있는 기존의 다양한 경험을 통해 생각을 만들어 내고, 독자가 어떻게 받아들일 것인가를 고민하면서 쓰는 것이므로 그 행위만으로 종합 사고력을 향상시킬 수 있다.

1) 글을 잘 쓰는 방법

최근 글쓰기의 중요성이 강조되고 있지만, 자녀에게 어떻게 글쓰기를 가르쳐야 할지 몰라 고민하는 부모들이 많다. 쓰기는 누구나 할 수 있지만 반면 누구나 남을 이해시키고 설득할 수 있는 글을 쓰는 것은 쉽지 않다. 학교에서 아무리 많은 지식을 배워 알고 있다고 해도 시험이나 과제에서 원하는 정답처럼 쓸 줄 알아야 좋은 성적을 얻을 수 있다. 또한 대학입시에서는 입시관계자에게 자신의 생각이나 주장을 이해시키고 그들을 설득할 수 있어야만 대학에 합격할 수 있다. 이처럼 글이라는 것은 쓴다고 되는 것이 아니라 독자가 이해하고 좋다고 해야 글을 쓰는 것이다. 따라서 글의 구성 요소와 평가 항목에서 규정한 것들을 고려하면서 글을 쓴다면 좋은 결과가 나올 수밖에 없다.

글을 쓸 때는 먼저 내용, 조직, 표현으로 나눈다. 내용 면에서는 독창성, 상상력, 풍부성, 참신한 제재, 주제의 명료성, 주제와 제재 · 내용의 연결, 주제 · 제재 · 제목의 긴밀성을 고려해야 한다. 조직 면에서는 통일성, 일관성, 논리성, 문단의 구분, 사건이 일어난 순서에 따른 짜임새를 고려해야 한다. 표현 면에서는 문체의 다양성, 풍부한 어휘, 정확한 어휘, 표준 어법, 다양한 문장 유형, 다양한 문장 구조, 관용법, 대조 · 비교 · 열거에 의한 효과적인 표현, 수식어의 적절한 사용, 독특한 글머리, 창의적인 대화문, 맞춤법, 문장부호, 띄어쓰기, 어순과 어법 등을 고려해야 한다.

표 3-2 글의 평가 항목

구분	하위 항목
내용	독창성, 상상력, 풍부함, 참신한 제재, 주제의 명료성, 주제와 제재 · 내용의 연결, 주제 · 제재 · 제목의 긴밀성
조직	통일성, 일관성, 논리성, 문단의 구분, 사건이 일어난 순서에 따른 짜임새
표현	문체의 다양성, 풍부한 어휘, 정확한 어휘, 표준 어법, 다양한 문장 유형, 다양한 문장 구조, 관용법, 대조 · 비교 · 열거에 의한 효과적인 표현, 수식어의 적절한 사용, 독특한 글머리, 창의적인 대화문, 맞춤법, 문장부호, 띄어쓰기, 어순과 어법

앞으로의 사회에서는 더 이상 많이 아는 것만으로 경쟁력이 될 수 없다. 쓰기를 잘해야 진정으로 알고 있는 정보를 비로소 살아 있는 지식으로 의미를 부여하고, 자기만의 주장을 모두가 무릎을 치고 공감할 수 있도록 조리 있게 표현할 수 있게 된다.

읽기를 통해 받아들인 정보는 자신의 생각과 경험을 말하기 때문에 생각이 깊을수록, 경험이 많을수록 쓰기를 잘할 수 있는 기반이 조성된다. 따라서 책을 많이 읽은 사람은 많은 간접 경험을 쌓아 생각이 깊어져서 잘 쓸 수 있는데, 책을 많이 읽지 않았다고 해서 반드시 글을 못 쓰는 것은 아니다. 쓰기를 전혀 못했던 사람도 훈련을 통해서 얼마든지 글을 잘 쓸 수 있다.

2) 쓰기와 논술의 차이

쓰기능력이란 쓰기에서 요구하는 지식, 기술의 체계를 통합해 가는 능력을 말한다. 간단하게 표현하면 쓰기능력은 자기의 주장이나 의견을 논리적으로 말하거나 쓰는 능력을 말한다. 쓰기능력의 중요성이 강조되기 시작한 것은 바로 논술의 등장 때문이다. 논술의 등장으로 교육을 말하는 자리에는 단골손님처럼 '논술' 이라는 말이 화두로 등장하는 시대가 되었다. 대학에서는 학문을 연구하기 위해서 가장 필요한 조건이 논리적으로 생각하여 표현하는 능력이라고 보고 입시제도에서도 쓰기능력, 즉 논술시험을 별도로 치르고 있다.

더욱이 요즘의 대학들은 입학사정관제를 도입하여 논술능력을 평가할 때 자신의 주장을 얼마나 독창적이고 합리적으로 제시하는가에 따라 평가의 높고 낮음을 판가름하고 있다. 결국 많은 대학들은 선발 기준에 대한 부단한 노력을 통해 좋은 학생을 구분할 수 있는 판단 근거로 쓰기능력이 가장 중요하다고 보고 논술 시험을 치르고 있다. 이처럼 대학의 변화에 따라 사회는 쓰기능력의 중요성을 인식하게 되었고, 책 읽기도 논술의 한 유형으로 자리를 잡았으며, 글쓰기 학원은 점점 더 번창하게 되었다. 그러다 보니 마치 논술만 잘하면 모든 것이 잘될 것처럼 만병통치약으로 생각되기도 했다.

논술능력이란 논리적으로 생각한 것을 풀어내는 능력을 말한다. 논술능력은 글쓰기와 말하기에서 모두 필요하다. 글도 말하는 것과 같이 논술력이 부족하면 설득력 있는 글이 되기 어렵다. 설득력이 없으면서 형식만 그럴듯하게 갖추어 놓는다고 하여 좋은 글이 되는 것은 아니다. 따라서 글의 기계적인 형식만을 강조하는 글쓰기나 논술지도는 오히려 논술력을 향상시키는 데 도움이 되지 못한다. 이러한 이유에서 좋은 글이 되기 위한 필요조건으로 쓰기능력을 꼽기도 한다.

이에 부모들은 어릴 때부터 아이들의 쓰기능력을 높이기 위하여 동화책도 읽어주고, 학습지도 하게 하고, 학원을 보내는 등 많은 노력을 기울이고 있다. 그러나 쓰기능력을 높이는 방법으로 무조건 책을 읽으라고 하거나 글을 쓰라고 하는 것은 너무나 막연하다. 이 책에서 제공하는 내용들을 주의 깊게 훈련하면 쓰기능력을 높일 수 있다.

3) 목적에 따른 글쓰기 방법

표 3-3 목적에 따른 글쓰기 방법

종류	정의
생활문	우리가 생활하면서 보고, 듣고, 느끼고, 생각한 것을 글감으로 하여 쓴 글
	처음, 중간, 끝의 짜임으로 대화글이나 실제 예를 들면 좋다.

논설문	어떤 사실이나 문제에 대해 근거를 제시하며 자신의 생각이나 의견을 주장한 글
	서론, 본론, 결론의 짜임으로 자신의 생각이나 의견을 주장하고 근거를 든다.
설명문	어떤 대상이나 사실에 대해 알기 쉽게 풀어 쓴 글
	처음, 중간, 끝의 짜임으로 중심 문장과 이를 뒷받침하는 보조 문장으로 나누어 쓴다.
전기문	남다른 경험이나 업적, 뛰어난 인격을 갖춘 사람의 발자취를 사실적으로 기록한 글
	실존 인물의 일생이나 특별한 일화를 모아 시간의 흐름에 따라 정리해서 쓴다.
독서 감상문	책을 읽고 난 후 느낌이나 생각을 적은 글
	일정한 형식은 없으므로 자신의 감상을 잘 나타낼 수 있는 방법으로 자유롭게 쓴다.
동화	어린이를 위하여 재미있게 꾸며낸 이야기
	발단, 전개, 절정, 결말의 짜임으로 사건이 전개되고 해결되는 '기승전결' 구도가 좋다.
시	마음속에 일어나는 느낌을 노래하듯이 나타낸 글
	행과 연으로 나누어 자신만의 독특한 생각과 느낌을 리듬감 있게 표현한다.
일기	하루 동안 일어났던 일을 쓴 글
	하루 중 가장 인상 깊었던 일을 '육하원칙'에 따라 쓰면 좋다.
편지	떨어져 있는 사람에게 소식을 전하는 글
	받을 사람 → 첫인사 → 할 말 → 끝인사 → 쓴 날짜 → 쓴 사람 순으로 쓴다.

4) 쓰기 과정

주제 선정하기

글을 잘 쓰기 위한 첫 번째 과정은 주제 설정을 잘하는 것이다. 주제 설정은 글의 목적을 말한다. 주제 선정을 잘해야 글의 방향을 정할 수 있고 좋은 내용을 끌어낼 수 있다. 우리가 여행을 갈 때 목적지를 정해야 버스를 탈지 기차를 탈지 결정할 수 있다. 여기서 목적지는 주제가 되며, 교통수단이 소재가 된다. 따라서 주제가 정해져야만 제목, 소재, 제재가 나올 수 있다.

제목

제목은 글 전체의 내용을 포괄하는 것으로, 글이 어떤 내용을 담고 있는가를 예상하게 한다. 따라서 제목은 글을 통해 전하고자 하는 중심 생각으로, 무엇을 말하고자 하는지와 어떤 내용을 말하고자 하는지를 분명하게 정해야 한다.

제목 선정 시 고려할 사항은 다음과 같다.

- 가능한 한 범위를 좁혀 구체적으로 정한다.
- 자신이 잘 알고 있는 사실을 주제로 정한다.
- 자신이 의도한 내용을 충분히 전달할 수 있어야 한다.
- 보편적이고, 많은 사람들에게 인정받을 수 있어야 한다.
- 글의 목적에 맞으면서 참신한 제목이 좋다.

제목의 여러 유형은 다음과 같다.

- 주제를 나타냄
- 화제를 나타냄
- 중심인물을 나타냄
- 본문 중의 중요 사실을 나타냄
- 상징적인 것
- 이유나 원인을 나타냄
- 감상을 나타냄
- 때와 장소를 나타냄

소재

소재는 글의 바탕이 되는 재료로 주제를 다양한 내용으로 풀어내기 위해 활용하는 글감을 뜻한다. 주제가 가야 하는 목적지라면 소재는 목적지로 가기 위해 이용하는 교통수단이라 할 수 있다. 소재는 주제를 효과적이고도 풍부하게 드러내기 위한 자료다. 주제와 관련이 있는 한 소재는 풍부하면 할수록 좋다. 소재의 요건으로는 다음과 같은 것이 있다.

- 풍부한 소재
- 다양한 소재
- 독창적인 소재
- 구체적인 소재
- 출처가 분명한 소재
- 객관적인 소재

- 주제를 뒷받침할 수 있는 소재
- 내용이 명확하고 사실과 일치하는 소재
- 독자의 관심과 흥미를 끌 수 있는 소재

제재

글에 쓰인 여러 가지 소재 중에서 가장 중심이 되는 이야깃거리를 말한다. 즉, 주제와 밀접한 관련이 있거나 주제를 드러내는 가장 중요한 자료로 흔히 글감이라고도 한다. 제재의 요건으로는 다음과 같은 것이 있다.

- 경험한 이야기
- 알고 있는 이야기
- 배울 만한 이야기
- 모방한 이야기
- 새로운 이야기
- 비판적인 이야기
- 교훈이 되는 이야기
- 필요한 이야기
- 나만이 알고 있는 이야기

배경지식 활성화하기

배경지식이란 이미 알고 있는 지식으로 직접 경험한 것은 물론 책을 통해서 얻은 간접 경험과 지식을 말한다. 글을 쓸 때 배경지식이 있어야 풍부한 소재가 되고 재재를 이끌어 낼 수 있다. 배경지식을 활용하는 전략으로는 연상하기, 예측하기, 질문하기 등을 들 수 있다.

연상하기

연상하기는 글을 쓰기 위해 자신이 이미 알고 있는 것을 기억해 내는 것이다. 그 중에서 가장 흥미 있는 것을 골라 제목이나 소재, 재재, 글의 내용으로 사용한다. 연상하는 방법은 다음과 같다.

- 가장 행복했던 경험
- 가장 재미있던 경험
- 가장 기억에 남는 경험
- 가장 슬펐던 경험
- 가장 아팠던 경험
- 가장 놀랐던 경험
- 가장 감동적인 경험
- 가장 놀라운 경험

예측하기

예측하기는 하나의 주제를 가지고 미래에 일어날 일이나 전개방향에 대해서 생각해 보는 것이다. 예측하기는 쓰기에 대한 능동적인 자세와 동기유발을 일으키는 데 도움이 된다. 또한 생각해 낸 정보들을 어떤 형식에 따라 과학적으로 정리 또는 체계화시키는 스키마의 활성화에 매우 효과적인 과정이다. 글을 쓰기 전에 정한 제목이나 소재를 놓고 몇 부분으로 나누어 예측을 진행하면서 수정하고 보완하는 과정을 거친다. 그리고 읽는 과정에서도 끊임없이 예상하기가 진행된다. 예상한 근거를 생각하며 읽고, 읽은 후에는 처음에 예상한 것과 실제 이야기에서 일어난 것을 서로 비교해 본다. 예측하는 방법은 다음과 같다.

- 이렇게 된다면 어떻게 될까?
- 반대로 생각해 보면 어떤 결과가 생길까?
- 만약에 좀 다르게 생각하면 어떻게 될까?
- 지난번의 것과 관련시켜 해결책을 찾으면 어떨까?
- 새로운 인물을 만들어 사건을 만들면 어떻게 될까?
- 다른 방법은 없을까?

질문하기

질문하기는 학생들의 발산적 사고를 자극할 수 있는 창의적 질문을 말한다. 글을 쓰기 전에 미리 적절한 질문을 함으로써 관련 배경지식을 활성화하도록 한다. 글을 쓰기 전의 질문은 글을 쓰는 주제나 소재와 관련된 것들로 하는 것이 좋다. 창의적 질문이 되기 위해서는 더 나은 이해와 아이디어를 찾기 위한 목적으로 이루어져야 하며, 다양한 형태의 구체적인 질문이어야 한다. 창의적 질문을 하려면 다음과 같이 하는 것이 좋다.

- 왜 그렇게 생각했을까?
- 좀 더 자세히 생각해 볼까?
- 어떻게 그런 생각을 하게 되었을까?
- 다른 방법은 없을까?
- 비슷한 것과 다른 것은?
- 잘못 생각하고 있는 것은 없을까?
- 빠진 것은 없을까?

아이디어 생성하기

아이디어는 스스로 생각을 키우는 정신활동이다. 아이디어를 통해 스스로 문제를 제기하고 답을 찾기도 하며 사물에 대해 나름의 정의를 내리기도 한다. 아이디어가 풍부하고 창의적인 학생은 두려움보다는 적극성과 자신감을 갖고 있다. 어떤 해야 할 일이 생겼을 때, 여러 가지 방법으로 해 보면 되겠지 하고 시도해 보기 때문이다. 무엇보다 글쓰기에서 아이디어가 없다면 글쓰기 실력이 아무리 뛰어나다고 하더라도 생동감을 잃은 지루한 글이 될 것이다.

아이디어는 미래의 직업에 꼭 필요한 능력이다. 앞으로의 미래 사회는 창의적인 사람만이 성공할 수 있다. 학생이 사물에 대해 관심을 갖고 즐겁게 상상할 수 있도록 지속적으로 호기심을 자극받고 글쓰기에 기본이 되는 영감을 얻을 수 있도록 해야 한다.

아이디어는 하루 이틀 노력한다고 해서 키워지는 것이 아니며, 오랜 시간 생활 속에서 길러진다. 브레인스토밍, 사전 활용, 신문 · 잡지 활용, 인터넷 활용 등을 통해 새로운 아이디어를 추출할 수 있다.

표현하기

좋은 아이디어를 가지고 있더라도 그것을 제대로 표현하지 못한다면 무용지물이다. 과거 전통사회는 절제와 겸손을 미덕으로 여겨 개인적인 감정을 표현하는 것을 숨겨 왔다. 하지만 현대 사회에서는 개인적 욕구가 상품이 되면서 누가 감정을 얼마나 더 잘 표현하는지에 따라 성공의 여부가 결정되기도 한다. 이제는 개인적 욕구를 가장 잘 해소해 줄 수 있는 상품이 잘 팔리고 그러한 광고가 인기를 끈다.

생각과 정보를 모아 글감을 찾고 주제를 정하는 훈련을 통해 모은 풍부한 이야깃거리는 전투에서의 총과 화살처럼 적을 향해 마음껏 공격할 수 있는 무기가 된다. 하지만 전투에서 승리하기 위해서는 뛰어난 무기만 가지고는 부족하다. 아무리 좋은 무기를 가지고 있다 하더라도 전술이 뛰어나지 못하면 패배자로 남겨질 뿐이다. 열악한 조건 속에서 전쟁을 승리로 이끌게 하는 힘이 바로 전술이다. 글쓰기에서도 전쟁과 마찬가지로 뛰어난 전술이 있어야 한다.

글을 쓸 때 그저 풍부한 이야깃거리를 두서없이 쏟아낸다고 생각해 보자. 공연히 에너지만 낭비하고 원하는 성과는 얻지 못할 것이다. 적재적소에 병력을 배치하고 무기를 사용할 수 있도록 하는 것을 전술이라 한다면, 글쓰기에서의 전술은 글을 어떤 방식으로 구성할 것인지의 문제다. 모은 정보를 어떤 방법으로 배치하고 어떤 순서로 나열할 것인가에 따라 글은 하나의 유기체로서 생명을 가질 수도 있으며, 그저 의미 없는 단어들의 나열이 될 수도 있다.

글은 각각의 이야기들이 논리적인 흐름에 따라 전개되어 마치 톱니바퀴가 굴러가듯 서로 맞물려 있어야 한다. 글이 하나의 주제로 통일성 있게 물이 흐르듯 자연스럽게 이어져야 독자도 글의 의미를 되새기며 편안하게 읽을 수 있다.

표현하기를 잘하려면 다음 사항을 고려해야 한다.

- 글의 짜임을 결정한다.
- 소주제를 배열한다.
- 비판한 후 주장하게 한다.
- 용어나 개념을 설명해 준다.
- 비교나 대조를 한다.
- 비유를 한다.

발표하기

글을 완벽하게 썼다면 발표를 해야 한다. 요즘 학교 성적에 발표도 반영되고 있다. 따라서 좋은 성적을 얻기 위해서는 발표를 잘할 수 있어야 한다. 그러나 우리나라 사람들은 남들 앞에 서는 문화가 생활화되어 있지 않기 때문에 발표 경험이 없는 사람들은 보편적으로 심한 스트레스를 느낀다. 실제로 통계자료를 보면, 우리나라 직장인 열 명 가운데 아홉은 업무와 관련한 각종 발표 때문에 심한 스트레스와 심적 부담을 느낀다고 한다.

누구든지 처음 발표를 하게 되면 여러 사람 앞에 선다는 생각만으로도 긴장하고, 실제로 남 앞에 섰을 때 심하게 떠는 경우가 많다. 그러다 보니 목소리까지 떨리게 되고 결국 말까지 더듬게 된다. 그러면 아무리 많은 것을 안다 해도 제대로 전달하기는커녕 말 한마디 제대로 하지 못하기도 한다.

활동지 19 자유롭게 상상해서 쓰기

이 활동은 고정관념을 깨는 역발상을 할 수 있도록 가상의 상황을 제시하고 답변하도록 하는 것이다. 학생들이 가능한 한 자유롭게 상상할 수 있도록 도와준다.

다음 물음을 읽고 주어진 상황을 상상하여 적어 보세요.

1. 자동차가 하늘을 난다면?

⇨ 자동차가 하늘을 난다면 바다도 건널 수 있을 텐데.

2. 일주일이 10일이라면?

⇨ 그럼 학교는 일주일에 9일을 가야 하는 건가? 차라리 동생 재민이가 되고 싶다.

3. 학교가 없어진다면?

⇨ 친구들을 만날 수 있는 우리만의 세계를 만들겠다.

4. 하늘에 집을 짓는다면?

⇨ 바다 건너에 있는 마을을 볼 수 있을 텐데.

5. 쓰레기를 먹는 식물이 있다면?

⇨ 집집마다 그 식물을 키우면 힘들게 분리수거를 안 해도 될 텐데.

6. 바다가 육지라면?

⇨ 미국까지 자동차로 갈 수 있을 텐데.

7. 석유가 없어진다면?

⇨ 바람을 이용해 전기를 만들어 자동차의 엔진을 가동할 텐데.

8. 나를 닮은 복제인간이 생긴다면?

⇨ 나를 대신해 학교를 가게 하고 숙제를 시킬 텐데.

9. 시간 여행이 가능하다면?

⇨ 30년 후 나의 아이들을 만날 텐데.

10. 우주 전쟁이 일어난다면?

⇨ 우주선을 타고 우주로 나가 적들이 지구를 공격하지 못하게 할 텐데.

활동지 20 글감 모아쓰기

이 활동은 학생들에게 브레인스토밍을 통해 글감을 모으는 방법을 알려 주기 위한 것이다. 글의 실마리를 전혀 잡지 못하고 있을 때 머릿속에 떠다니는 모든 생각들을 쏟아내어 정리하게 한다. 브레인스토밍은 어떠한 생각이나 의견도 거부하지 않고 모두 받아들이는 것으로, 학생이 주저 없이 글감을 쏟아부을 수 있도록 도와준다. 브레인스토밍을 통해 글이 모이면 항목별로 정리하여 필요한 자료를 분류하고 모인 글감이 이야기로 발전할 수 있도록 한다.

'나의 꿈'이라는 소재로 글을 쓰세요. 〈보기〉를 보고 물음에 따라 글감을 비슷한 항목끼리 묶어 보세요.

〈보기〉

꿈이란 / 잠을 잘 때 꾸는 것 / 이루고 싶은 것 / 소망하는 것 / 지금 당장 하고 싶은 것 / 나는 1999년도에 태어났다 / 나의 성격 / 활달하다 / 잘 웃는다 / 잘 운다 / 꼼꼼하다 / 말을 잘한다 / 여러 가지 직업 / 의사, 교사, 변호사, 검사, 목사, 간호사, 수위아저씨, 경찰, 소방관, 프로게이머, 시나리오 작가, 가수, 미용사, 영화감독, 배우 / 엄마가 원하는 것 / 내가 꿈꾸는 것 / 왜 엄마는 의사가 되라고 하는가 / 나를 위해서 / 돈을 많이 벌 수 있다 / 존경받을 수 있다 / 사람의 생명을 살릴 수 있다 / 나는 감독이 되고 싶다 / 나는 배우가 되고 싶다 / 꿈은 꼭 하나여야 하는가 / 감독이 되고 싶은 이유 / 많은 사람들에게 감동을 줄 수 있다 / 여러 배우들을 내 맘대로 할 수 있다 / 내가 생각한 스타일로 영화를 만들 수 있다 / 배우가 되고 싶은 이유는 무엇인가 / 인기를 얻을 수 있다 / 연기를 통해 다른 사람들의 삶을 경험할 수 있다 / 배우 송강호가 좋다 / 단번에 뜰 수 있다 / 스타가 되면 돈을 많이 번다 / 배우가 되려면 / 감정이 풍부해야 한다 / 감정이 풍부해지려면 어떻게 해야 하는가 / 책을 많이 읽는다 / 다른 사람의 입장에서 생각한다 / 자기관리를 잘해야 한다 / 예쁘고 멋져야 한다 / 예쁘고 멋지지 않은 배우는 없는가 / 개성 있는 배우도 있다 / 꿈을 왜 가지는가 / 꿈이 있으면 행복하다 / 왜? / 내가 하고 싶은 것을 할 수 있다 / 꿈을 이루면 성공할 수 있다 / 꿈을 이루면 성공할 수 있는가 / 성공이란 무엇인가 / 모두에게 인정받는 것이다 / 내가 만족하는 것이다 / 성공한 사람은 누구인가 / 빌 게이츠, 유재석, 안철수, 김연아, 빌 클린턴 / 그들은 왜 성공했다고 하는가 / 한 분야에서 최고다 / 목표가 있으면 미리 준비할 수 있다 / 꿈을 이루면 어떻게 될까

1. 꿈이란 무엇인가?

답 이루고 싶은 것으로 지금 간절히 하고 싶은 것을 말한다.

2. 나는 누구인가?

답 나는 1999년 2월 25일에 태어난 박선정이다. 나의 성격은 활달하고 잘 웃고 잘 울고 말을 잘 한다.

3. 이루고 싶은 꿈은 무엇인가?

답 엄마는 의사가 되길 바라지만 나는 감독 또는 배우가 되고 싶다.

4. 엄마와 나는 왜 다른 꿈을 가지고 있나?

답 엄마는 내게 의사가 되라고 한다. 의사는 많은 돈을 벌 수 있으며 사람들에게 존경을 받을 수 있다고 한다. 하지만 나는 나만의 영화를 만들고 싶다. 다른 사람들에게 감동을 줄 수 있는 따뜻한 영화를 만들고 싶다.

5. 꿈을 위해 어떻게 해야 하는가?

답 풍부한 감정을 갖기 위해 책을 많이 읽고 항상 다른 사람의 입장에서 생각한다.

검사지 9 쓰기능력 검사

이 검사를 통해 학생들의 쓰기능력이 어느 정도 되는지를 알아볼 수 있다. 학생들이 자신이 글을 어떻게 쓰고 있는지를 생각하면서 체크하도록 지도한다.

쓰기능력 검사

여러분의 쓰기능력의 정도를 측정하는 질문입니다. 쓰기능력을 높이기 위한 사전 검사이므로 솔직하게 대답해 주시기 바랍니다. 해당 문항이 맞으면 '예', 맞지 않으면 '아니요'에 체크해 주세요.

	나의 쓰기능력은 어느 정도일까요?	예	아니요
1	글을 쓸 때 주제를 정하고 주제와 관련된 이야기를 쓴다.		
2	적절한 예를 들어 가며 의견이 드러나는 글을 쓸 수 있다.		
3	논리적으로 생각하고 글을 쓴다.		
4	글을 쓴 후 잘못된 부분을 찾아 고쳐 쓸 수 있다.		
5	글쓰기에 필요한 자료를 찾고 활용하는 방법을 안다.		
6	'설명문, 일기, 편지, 시'가 각각 어떤 짜임으로 되어 있는지 안다.		
7	긴 내용의 글을 간추려 정리할 수 있다.		
8	글의 종류에 따라 알맞은 방법으로 글을 쓸 수 있다.		
9	복잡하게 얽힌 이야기들을 순서대로 배열할 수 있다.		
10	맞춤법과 띄어쓰기에 맞추어 글을 쓴다.		
	'예'에 답한 총 개수 ( )개		

쓰기능력 전체 분석하기

- 8~10개: A 유형 - 쓰기능력이 높군요.
- 4~7개: B 유형 - 쓰기능력이 조금 있는 편이네요.
- 0~3개: C 유형 - 쓰기능력을 기르기 위해 노력하세요.

[A 유형]

- 글쓰기에 필요한 기본 소양을 잘 갖추고 있는 유형으로 말하고자 하는 것을 정확하게 표현하는 학생이다.
- '아니요' 라고 답한 것만 찾아서 부족한 부분을 지도해 준다.

[B 유형]

- 글을 쓰고자 하는 기본 소양은 갖추었으나 글이 길어지거나 어려워질 때 끝맺음이 부족한 학생이다.
- '아니요' 라고 답한 것만 찾아서 부족한 부분을 지도해 준다.

[C 유형]

- 쓰기능력에 대한 개념이 전혀 잡혀 있지 않은 유형으로 일기나 짧은 글짓기를 하는 것도 어려워하는 학생이다.
- 표현력 부분을 중점적으로 학습시키고 먼저 생각한 것을 조리 있게 표현할 수 있는 능력을 키우도록 한다.

쓰기능력 코칭

응답	코칭방법	
	예	아니요
1		글을 쓸 때 주제를 정하고 주제와 관련된 이야기를 쓰도록 지도한다.
2		적절한 예를 들어 가며 의견이 드러나게 글을 쓰도록 지도한다.
3		논리적으로 생각하고 글을 쓰도록 지도한다.
4		글을 쓴 후 잘못된 부분을 찾아 고쳐 쓰도록 지도한다.
5		글쓰기에 필요한 자료를 찾고 활용하는 방법을 알려 준다.
6		'설명문, 일기, 편지, 시' 가 각각 어떤 짜임으로 되어 있는지 알려 준다.
7		긴 내용의 글을 간추려 정리할 수 있도록 지도한다.
8		글의 종류에 따라 알맞은 방법으로 글을 쓰도록 지도한다.
9		복잡하게 얽힌 이야기들을 순서대로 배열할 수 있도록 지도한다.
10		맞춤법과 띄어쓰기에 맞추어 글을 쓰도록 지도한다.

3. 노트 필기 전략

학교 현장에서 오랫동안 학생들을 지도해 본 교사일수록 공부 잘하는 학생의 노트 필기 방법은 분명 다르다고 한다. 수업 내용을 빠뜨리지 않고 노트 필기도 잘하지만, 자신이 공부할 내용을 정확히 적는다. 그리고 수업 중에 교사가 알려 준 중요한 것을 빠뜨리지 않고 적어서 시험을 볼 때 활용한다. 노트 필기는 수업을 놓치지 않고 집중해 듣고 내용을 꼼꼼히 받아 적는 습관을 길러준다. 노트 필기를 잘하기 위해서는 노트 필기가 왜 중요한지를 알아야 한다.

노트 필기의 중요성을 보면 다음과 같다.

수업 내용을 이해하고 파악하는 데 도움을 준다

학생들이 필기를 잘하기 위해서는 수업을 잘 들어야만 한다. 그래서 학생들은 필기를 하기 위하여 수업 중에 능동적으로 집중하고 수업의 흐름을 파악하기 위해 노력할 뿐만 아니라 핵심을 이루는 내용을 찾아내고 기록한다. 따라서 필기를 하는 학생들은 필기를 하지 않는 학생들에 비하여 수업 내용을 정확히 파악하고 오래 기억한다.

학생들이 수업 내용을 있는 그대로 기록하게 하는 것보다 자신이 이해하는 것을 자신의 언어로 바꾸어 기록하게 하면 훨씬 큰 교육적 효과를 가져올 수 있다.

수업시간에 집중하는 데 도움을 준다

수업 중에 가만히 듣는 학생들보다는 필기를 열심히 하는 학생들이 수업에 대한 집중력이 높은 것을 알 수 있다. 수업을 듣기만 하는 학생은 다른 생각에 빠져 교사를 쳐다보고는 있지만 마음은 다른 곳에 가 있는 것을 발견하게 된다.

따라서 수업 내용을 듣고 중요한 것은 필기를 하는 것이 수업 내용을 보다 적극적으로 이해하는 데 도움이 되며, 주의를 촉진시킴으로써 정신 집중을 강화할 수 있다.

필기는 기억증진과 복습에 도움을 준다

인간의 기억력에는 한계가 있다. 심리학자들은 사람은 학습을 한 다음 20분 후에는 40%가량을 잊어버리고, 이틀 후에는 약 70%를 잊는다고 한다. 이처럼 잊어버리는 속도가 대단히 빠르기 때문에 지속적으로 반복하지 않으면 아무리 머리가 좋은 학생이라도 남는 것이 별로 없게 된다. 성적이 나쁜 학생들 중에 노트 정리를 소홀히 하거나 잘 못하는 학생이 많다는 사실도 알고 보면 이러한 이유에 근거하고 있는 것이다.

따라서 교사는 아무리 머리가 우수한 학생이라도 기억에는 한계가 있기 때문에 수업 중에 중요한 내용들을 필기하도록 하여 복습이 자연스럽게 이루어지면서 기억력을 높일 수 있도록 해야 한다.

1) 노트 필기 전략

지금 시중에는 공부와 관련된 수많은 책들이 난무하지만, 그중에서 필기에 대해서는 딱히 짚고 넘어가는 책이 많지 않다. 왜냐하면 노트 필기라는 것이 학생이라면 누구나 하는 것, 초등학교에서부터 대학시절까지 주구장창 써대는 것이라 별것 아닌 것처럼 보이기 때문이다. 하지만 분명한 것은 공부 잘하는 학생이 노트 필기도 잘한다는 것이다. 그렇다면 노트 필기에도 나름대로의 비법이나 비결이 있다고 할 수 있다.

우등생들의 노트 필기 방법을 분석하면 몇 가지 공통사항이 있다.

각 과목의 단원별 학습목표를 필기하게 한다

학습목표는 단원의 가장 중요한 부분이고 반드시 시험에 나오기 때문에 필기해 두었다가 시험 전에 꼭 공부한다.

수업 중에 교사가 강조하거나 시험에 출제된다고 하는 것은 표시를 해 두게 한다

수업 중에 교사가 강조한 것은 꼭 시험에 나오기 때문에 반드시 표시를 해 두고 시험 전에 확인한다. 중요한 것은 자신만의 기호나 색으로 눈에 띄게 표시를 해 둔다.

필기한 것은 수업이 끝난 후 복습에 활용하게 한다

필기는 배운 것을 복습하기 위해서 하는 것이므로 수업이 끝난 후 학교나 집에서 반복적으로 보고, 시험을 볼 때도 활용한다.

노트 필기는 수업을 들은 후 남는 시간에 하게 한다

노트 필기는 수업을 듣고 중요한 것을 복습하는 차원에서 하는 것이다. 그러나 필기에 집중하다 보면 수업 내용에 소홀해질 수 있으므로 오히려 비효율적인 것이 될 수 있다. 따라서 우선 수업을 먼저 듣고 그중 중요한 것을 기억하며 적는 것이 좋다.

수업시간의 필기는 자유롭게, 방과 후에 깨끗하게 정리하게 한다

수업시간에 필기를 완벽하게 정리하기는 힘들다. 따라서 수업시간에는 자유롭고 편하게 필기를 한다. 그런 다음 방과 후에 배운 것을 기억하면서 주요 내용만 해당 노트에 깨끗하게 정리하면 머릿속에 체계적으로 정리가 되고 복습의 효과도 높다. 이때는 교과서나 필기의 내용을 그대로 베끼는 것이 아니라 나만의 이해체계로 정리하도록 한다.

그림과 도표를 활용하게 한다

노트에 글자만 사용해서 필기를 한다면 답답해 보일 수 있다. 따라서 그림을 활용하여 나타내면 이해하기도 쉽고 응용할 수도 있어서 기억에 오래 남는다. 뿐만 아니라 사진, 도표 등의 자료를 이용하면 좀 더 흥미를 유발할 수 있어서 재미있게 공부할 수 있다. 노트를 나만의 참고서로 만들어서 공부하는 학생들을 보면, 교과서의 그림이나 사진, 도표를 오려 붙이고 이에 대한 설명을 정리해 놓는 경우가 많다.

노트에 필기를 할 때는 중요도에 따라 색깔을 다르게 사용하게 한다

여러 가지 색깔을 사용하되 너무 다양한 것은 좋지 않고 빨강, 파랑, 검정 정도가 적당하다. 빨간색 볼펜으로 쓴 것은 중요한 내용, 파란색 볼펜으로 쓴 것은 도움이 되는 내용이나 보충내용, 검정색 볼펜으로 쓴 것은 일반적인 내용 등으로 구분하면 복습을 할 때 매우 유용하다. 시간이 없을 때는 빨간색으로 필기한 것만 공부하면 되고, 조금 여유가 있을 때는 파란색으로 표시한 것까지 보면 되고, 충분한 여유가 있을 때는 모든 것을 복습하면 된다.

노트에 낙서를 하지 않게 한다

노트를 사용할 때는 용도에 맞게 사용하는 습관을 길러야 한다. 수업시간에 사용하는 노트는 그 시간에 들은 내용을 기록하는 용도로만 사용하고 낙서는 하지 않도록 한다. 학습내용을 필기하면서 낙서를 하면 복습을 할 때도 정신이 분산되고 집중을 할 수가 없다.

노트는 과목별로 작성하게 한다

노트 한 권에 모든 교과의 내용을 적으면 학습의 연계성이 저해를 받으므로 되도록이면 과목별로 노트를 준비한다. 그래야 일목요연하게 정리되고 복습할 때도 학습의 연계성이 생겨 효과적이다.

글씨는 다른 사람도 알아볼 수 있도록 쓰게 한다

학생에 따라서는 자신만 알아볼 수 있는 글자체를 사용하거나 글을 휘갈겨 써서 자신도 읽기 어렵게 쓰는 경우가 있다. 이러한 경우 노트로 복습을 하고자 할 때 효율성이 떨어진다. 따라서 자신은 물론이고 누가 보아도 알아볼 수 있도록 깨끗하게 쓰는 것이 좋고, 이는 훈련을 통해 조금씩 나아질 수 있다.

노트의 줄 간격은 적당히 띄우게 한다

노트 필기를 할 때 단락이나 줄 간격을 너무 많이 두거나, 반대로 너무 다닥다닥 붙여 쓰는 학생들이 있다. 필기를 할 때는 적절한 간격을 두고 필기를 해야 복습할 때 알아보기에 편하다. 중요한 단락이나 다른 개념을 설명하는 단락을 구분하기 위해서는 한 줄 정도 띄우고 쓰는 것이 좋다. 또 소제목, 중제목, 대제목들이 바뀔 때는 적당한 여백을 두어야 큰 체계를 파악하는 데 도움이 된다. 그렇다고 너무 많은 여백을 두는 것은 낭비이므로, 자신이 알아보기 쉽게 기준을 정해 두고 간격을 띄우는 것이 좋다.

노트 필기한 날짜나 연상할 수 있는 것을 함께 쓰게 한다

단지 글자만 나열되어 있는 노트를 한 번 보고 그 내용을 기억해 내는 사람은 지극히 드물다. 따라서 사진을 들여다보면 옛날 기억이 하나둘 떠오르듯 노트에도 기억을 되살릴 수 있는 장치가 필요하다. 이를테면 필기한 날의 날짜, 요일, 날씨, 교사의 질문 등을 함께 적어 두면 큰 도움이 된다.

자주 반복되는 내용은 약어를 사용하게 한다

약어와 기호를 사용하면 필기 속도를 높일 수 있고, 자신만의 체계로 정리하기 편하다. 약어와 기호를 사용하지 않고 필기를 해 놓고 보면 교과서 내용을 그대로 옮긴 것이 되어 있기도 한다. 따라서 적절한 약어를 사용하여 효율적인 필기와 요약 정리의 기술을 높이는 것이 필요하다.

=(같다)	∴(따라서)	∵(왜냐하면)	≠(같지 않다)
ex(예)	vs(대)	cf(비교)	☆(강조)

번호 체계에 따라 들여쓰기를 하게 한다

노트는 필기를 잘하는 것도 중요하지만, 복습할 때 효율적으로 활용할 수 있게 정리하는 것도 중요하다. 그러려면 숲과 나무를 함께 볼 수 있는 필기를 해야 한다. 즉, 세부적인 내용 정리도 잘해야 하지만 큰 틀을 알아볼 수 있게 필기해야 한다.

노트 정리를 할 때 다음과 같이 각자 나름대로 번호체계를 정해 두고 필기하면, 나중에 틀을 보기 편하다.

I
  1.
    (1)
      1)
        ①
          a

2) 노트 종류에 따른 필기 방법

코넬 노트 필기법

노트 필기 방법에는 여러 가지가 있지만 그중에서 지금까지 가장 효과적인 것으로 알려진 방법은 코넬 노트 필기법이다. 코넬 양식은 40여 년 전 미국의 코넬대학교에서 노트 정리 방법으로 개발된 이후 미국을 비롯한 세계 각국에서 가장 보편적으로 사용되고 있다. 코넬 양식을 보면 왼쪽 부분에 3~4cm 정도의 구획이 그어져 있는 것을 볼 수 있다. 코넬 양식은 단순하게 보이지만 어떻게 활용하느냐에 따라서 매우 유용한 방법이 될 수 있다.

〈제목 영역〉	
① 중요한 것	② 내용
기후의 변화	1. 한국의 기후
	4. 서울의 기후
	1) 종로구의 기후
	가) 종로2가의 기후
③ 요점 정리 기후는 지역에 따라 다르다. 서울은 지역에 따라 기후가 다르다. 서울의 기후가 제일 특이하다.	

[그림 3-1] 코넬 노트 필기법

- 제목 영역에는 제목을 굵고 크게 쓰고, 날짜 등 단서를 함께 적는다.
- ②는 수업 중 적어야 할 내용으로서 통상적으로 교사의 설명 중에 적거나 교사의 설명이 끝난 후 적는다. ①은 ②를 적은 후 수업 내용을 대표할 수 있는 핵심적인 단어, 개념, 용어를 찾아서 적는다.
- 수업 내용을 적을 때는 되도록 중요도와 범위에 따라 번호를 붙이는 것이 체계적으로 기록할 수 있는 방법이 되고 복습할 때도 도움이 된다.
- ③의 요점 정리 부분은 실제로 있는 것이 아니지만 노트의 맨 마지막 세 줄 정도를 배정하여 그날 필기한 내용의 서론과 본론, 결론을 적어 주면 다시 한번 반복하는 효과를 가져오며, 복습할 때 수업의 흐름을 파악하는 데 유용하다.

마인드맵 필기법

마인드맵은 마음속에 지도를 그리듯이 줄거리를 이해하며 정리하는 방법으로, 1971년 영국의 토니 부잔이 만들었다. 이 필기법은 세계적인 석학들의 과학적인 검증 과정을 거쳐 두뇌 활용을 극대화하는 사고 및 학습 방법으로 자리를 잡았다.

마인드맵은 이미지와 핵심어, 그리고 색과 부호를 사용하여 좌 · 우 뇌의 기능을 유기적으로 연결함으로써 두뇌의 기능을 최대한 발휘할 수 있는 사고력 중심의 두뇌 계발 필기법이다.

주제를 정하고 키워드를 적은 다음, 식물이 줄기에서 가지로 뻗어나가듯이 사고의 가지를 만들고 마디마다 연상되는 단어를 연결하여 머릿속의 생각을 정리한다.

마인드맵 노트 필기의 효과

- 언제 어디서나 훌륭한 생각이 떠오를 때 옮겨 적을 수 있다.
- 핵심어 사용으로 중요한 내용을 파악할 수 있는 능력이 생긴다.
- 지도의 원리를 이용하므로 세부적인 내용은 물론 전체적인 내용을 파악하기 쉽다.
- 학생의 흥미를 유발하여 자기주도학습이 가능하게 한다.
- 두뇌의 여러 가지 영역을 골고루 사용함으로써 창의력과 사고력을 발달시킨다.
- 노트 필기한 것을 전반적으로 기억나게 함으로써 성적 향상에 도움을 준다.
- 어휘력과 독서 능력을 향상시킨다.
- 자기 생각을 논리적으로 표현해 봄으로써 토론, 논술 시험에 익숙해진다.

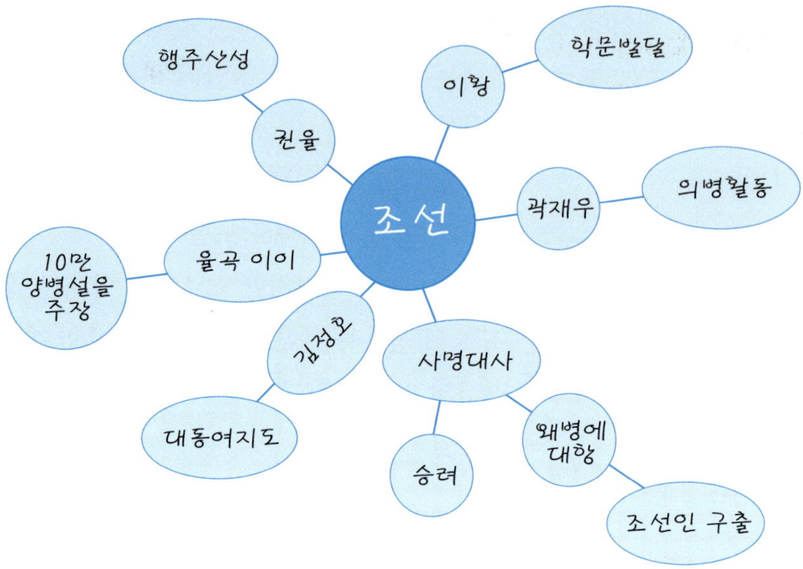

[그림 3-2] 마인드맵 필기법

이를 통해 이전의 생각과 이후에 이어지는 생각들을 나열하여 연관성을 찾아내고 합성해 보면 창조적인 아이디어와 중요한 정보들을 구조화하고 새로이 조합하는 방법을 발견할 수 있다. 대부분의 마인드맵은 중간에 아이디어, 질문, 콘셉트, 제목 등을 쓰면서 시작한다. 그런 다음 하나의 아이디어가 다음의 아이디어를 설명하고, 그 아이디어 사이를 가지로 연결하면서 기술한다.

i형 노트 필기법

i형 노트 필기법이란 무지 노트를 사용할 때 필기하는 방법을 말한다. 무지 노트는 줄이 없이 자유롭게 기재할 수 있는 노트를 말한다. 자유롭게 노트하는 무지 노트도 나름대로 규칙을 정해서 필기하면 편리하고 효율적으로 필기할 수 있다.

무지 노트는 칸 구획이 없기 때문에 통일성을 갖추기도 어렵고 어디가 처음인지 분간하기 어렵다. 따라서 무지 노트 한 면에 가상의 'i' 자가 있다고 생각하고 위의 동그라미에는 제목과 학습목표를 적고, i 자에는 내용을, 가장 아래 부분에는 핵심 내용을 요약하면 판서나 수업내용을 정확히 기록하는 데 도움이 된다.

[그림 3-3] i형 노트 필기법

검사지 10 노트 필기 전략 검사

이 검사의 목적은 학생들이 노트 정리를 얼마나 잘하고 있는지 알아보는 것이다. 학생들이 노트 필기의 중요성을 깨달으며 필기하는 방법을 생각하면서 체크하도록 지도한다.

노트 필기 전략 검사

다음의 질문은 여러분이 노트 정리를 어떻게 하고 있는지에 대해 검사해 보는 것이므로 솔직하게 대답해 주시기 바랍니다. 질문에 대한 답은 '예'와 '아니요'로 체크해 주세요.

	나는 노트 필기를 어떻게 할까?	예	아니요
1	노트 필기를 할 때 계획적으로 한다.		
2	수업 내용 중 학습목표를 필기한다.		
3	수업 내용 중 중요한 것은 강조해서 필기한다.		
4	수업 중 교사가 강조하는 것을 놓치지 않는다.		
5	노트 필기 하는 데 교사의 수업을 놓칠 때가 없다.		
6	내가 필기한 노트내용은 내가 읽기 쉽다.		
7	노트는 과목별로 작성한다.		
8	노트 필기한 것을 복습에 사용한다.		
9	아는 것, 모르는 것을 구별해서 정리한다.		
10	핵심 요약 노트를 사용한다.		
'예'에 답한 총 개수 (　　　)개			

노트 필기 전략 전체 분석하기

- 8~10개: A 유형 – 노트 필기를 잘하는군요.
- 4~7개: B 유형 – 노트 필기를 조금 하는 편이네요.
- 0~3개: C 유형 – 노트 필기를 잘 못하는군요.

[A 유형]

– 필기 전략을 잘 아는 유형으로 평소 노트 필기를 잘하는 학생이다.
– '아니요' 라고 답한 것만을 찾아서 부족한 부분을 지도해 주면 된다.

[B 유형]

– 필기 전략을 대충 아는 유형으로 평소 노트 필기를 하는 학생이다.
– '아니요' 라고 답한 것만을 찾아서 부족한 부분을 지도해 주면 된다.

[C 유형]

– 필기 전략을 전혀 모르는 유형으로 평소 노트 필기를 하지 않는 학생이다.
– 전반적으로 필기 전략에 대해 처음부터 숙달되도록 지도해 준다.

노트 필기 전략 코칭

응답	코칭방법	
	예	아니요
1		노트 필기를 계획적으로 하지 않을 경우는 복습하기가 쉽지 않으므로 노트 필기를 하기 전에 미리 제목이나 중요한 내용에 대하여 노트 필기를 어떻게 할 것인지를 미리 계획하고 사용하도록 지도한다.
2		학습목표는 그 단원에서 가장 중요한 것이므로 반드시 노트에 적도록 하고 복습에 활용하도록 지도한다.
3		수업 중 중요한 내용은 시간이 지나면 잊어버리므로 꼭 수업 중에 강조한 것을 노트에 표시하도록 지도한다.
4		수업 중 교사의 말에 집중하지 못하는 학생이므로 교사가 강조하는 내용을 노트에 꼭 표시하도록 지도한다.
5		필기에 집중하기 전에 우선 교사의 수업을 먼저 듣고 남는 시간에 필기하도록 지도한다.

6		자신이 필기한 내용을 자신이 읽기 어려우면 다시 볼 수 없으므로 필기는 안 하는 것이 더욱 효율적이다. 따라서 필기를 하려면 자신이 읽어 보기 쉽게 필기를 하도록 지도한다.
7		노트 한 권에 모든 교과의 내용을 적으면 학습의 연계성이 저해를 받게 되므로 되도록 노트 한 권에 한 과목의 내용만 적도록 한다. 그래야 일목요연하게 정리될 뿐만 아니라 나중에 복습할 때도 학습의 연계성이 생겨 효과적이다.
8		필기는 배운 것을 복습하는 의미에서 하는 것이므로 필기한 것을 꼭 수업시간이 끝난 후에 보고, 집에서도 반복적으로 보고, 시험 볼 때도 보면 도움이 된다.
9		노트 필기할 때 아는 것, 모르는 것을 구별해서 하면 복습할 때 모르는 것만 공부하면 된다는 것을 지도한다.
10		핵심 요약 노트는 필기한 내용 중에서 중요한 것이나 꼭 외워야 할 것들을 적어서 암기할 때 사용하는 것이므로 공부를 잘하기 위해서 필요한 것이라는 것을 지도한다.

4. 기억력 향상 전략

기억력은 이전의 인상이나 경험을 의식 속에 간직해 두는 능력을 말한다. 기억력은 우리가 세상을 살아가는 데 필수적인 능력이다. 만약 우리에게 기억력이 없다면 매일 만나는 부모도 몰라볼 뿐만 아니라 학교에서 아무리 좋은 교육을 시켜도 기억에 남는 것이 하나도 없기 때문에 의미가 없다. 배운 것을 모두 잊어버린다면 사회는 혼란에 빠지게 되고 발전도 할 수 없다. 그렇기 때문에 기억력은 매우 중요하다.

기억은 감각기관을 통해서 정보를 입수하고 저장한 후 필요할 때 불러내는 일련의 과정을 말한다. 따라서 저장되었지만 필요할 때 불러올 수 없는 것은 기억이라 할 수 없다. 기억이 이루어지는 곳은 인간의 뇌 가운데 해마라는 부분으로, 이곳의 신경세포가 자극을 받으면 기억으로 뇌에 각인된다.

기억력은 성장기별로 다른데, 초등학교 저학년에는 무조건적으로 외우는 기계적 기억이 발달하지만, 초등학교 고학년으로 접어들 무렵에는 이해하고 외우려는 논리적 기억이 우세해진다. 따라서 어릴수록 단순암기에, 나이를 먹을수록 단순암기보다는 논리적 기억에 의존하는 경향이 있다. 중요한 것은, 공부와 관련된 암기전략이 거의 도식적 기억에 의존하기 때문에 학습의 견지에서 보면 단순한 기억을 강요하는 무조건적인 암기는 바람직하지 않다는 점이다.

1) 기억의 종류

기억은 인식, 기간, 방법에 따라 여러 종류로 나뉜다.

인식에 따른 분류

인식하는 방법에 따른 기억은 기계적 기억, 논리적 기억, 도식적 기억으로 나눌 수 있다. 각 기억은 다음과 같은 특징을 가지고 있다.

표 3-4 인식에 따른 기억의 종류

구분	내용
기계적 기억	문제의 뜻을 파악하지 않고 암기했다가 재생시키는 일을 말한다. 무의미한 문제나 단편적 지식인 인명 · 지명 · 상품명 · 연대 · 전화번호 등은 기계적으로 기억해야 한다. 이 경우는 반복해서 읽는 방법으로 암기한다.
논리적 기억	문제의 뜻을 잘 파악해서 명기했다가 재생시키는 일을 말한다.
도식적 기억	문제의 뜻을 파악하는 대신 이를 일정한 순서나 틀에 맞추어 암기했다가 재생시키는 일을 말한다.

기간에 따른 분류

감각 기억

전에 감각을 통해 무의식적으로 받아들여졌던 정보들이 머릿속에 머물러 있다가 갑자기 기억되는 것을 말한다. 예를 들면, 매우 피곤할 때 이전에 들은 말이 환각처럼 들리는 것 등이다. 또는 어디서 본 듯한 느낌이 드는 것도 마찬가지다. 감각 기억은 보고 들은 것이 0.1초 정도 잠시 머릿속에 머물러 있다가 사라진다. 귀를 통한 기억은 눈을 통한 기억보다 오래가지만 귀로 듣는 정보는 눈으로 보는 속도를 따라갈 수 없다.

단기 기억

단기 기억은 임시로 또는 단기간 필요한 정보를 입력하고 저장하여 재생하는 기억을 말한다. 상대방의 전화번호, 오늘 가야 하는 약속장소까지의 도로노선 같은 것 들을 약 15~20초 정도 기억하는 것이다. 전화번호가 대개 7~8자리로 되어 있는 것도 이 때문이다. 이처럼 단기 기억의 용량은 아주 제한적이기 때문에 주의를 기울이지 않으면 잊어버리게 된다. 따라서 듣고 본 것을 기억에 오래 남기려면 바로 메모하는 습관을 들여야 한다.

장기 기억

장기 기억은 보통 기억이라고 부르는 것으로 거의 무한한 용량을 가지고 있으며 기억 기간도 영구적이다. 예를 들면, 초등학교 때의 친구들을 오랜 시간이 지나도 기억할 수 있는 것은 장기 기억 덕분이다. 그러나 모든 기억들이 장기 기억이 되는 것은 아니다. 자주 반복 기억하거나 체계적으로 정리해서 저장한 기억은 가끔씩이나마 재생해 보아야 시간이 지나도 잊어버리지 않는 장기 기억이 된다.

방법에 따른 분류

경험 기억

주로 과거의 경험에 연결된 기억으로, 공부를 한 다음 시험을 보기 위해 사용하는 기억이다. 초등학교 저학년 때까지만 해도 무조건 외우는 기계적인 기억을 하지만, 초등학교 고학년으로 갈수록 경험적인 기억에 의존한다.

운동 기억

운동할 때 속도나 방향 등 자기 몸의 감각을 통해 새겨 두는 기억으로, 공을 던지거나 자전거를 탈 때 자신도 모르게 몸이 균형을 맞추게 한다. 운동에서 자기만의 자세가 잡히면 나중에 바른 자세로 고치려고 해도 쉽게 고쳐지지 않는 이유가 바로 여기에 있다.

지식 기억

머리로 외우는 기억으로, 전혀 연관관계가 없는 지식을 암기할 때 사용한다. 특히 시험공부를 할 때 언어나 구구단처럼 의미 없는 기호, 기존 정보와 연결이 없는 지식을 받아들일 때 유용하다. 중학생 때 가장 발달하기 때문에 벼락치기 형태의 임기응변식 시험 공부 방법이 자연스럽게 나타난다. 그러나 무조건 암기하는 방식은 중학교까지는 가능하지만, 고등학교 이후부터는 이해하지 않거나 지속적으로 공부하지 않으면 효과가 생기지 않는다.

나이가 들어서 암기력이나 기억력이 떨어졌다는 것은 뇌가 정보를 저장하는 방법이 무조건 외우는 지식 기억에서 이해를 요구하는 기억으로 바뀌었기 때문이다. 따라서 중학교까지는 머리가 좋으면 수업만 잘 들어도 공부를 잘할 수 있지만, 고등학교부터는 이해와 반복을 병행해야만 공부를 잘할 수 있다.

무의식적 기억

무의식적으로 저장되는 기억을 말한다. 무의식적 기억은 쉽게 잊혀지지 않으며 오래 기억된다. 따라서 무의식적으로 배운 것은 쉽게 고쳐지지 않아 마법의 기억이라고 이야기한다.

무의식적인 기억은 다른 기억에 비해 학습의 전이 현상이 잘 나타난다. 즉, 축구를 잘하는 사람이 족구도 다른 사람보다 잘하는 이치와 같다.

2) 기억의 적, 망각

망각이란 전에 경험하였거나 기억된 것이 일시적 또는 영속적으로 감퇴 또는 상실되는 것이다. 결국 망각은 기억이 저하되거나 기억을 잃어버리는 것을 말한다. 그러나 망각이 꼭 부정적인 것만은 아니다. 만약 망각이 없다면 우리는 고통스러운 기억조차 잊지 못하고 평생을 괴로워할 것이다. 그래서 망각은 꼭 필요하다.

하지만 망각은 잊지 말아야 하는 중요한 정보나 학습한 결과물까지 잊게 하여 우리를 곤란하게 한다. 그럼 망각은 왜 생기는 걸까?

망각의 원인에 대해서는 자연소멸설과 간섭설이 있다. 자연소멸설은 나이가 들면 노화가 되듯이 기억도 쓰지 않으면 자연히 소멸한다는 견해이고, 간섭설은 새로 기억된 내용이 기존의 기억에 끼어들고 간섭함으로써 혼동을 일으키거나 기존의 기억을 밀어냄으로써 망각이 된다는 견해다.

심리학자들은 망각에 대해 좀 더 깊이 있게 알아보기 위해서 똑같은 양을 기억한 사람들을 두 집단으로 나누어서 한 집단은 일을 하게 하였고 다른 집단은 잠을 자도록 한 다음 정해진 시간 후에 기억을 재생하도록 하였다. 그 결과 잠을 잔 집단이 일을 한 집단보다 기억 재생률이 높았다. 일을 하는 것이 잠을 자는 것보다 기억에 더 많이 간섭하여 망각을 일으킨다는 것이다.

기억 재생률을 고려해 봤을 때, 시험을 보기 전에 학습한 것을 잊지 않도록 하기 위해서는 시험 전날 밤을 새면서 공부하기보다는 공부를 적당히 하고 잠을 충분히 자는 것이 좋다. 벼락치기를 하는 학생이 공부를 못하는 것은, 이처럼 공부를 너무 몰아서 하면 간접설에 따라 기존의 지식이 새로운 지식과 섞여 혼동을 일으키거나 밀려나 버리기 때문이다.

3) 망각을 줄이는 최고의 방법, 반복

에빙하우스(Ebbinghaus, 1850~1909)는 기억은 계속 재생하지 않으면 결국 잊어버리게 된다고 하였다. 그는 한 번 입력된 기억을 재생하지 않고 그대로 둔 경우 시간의 경과에 따라 기억률이 떨어지는 관계를 다음과 같이 측정하여 나타냈다.

망각률(%)=(처음 학습에 소요된 시간−복습에 소요된 시간)
÷처음 학습에 소요된 시간×100

즉, 망각률(기억을 잊어버리는 비율)은 처음 학습에 소요된 시간에서 복습에 소요된 시간을 뺀 다음 이를 다시 처음 학습에 소요된 시간으로 나눈 수에 100을 곱한 것이다. 이를 그래프로 나타낸 것이 망각곡선이다. 인간의 망각곡선을 그림으로 나타내면 다음과 같다.

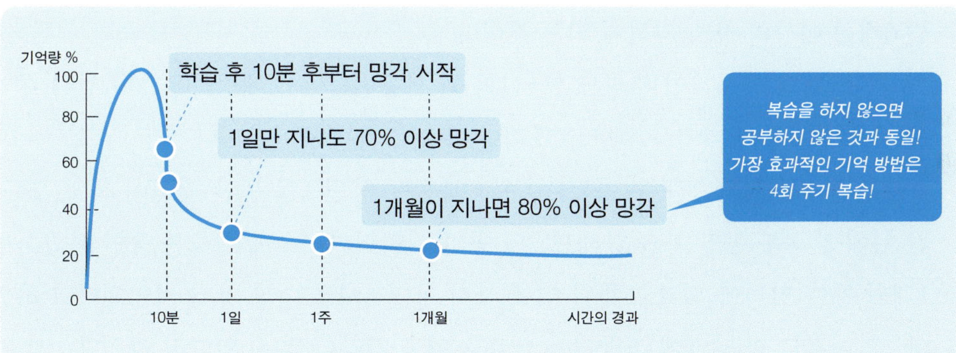

[그림 3-4] 에빙하우스의 망각곡선

에빙하우스는 인간의 기억은 시간의 제곱에 반비례하여 시간이 지날수록 기억을 더욱 빨리 잊어버린다고 하였다. 결국 감소하는 기억을 오래 보존하기 위한 가장 좋은 방법은 반복학습이다. 따라서 기억을 오랫동안 유지하기 위해서는 망각곡선의 주기에 따라서 적절한 시점에 적절한 반복학습, 즉 복습을 하는 것이 중요하며 같은 양의 반복학습도 한꺼번에 오랫동안 하는 것보다 일정한 간격으로 여러 번 학습하는 편이 훨씬 더 효과적이라 할 수 있다.

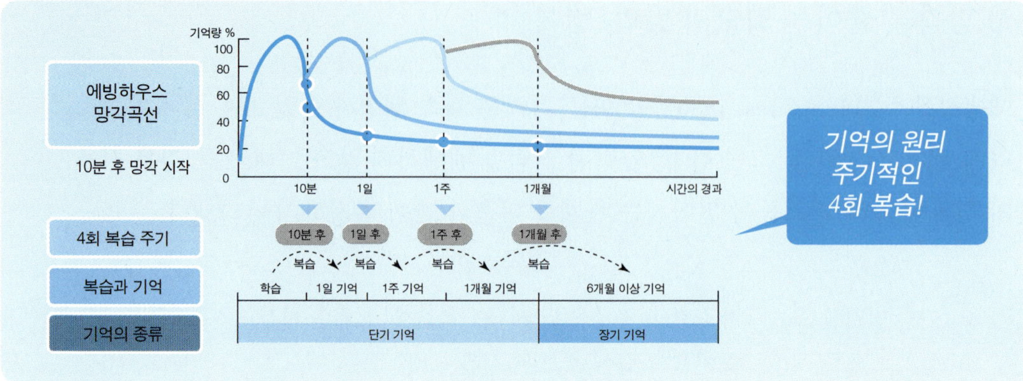

[그림 3-5] 반복 주기에 따른 기억 유지

다시 말해, 학습한 내용을 잊지 않고 오랫동안 기억하기 위해서는 10분 후 복습, 1일 후 복습, 1주일 후 복습, 1개월 후 복습을 하는 것이 효과적이다. 즉, 수업이 끝나고 바로 10분간 복습하면 1일 동안, 다시 1일 후에 복습하면 1주일 동안 기억이 유지되며, 1주일 후에 복습하면 1개월 동안 기억이 유지되며, 1개월 후에 복습하면 6개월 이상의 장기 기억이 되는 것이다.

마인드맵의 창시자인 부잔도 『당신의 뇌 사용법!』에서 에빙하우스의 망각 주기를 이용하여 장기 기억을 위한 효과적인 복습 주기를 제안하였다.

부잔은 1시간 학습한 후 바로 10분간 복습을 하면 1일 동안 기억이 되고, 24시간 뒤에 2~4분 동안 복습을 해도 7일 동안 기억되며, 7일 뒤에 2분 동안 복습하면 1개월 동안 기억이 되고, 1개월 뒤에 잠시 보면 6개월 이상 장기 기억된다고 하였다. 그 이후로 몇 달만에 조금씩만 보아도 영구 기억이 될 수 있다고 하였다.

표 3-5 장기 기억을 위한 효과적인 복습 주기

구분	시간 경과	복습량	기억 기간
1	1시간	10분	1일
2	24시간	2~4분	7일
3	7일	2분	1개월
4	1개월	조금	6개월
5	6개월	조금	반영구 기억

에빙하우스나 토니 부잔에 따르면, 장기 기억을 하는 데 가장 중요한 것은 일정한 주기에 따라서 반복적인 복습을 하는 것이다. 따라서 학습을 하고도 기억이 나지 않는다거나 혼동이 된다고 하는 학생들에게는 기억을 정확히 하고 오래 유지할 수 있도록 주기적인 복습방법을 지도해 주는 것이 좋다. 학생들에게 추천하는 학습방법은 학습이 끝나고 10분간 쉬는 동안 전 시간에 공부한 내용을 복습하는 것으로, 이것이 시간을 가장 효율적으로 활용하는 방법이다. 만약 그 시간에 복습을 하지 않고 그날 밤이나 다음 날로 미룬다면 그만큼 시간의 경과에 따라 기억이 소거되기 때문에 복습하는 데 더 많은 시간을 들여야 한다.

4) 기억력을 높이는 방법

기억력을 높이는 방법에 대해서는 다들 관심이 높다. 건강을 지키기 위해서 운동을 하듯이 기억력을 높이기 위해서도 뇌 운동이 필요하다. 우리의 뇌는 쓸수록 좋아지고, 쓰지 않을수록 기능이 빨리 사라지기 때문이다. 따라서 기억력을 높이기 위해서는 다음과 같은 전제 조건을 갖추어야 한다.

충분한 수면을 취하게 한다

수면을 충분히 취하지 않으면 뇌 활동이 둔해지거나 산만해져서 집중력이 저하되고, 집중력이 저하되면 기억력 또한 떨어진다. 따라서 충분한 수면을 통해 뇌의 기능을 활발하게 해 주어야 기억력을 높일 수 있다.

스트레스를 받지 않게 한다

스트레스를 받으면 단기 기억력과 집중력이 현저히 저하된다. 따라서 스트레스는 즉시 해소하거나 되도록 받지 말아야 한다. 스트레스에서 벗어나는 방법에는 여러 가지가 있는데, 가벼운 유산소 운동을 하거나 긍정적인 마음을 갖도록 한다.

낙천적인 성격을 가지게 한다

우울한 기분으로는 뭐든 잘 외워지지 않을 뿐더러 저장된 기억을 불러오는 데도 한계가 있다. 이는 감정 조절에 연관된 신경이 기억에 중요한 역할을 하기 때문이다. 따라서 낙천적이고 즐거운 마음가짐을 갖도록 한다.

걱정을 버리게 한다

끊임없이 걱정하는 사람은 일반적으로 기억력이 떨어진다. 걱정과 근심으로 가득 차 있는 사람일수록 기억력이 떨어지는 이유는 걱정이 다른 기억들을 간섭하기 때문이다.

5) 기억력을 높이는 식습관

기억력을 높이려면 뇌에도 질 높은 영양 공급이 필수적으로 이루어져야 한다. 많은 연구에서 밝혀졌듯이 식사의 양이나 질, 먹는 시간, 방법 등을 개선하면 서서히 뇌의 활동을 촉진시킬 수 있다고 한다. 그러나 머리가 좋아지는 식품을 한꺼번에 많이 먹는다고 하여 단기간에 효과를 보기는 어렵고, 규칙적으로 적당량을 골고루 섭취했을 때 비로소 기억력 향상에 도움이 된다.

견과류를 먹게 한다

사람의 뇌에 좋은 식품으로는 호두나 참깨, 잣 등의 견과류가 널리 알려져 있다. 이들 식품에는 뇌신경세포의 60% 이상을 차지하는 불포화지방산이 다량 함유되어 있기 때문에 기억력 향상을 돕는다.

등 푸른 생선을 먹게 한다

참치, 고등어, 꽁치 등 등 푸른 생선이 두뇌 발달에 좋은 식품으로 권장되는데, 이는 불포화지방산으로 불리는 DHA 때문이다. 불포화지방산은 신경세포의 돌기를 성장시키는 데 필요한 인지질을 구성한다.

인스턴트 음식을 먹지 않게 한다

라면이나 햄버거, 피자, 핫도그 등 가공 및 냉동식품에는 인산염이 많은데 이는 뇌의 활동에 도움을 주는 체내의 아연성분을 파괴한다. 또한 튀김류는 뇌에 피로를 축적시키는 과산화지질이 많아서 기억을 하는 데 방해가 된다.

과식을 피하게 한다

사람이 식사를 하고 나면 소화작용을 돕기 위해 모든 혈액이 위장으로 모여서 뇌에는 피가 부족해져 집중이 안 되고 쉽게 멍해진다. 따라서 과식을 피하고 식사 후에 바로 공부하기보다는 잠시 휴식을 취한 다음에 하는 것이 좋다.

알칼리 식품을 먹게 한다

채소, 과일, 해조류, 우유 등의 알칼리 식품이 좋으며, 특히 채소에는 풍부한 식이섬유가 있어서 기억력에 도움이 된다. 비타민 C가 함유된 양배추나 레몬 등은 스트레스까지 완화시켜 주기 때문에 기억력 증진에 좋다.

아침 식사를 거르지 않게 한다

아침 식사를 거르면 뇌에 충분한 영양이 공급되지 않아 기억력이 떨어진다. 따라서 원활한 두뇌 활동을 위해서는 아침 식사를 하는 습관을 들여야 한다.

검사지 11 기억력 검사

이 검사를 통해 학생들의 기억능력이 어느 정도 되는지를 알아볼 수 있다. 학생들이 자신이 어느 정도 기억력을 가지고 있는지를 생각하면서 체크하도록 지도한다.

기억력 검사

여러분의 기억력을 측정하는 검사입니다. 다음 질문은 여러분의 기억력을 높이기 위한 사전 검사이므로 솔직하게 대답해 주시기 바랍니다. 해당 문항이 맞으면 '예', 맞지 않으면 '아니요' 에 체크해 주세요.

	나의 기억력은 어느 정도일까요?	예	아니요
1	기억한 것을 잘 불러내는 편이다.		
2	기억한 것이 오래가는 편이다.		
3	망각에 대한 개념을 정확히 알고 있다.		
4	망각을 줄이는 방법이 복습이라고 알고 있다.		
5	건망증이 별로 없다.		
6	기억할 때 긍정적인 생각을 갖는다.		
7	기억할 때 스트레스를 받지 않는다.		
8	기억할 때 걱정이 많지 않다.		
9	한꺼번에 많은 기억을 하지 않는다.		
10	기억력에 좋은 음식을 알고 있다.		
'예' 에 답한 총 개수 (　　　) 개			

기억력 전체 분석하기

- 8~10개: A 유형 — 기억력이 높군요.
- 4~7개: B 유형 — 기억력이 조금 있는 편이네요.
- 0~3개: C 유형 — 기억력을 기르기 위해 노력하세요.

[A 유형]

- 기억력이 좋은 학생이다.
- '아니요' 라고 답한 것만 찾아서 부족한 부분을 지도해 준다.

[B 유형]

- 기억력이 조금 있는 학생이다.
- '아니요' 라고 답한 것만 찾아서 부족한 부분을 지도해 준다.

[C 유형]

- 기억력이 부족한 학생이다.
- 전반적으로 기억력에 대해 처음부터 숙달되도록 지도해 준다.

기억력 코칭

응답	코칭방법	
	예	아니요
1		내용을 먼저 이해한 후 체계적으로 암기할 수 있도록 지도한다.
2		기억력을 향상시키는 방법이나 암기 전략을 지도한다.
3		망각에 대한 개념을 알려 주고 망각을 줄이는 방법을 지도한다.
4		망각을 줄이는 데 복습이 최고라는 생각을 갖도록 지도한다.
5		건망증은 일시적인 현상이므로 충분히 훈련을 통해서 줄일 수 있다는 것을 알려 주고, 건망증을 줄이는 방법을 지도한다.
6		긍정적인 생각을 많이 가질수록 기억력이 좋아지므로 긍정적인 생각을 갖도록 지도한다.
7		스트레스를 많이 받을수록 기억력이 떨어지므로 스트레스를 해소하는 방법을 지도한다.
8		걱정을 많이 할수록 기억력이 떨어지므로 걱정을 해소하는 방법을 지도한다.
9		한꺼번에 너무 많은 기억을 하면 오히려 간섭현상이 생겨 기억을 불러오기가 어려우므로 일정한 양을 공부한 후 쉬게 한다.
10		기억력을 좋게 하기 위해서는 머리가 좋아지는 음식을 먹어야 한다는 것을 지도한다.

5. 암기력 향상 전략

공부에서 '암기'란 학습내용을 외우는 것을 말하며, '암기력'이란 머릿속에 입력한 것을 잊지 않는 힘을 말한다. 따라서 암기력이 높다는 것은 한 번 공부한 것을 오랫동안 기억하는 능력과 기억한 것을 잊어버리지 않는 능력이 있다는 말이다.

수능이나 모의고사는 종합적 사고력이나 문제해결력으로 풀어야 하지만 암기가 바탕이 되어야 하고, 교과서의 내용을 단답식으로 질문하는 내신에서 높은 점수를 받으려면 교과서의 중요한 내용들을 꼼꼼히 암기해야 한다. 따라서 학생들에게 암기력은 성적을 좌우한다고 해도 과언이 아니다. 암기력이 높으면 시험을 잘 보아 좋은 성적을 거둘 수 있지만, 암기력이 낮으면 아무리 공부해도 기억에 남지 않기 때문에 시험 성적이 좋지 않다.

시간 내에 많은 양의 학습내용을 정확하게 암기해야 하는데, 물론 머리가 좋다면 암기가 잘되겠지만 너무 머리만 믿고 암기를 하지 않으면 결과는 나쁠 수밖에 없다. 반면에 머리가 나쁘다고 해도 무작정 외우기보다 암기 전략을 세워서 차근차근 암기하다 보면 더 좋은 결과가 나올 것이다. 이렇듯 효율적인 암기를 위해서는 전략과 기술이 필요하다.

1) 암기력의 필요성

시험을 효과적으로 보게 해 준다

암기는 한 번 학습한 것을 잊지 않게 하기 때문에 공부한 것을 오랫동안 기억했다가 시험 볼 때 활용할 수 있게 하는 역할을 한다. 따라서 암기를 잘할수록 시험을 잘 보아 좋은 성적을 거둘 수 있고, 암기를 잘 못하면 시험을 잘 볼 수 없으므로 좋은 성적을 얻기가 어렵다.

공부 시간을 단축시켜 준다

암기를 잘하면 똑같은 시간에 많은 양을 외울 수 있기 때문에 같은 시간에 공부를 더 많이 할 수 있도록 해 준다.

오랫동안 기억하게 해 준다

암기는 지속적인 반복으로 이루어지는 것으로서 한 번 기억된 지식을 반복 학습함으로써 오랫동안 기억하게 해 주는 역할을 한다.

2) 기억력과 암기력의 차이

기억력과 암기력을 혼용하는 경우가 많은데 엄격히 보자면 큰 차이가 있다.

기억력은 이전의 인상이나 경험을 의식 속에 간직해 두는 능력을 말하지만, 암기력은 일부러 외워서 잊지 않는 능력을 말한다. 다시 말해서 기억력은 지나간 일, 경험, 인물, 상황과 배경을 의식 속에 간직해 두는 능력이고, 암기력은 경험적인 기억이 아니라 자신이 필요로 하는 의미, 단어, 기호, 수식 등을 머릿속에 익혀 두는 능력이다.

표 3-6 기억력과 암기력의 차이

구분	기억력	암기력
개념	이전의 인상이나 경험을 의식 속에 간직해 두는 능력	외워서 잊지 않는 능력
내용	지나간 일, 경험, 인물, 상황과 배경 등	의미, 단어, 기호, 수식 등
목적	생활 속에서 활용	학습에 활용
방법	반복적	기계적

기억력은 일상생활 속에서 특별한 목적 없이 머릿속에 남는 것이고, 암기력은 일정한 목적을 가지고 기계적으로 머릿속에 입력하여 언제든지 사용할 수 있는 기억이라고 할 수 있다.

3) 암기력을 향상시키는 방법

반복하여 암기하게 한다

암기력을 높이는 가장 좋은 방법은 반복해서 암기하는 것이다. 에빙하우스의 망각곡선에 따르면 어떤 사람도 한 번 보고 전부를 외울 수는 없다. 학습한 내용을 잊어버리기 전에 끊임없이 반복함으로써 기억에 오래 남는 것이다. 다시 말하지만 반복학습만큼 효과적인 암기방법은 없다.

반복해서 암기하는 것만 습관이 된다면 아무리 평범한 학생이라도 기본적인 암기능력에서 공부를 잘하는 학생과 크게 차이가 나지 않는다. 다만 암기 전략과 기술을 알고 있는가와 모르는가의 차이가 시험 성적을 결정한다.

오감을 활용하여 암기하게 한다

암기를 할 때 눈으로 교재나 노트를 훑기만 하는 것은 전혀 도움이 되지 않는다. 오히려 시간만 낭비하는 셈이다. 짧은 시간 동안 고효율의 암기를 하기 위해서는 머릿속에 있는 학습 내용을 교재나 노트를 보지 않고 오감으로 표현해 본다.

오감으로 암기하는 방법은 머릿속에 있는 학습 내용을 손으로 써 보거나, 읽어 보거나, 몸의 움직임으로 표현하는 것이다. 오감을 활용하면 눈으로 훑는 것보다 훨씬 오랫동안 기억에 남는다.

남을 가르치며 암기하게 한다

수업이 끝난 후 쉬는 시간에 친한 친구에게 수업 내용을 마치 교사처럼 가르쳐 보도록 한다. 친구에게 수업시간에 배운 것을 다시 한번 가르치다 보면 자신도 모르게 확실한 암기 효과가 생긴다. 다른 사람을 가르치기 위해서는 교사처럼 처음부터 끝까지 철저히 이해해야만 가능하기 때문에 수업에 대한 집중도도 좋아지고, 암기하는 데 효과가 있다.

묵독과 암송을 1 대 4로 배분하여 암기하게 한다

학습심리학자 게이츠는 묵독과 암송을 1 대 4로 배분하여 암기하는 것이 가장 효과적이라고 하였다. 묵독은 교재를 단순하게 읽는 것이고, 암송이란 쓰거나 읽는 것을 활용하여 머릿속에 떠올리는 것이다. 즉, 한 번 읽고 네 번 반복해서 쓰거나 소리 내어 외우는 것을 의미한다.

많은 학생들은 암송이나 묵독 어느 하나에만 집중하는 경향이 있다. 한쪽으로 치우치게 되면 효과도 없이 시간 낭비만 하는 것이 되므로 묵독과 암송을 1 대 4로 배분하는 것이 효과적이다.

암기한 것을 그 자리에서 테스트해 보게 한다

암기한 내용을 그 자리에서 활용하면 더욱 확실한 것이 된다. 따라서 일정 부분을 읽고 암기한 후 그 즉시 보지 않고 직접 써 보거나 말로 내용을 더듬으며 표현해 보면서 반드시 되풀이하는 과정이 필요하다. 나아가 연습문제나 평가문제 등을 풀어 보면서 정확하게 암기한 것을 확인해 가며 자기 것으로 만들도록 한다. 공부를 잘하는 학생들은 암기만 하는 것이 아니라 완벽하게 암기했는지 확인해 보고, 암기되지 않은 것을 자기 것으로 확실히 하고 넘어가는 특징이 있다. 그러려면 스스로 테스트해 보는 과정이 반드시 필요하다.

취침 30분 전에 집중적으로 암기하게 한다

미국의 심리학자인 젠킨스 박사는 평균 점수가 동일한 학생들을 A와 B 두 그룹으로 나누어 각각 같은 강의를 한 후, A그룹은 강의가 끝난 후 바로 자도록 했고 B그룹은 자유 시간을 주었다. 실험결과 강의 내용 기억량이 A그룹은 평균 56%였는데, B그룹은 9%에 불과했다. 이 실험에서 알 수 있듯이 취침 30분 전을 최대한 이용하여 집중적으로 암기하면 다른 때보다 몇 배의 효과를 얻을 수 있다.

재미있게 암기하게 한다

공부를 할 때 흥미를 가지면 공부가 잘되듯 암기를 할 때도 재미있게 하는 것이 효과적이다. 만약 재미없게 암기한다면 잠재의식 속에서 저항심이 생겨 제대로 암기가 되지 않는다. 따라서 내용을 재미있게 암기하는 것이 재미없게 하는 것보다 효율적이다.

이해를 하고 암기하게 한다

단편 지식이나 결론만 기계적으로 암기하는 것은 의미가 없기 때문에 금방 잊어버리게 된다. 그러나 단편적인 지식이나 결론에 이르게 된 과정을 명확히 이해하고 나서 암기를 하면 암기에 필요한 시간과 노력을 절약하면서 효과도 좋다. 특히 수학이나 과학 과목의 이해 없는 암기는 무의미하다.

연결하여 암기하게 한다

서로 연결성이 없는 단편 지식은 의미가 없기 때문에 금방 잊어버린다. 암기한 것을 오랫동안 기억할 수 있게 하는 방법은 암기할 내용을 서로 연결시키거나 기존에 알고 있던 경험이나 다른 내용을 연결지어 암기하는 것이다. 암기할 내용의 개념을 정확히 하고, 그에 따른 공통점이나 차이점 혹은 대칭성이나 순서 등을 이용해서 연결고리를 만들어 암기하면 장기간 암기가 가능하다.

암기하기 전에 두뇌 훈련을 하게 한다

암기력을 높이려면 신체를 단련하듯 두뇌에도 운동이 필요하다. 특히 공부하기 5분 전 신경세포를 자극하는 운동을 하면 암기력을 높이는 데 효과를 볼 수 있다. 계산, 찾기, 게임 등의 지적인 자극은 암기력을 높이는 데 도움이 된다.

4) 암기 전략

암기 카드를 만들어 암기하기

암기해야 할 것이 많을 때는 암기 카드를 만들어서 자주 보고 외우는 것이 효과적이다. 암기 카드는 손 안에 들어갈 수 있는 크기가 좋고, 고리로 연결하거나 접어서 사용한다. 한 장에 외울 것들을 전부 적을 수도 있으며, 앞면에는 단어를 쓰고 뒷면에는 해석을 넣을 수도 있다.

암기 카드	
play	놀다
long	길다
공배수	두 수에 공통인 배수
삼각형의 넓이 공식	밑변×높이÷2

요점 정리: 사회-서울의 기후가 제일 특이하다.
과학-사람은 포유류에 속한다.

[그림 3-6] 암기 카드

집단화해서 암기하기

성격이 비슷한 것들을 집단으로 묶어 제목을 붙이고 기억하는 방법이다. 암기해야 할 것들을 개별적으로 외우다 보면 서로 연계가 없어서 단기 기억으로 끝나거나 기억에 잘 연결이 되지 않을 때가 많다. 따라서 성격이 비슷한 것끼리 집단화하면 서로 연계가 되고 많은 정보를 한꺼번에 기억할 수 있을 뿐만 아니라 장기 기억의 용량도 증가시킬 수 있다. 집단화해서 암기할 때 중요한 것은 분류할 수 있는 비슷한 것들을 하나의 집단으로 묶는 것이다.

잘라서 암기하기

한꺼번에 여러 문자가 인접해 있으면 간섭현상으로 기억하기 어렵기 때문에 3음절 정도씩 나누어서 배열하면 쉽게 기억할 수 있다. 3음절이 숙달되면 4음절로 늘려서 기억하도록 지도한다. 문자를 외울 때 자신에게 친숙한 단어와 연관시키면 장기 기억을 할 수 있다. 단어의 수는 5~9개가 적당하다. 1단계는 국어, 2단계는 숫자, 3단계는 영어로 된 문자를 나누어 암기를 연습한다.

활동지 21 집단화해서 암기하기

앞에서 본 그림 중에 암기한 것들을 각각의 집합에 맞게 써 넣으세요.

집합의 이름	사물 이름
가구	
동물	
과일	
채소	
공	

활동지 22 잘라서 암기하기

다음 〈보기〉를 참조하여 글자를 외우기 쉽게 잘라서 암기해 보세요.

〈보기〉

잘노고우리나투키스뉴가파라가다

⇨ 잘노고-우리나-투키스-뉴가파-라가다

KALJALUBCKBOKOIMFTWOW

⇨ KAL-JAL-UBC-KBO-KOI-MFT-WOW

314159265358979323

⇨ 314-159-265-358-979-323

즐거운 일과 연결시켜 암기하기

암기해야 할 것들을 즐겁고 유쾌한 체험과 연결시켜 기억하면 그 경험을 회상하는 것만으로도 암기 내용이 저절로 떠오르게 된다. 만약 제시된 단어에 대한 경험이 없다면 우선 새로운 경험을 하듯 이야기를 만든 다음 회상하듯이 외운다.

> 민물고기: 붕어, 가물치, 동자개, 메기 등
> ⇨ 아버지와 낚시를 하러 간 경험을 상기 ⇨ 나는 아버지와 임진강에 낚시를 하러 가서 붕어, 가물치, 동자개, 메기 등을 잡았다.

자신을 주인공으로 만들어 암기하기

자신을 암기해야 할 내용의 주인공으로 상상해서 자신이 당시에 어떤 일을 했는지를 암기하는 방법이다. 텍스트를 만드는 좌뇌의 기능만이 아니라 이미지를 만드는 우뇌의 기능까지 이용하는 것으로 한꺼번에 우뇌와 좌뇌를 사용하기 때문에 한번 암기하면 쉽게 잊지 않는다. 이 암기법은 주로 사회나 역사 과목에 활용한다.

> 대원군의 정책으로 유명한 것은 개혁정책과 쇄국정책의 실시다.
> ⇨ 나는 조선 말기의 대원군으로서 나라를 바로잡기 위하여 개혁정책을 추진했으며, 쇄국정책을 실시하였다.

어려운 내용은 쉬운 말로 바꾸어 암기하기

어려운 개념은 이해가 제대로 되지 않은 상태에서 외우기 때문에 기억이 오래가지 못한다. 따라서 어려운 내용을 암기할 때는 일단 알기 쉬운 말로 바꾸도록 한다. 자신만의 방식의 말로 바꾸는 작업은 이미지화 작업과 병행하는 셈이 되어 암기가 훨씬 쉬워진다.

> 람세스 2세의 왕비 네페르타리에
> ⇨ 람세스 2세의 왕비는 내 배를 타라!

단어는 문장과 함께 암기하기

단어는 독립해서 외우는 것보다 문장과 함께 외우는 것이 훨씬 효과적이다. 단어 자체는 개별적이고 추상적인 정보에 해당되기 때문에 암기가 어렵지만, 문장은 이미지나 상황을 연상할 수 있기 때문에 암기가 쉬워진다.

glad ⇨ Your letter made me so glad.

중요한 내용은 처음과 마지막에 암기하기

사람은 심리학적으로 먼저 암기한 것에 억제되어 나중에 암기하는 것은 좀처럼 기억하기가 어렵다고 한다. 또한 맨 마지막에 암기한 것이 앞에 암기한 것들을 억제하기도 한다. 따라서 중요한 내용은 맨 처음 또는 맨 마지막에 암기해야 기억이 잘된다.

암기해야 할 것: 행복, 기쁨, 사랑, 희망, 비전, 배려
중요한 것: 행복, 사랑
외우는 방법: 행복, 기쁨, 희망, 비전, 배려, 사랑

내용을 시각화하여 암기하기

우리의 좌뇌는 한계가 있어서 단어나 문장 형태로 외우려고 하면 잘 기억되지 않는 경우가 있다. 따라서 우뇌를 활용하여 문장을 도표나 그림으로 시각화한 다음 외우는 것이 효과적이다. 우뇌와 좌뇌를 한꺼번에 사용하기 때문에 한 번 암기한 것은 쉽게 잊지 않는다.

영희가 오른손에 펜을 들고 책상에 앉아서 공부하고 있다.
시각화:

[그림 3-7] 시각화해서 암기하기

사물을 이용해서 암기하기

친숙한 장소를 이용한다

자신에게 친숙한 장소 또는 건물 등에 암기해야 할 내용을 순서대로 배열하고 연결시켜 암기하는 방법이다. 이 암기법은 우리에게 친숙한 장소인 집이나 건물에 기억해야 할 항목들을 서로 결합시켜 재미있는 이미지로 떠올리는 것이다.

예를 들면, 현관문 → 신발장 → 거실 → 부엌 → 화장실 → 안방 순으로 암기해야 할 내용을 연관시키는 것으로서, 후기 인상파의 경우 '현관문에서는 마네가 나를 기다리고 있고, 신발장에 모네가 신발을 넣고 있고, 거실에는 세잔이 신문을 보고 있고, 부엌에는 코린트가 식사 준비를 하고 있고, 화장실에는 드가가 소변을 보고 있으며, 안방에는 고갱이 자고 있다' 는 식으로 만들 수 있다. 이 방법으로 암기하면 내용이 하나로 연결되면서 기억이 잘된다.

신체를 이용해서 암기한다

사람마다 자신이 선호하는 학습방법이 있는데, 특히 움직임을 좋아하는 학생들은 온몸을 이용해서 외우는 것이 효과적이다. 외우고자 하는 내용을 신체와 연관시켜 상호작용하는 암기법으로서, 순서를 암기해야 할 때 머리, 눈, 귀, 코, 팔다리 등 온몸을 이용해서 외우면 매우 유용하다.

예를 들어, 대통령, 국무총리, 장관, 도지사, 시장, 구청장 등의 순서를 기억해야 할 때, 머리는 가장 높은 대통령, 오른손은 국무총리, 왼손은 장관, 배는 도지사, 오른발은 시장, 왼발은 구청장이라고 암기하면 무작정 암기하는 것보다 효율적이고 기억에 오래 남는다.

암기해야 할 내용이 많은 경우 머리나 손발로 부족하기 때문에 이마, 코, 눈, 귀, 입 등 신체의 세세한 부분까지 이용하도록 한다.

> 암기해야 할 내용: 후기 인상파
>
> ① 마네 ② 모네 ③ 세잔 ④ 코린트 ⑤ 드가 ⑥ 고갱
>
> ⇨ 현관문 → 마네, 신발장 → 모네, 거실 → 세잔
>
> ⇨ 부엌 → 코린트, 화장실 → 드가, 안방 → 고갱

의미 있게 만들어서 암기하기

여러 개의 단어나 문장을 한꺼번에 암기해야 할 경우, 단어나 문장의 앞 글자를 따서 외우거나 문장화해서 암기한다.

앞 글자 따서 암기하기

앞 글자를 따서 외우는 방법은 순서나 차례 등을 암기할 때 효과적이다. 순서가 중요할 때는 그대로 사용하고 그렇지 않은 경우는 첫 글자들의 순서를 바꾸어 의미 있는 약자로 만든다. 첫 글자만으로 분명하게 구별되지 않을 때는 두 번째 글자를 이용한다든지 조사나 단어를 추가하는 융통성을 발휘하여 암기한다.

> 암기해야 할 내용: 수성, 금성, 지구, 화성, 목성, 토성, 천왕성, 해왕성, 명왕성
> ⇨ 앞 글자만 따서 순서대로 암기하기: 수금지화목 토천해명
> ⇨ 순서를 바꾸거나 조사와 단어를 추가하여 암기하기: 천지해명은 화수목금토

문장 만들어 암기하기

암기해야 할 내용의 첫 글자들로 재미있는 문장을 만들어 반복하면 오랫동안 기억할 수 있다. 자기 주변 사람이나 사물과 연관시켜 말이 되게 문장을 만들면 기억이 더욱 잘된다.

> 국민의 의무: 납세의 의무, 국방의 의무, 교육의 의무, 근로의 의무, 환경 보전의 의무, 공공복리의 의무
> ⇨ 국민은 초등학교 근처에서 공부하면 납 때문에 환장한다.

리듬이나 가락을 붙여서 노래하듯 암기하기

여러 개의 단어나 문장을 한꺼번에 암기해야 하는 경우, 리듬이나 가락을 붙여서 노래로 만들면 기억하기가 쉽다. 기억이 나지 않다가도 리듬이나 가락을 떠올리면 바로 기억이 나는 효과가 있는데, 이때 리듬이나 노래는 잘 아는 친숙한 것으로 한다.

〈한국을 빛낸 100명의 위인들〉

박인호 작사 · 작곡

아름다운 이 땅에 금수강산에 단군 할아버지가 터 잡으시고
홍익인간 뜻으로 나라 세우니 대대손손 훌륭한 인물도 많아
고구려 세운 동명왕 백제 온조왕 알에서 나온 혁거세
만주 벌판 달려라 광개토대왕 신라 장군 이사부
백결 선생 떡방아 삼천 궁녀 의자왕
황산벌의 계백 맞서 싸운 관창 역사는 흐른다

말목 자른 김유신 통일 문무왕 원효대사 해골물 혜초 천축국
바다의 왕자 장보고 발해 대조영 귀주대첩 강감찬 서희 거란족
무단 정치 정중부 화포 최무선 죽림칠현 김부식
지눌국사 조계종 의천 천태종 대마도 정벌 이종무
일편단심 정몽주 목화씨는 문익점
해동공자 최충 삼국유사 일연 역사는 흐른다

황금을 보기를 돌같이 하라 최영 장군의 말씀 받들자
황희 정승 맹사성 과학 장영실 신숙주와 한명회 역사는 안다
십만 양병 이율곡 주리 이퇴계 신사임당 오죽헌
잘 싸운다 곽재우 조헌 김시민 나라 구한 이순신
태정태세문단세 사육신과 생육신
몸바쳐서 논개 행주치마 권율 역사는 흐른다
번쩍번쩍 홍길동 의적 임꺽정 대쪽 같은 삼학사 어사 박문수
삼 년 공부 한석봉 단원 풍속도 방랑시인 김삿갓 지도 김정호
영조대왕 신문고 정조 규장각 목민심서 정약용
녹두장군 전봉준 순교 김대건 서화가무 황진이
못살겠다 홍경래 삼일천하 김옥균
안중근은 애국 이완용은 매국 역사는 흐른다

별 헤는 밤 윤동주 종두 지석영 삼십삼인 손병희
만세 만세 유관순 도산 안창호 어린이날 방정환
이수일과 심순애 장군의 아들 김두한
날자꾸나 이상 황소 그림 중섭 역사는 흐른다

유사점과 차이점을 찾아 암기하기

여러 가지 서로 비슷한 내용을 암기해야 하는 경우에는 유사점과 차이점을 찾아내는 것이 좋다. 이렇게 정리해서 기억하면 잘 잊어버리지 않으며, 다시 외우는 데 드는 시간도 훨씬 짧다는 점에서 효과적인 암기법이다. 특히 고학년으로 올라갈수록 단순하게 암기한 지식을 요구하는 문제에서 탈피하여 종합적이고 분석적인 이해를 요구하는 문제들이 많이 나오기 때문에 꼭 필요한 암기법이다.

> 봄, 여름, 가을, 겨울, 눈, 비, 꽃, 낙엽
> ⇨ 봄에는 꽃, 여름에는 비, 가을에는 낙엽, 겨울에는 눈
>
> 방어, 비극, 복잡함, 공격, 한적함, 희극
> ⇨ 방어와 공격, 복잡함과 한적함, 희극과 비극

마인드맵을 활용해서 암기하기

앞에서도 소개된 마인드맵은 마음속에 지도를 그리듯이 줄거리를 이해하며 암기하는 방법으로, 1971년 영국의 부잔이 처음 만들었다. 이후 세계적인 석학들의 과학적인 검증과정을 거쳐 두뇌 활용을 극대화하는 사고 및 학습방법으로 자리를 잡았다.

마인드맵은 이미지와 핵심어, 그리고 색과 부호를 사용하여 좌·우 뇌의 기능을 유기적으로 연결함으로써, 두뇌의 기능을 최대한 발휘할 수 있는 사고력 중심의 암기방법이다.

주제를 정하고 키워드를 적은 다음, 식물이 줄기에서 가지로 뻗어나가듯이 사고의 가지를 만들고 마디마다 연상되는 단어를 연결하여 암기한다. 이를 통해 이전의 생각과 이후에 이어지는 생각들을 나열하여 연관성을 찾아내고 연결해 보면 창조적인 아이디어와 중요한 정보들을 구조화할 수 있고 새롭게 조합하는 방법을 발견하게 된다.

마인드맵을 이용한 암기는 모든 교과에서 사용이 가능하지만, 특히 암기할 개념을 중심으로 가지처럼 지식을 분류할 수 있는 내용을 암기하는 데 유용하다.

조선의 태조는 조선을 건국하고 신분제도를 강화하였다. 태종은 왕권을 강화하고 사병을 폐지하였다. 세조는 직전법을 시행하고 화폐를 주조하였다. 세종은 한글을 창제하였으며, 이때 해시계와 물시계가 발명되었다. 성종은 숭유억불 정책을 실시하였고 경국대전을 완성하였다.

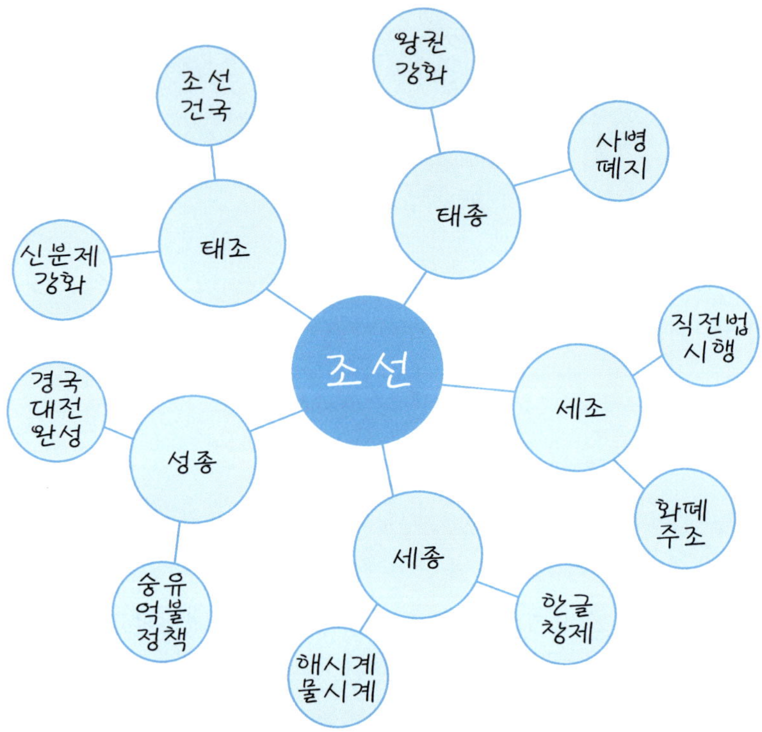

개념도 그려서 암기하기

개념도는 논리적 구조를 그림으로 나타낸 것을 말한다. 개념도는 다양한 지식을 체계적으로 조직하여 머릿속에 의미 있는 내용으로 저장하기 때문에 단순히 지식들을 개별적으로 암기하는 것보다 훨씬 효과적이다. 개념도는 기억해야 할 내용들의 핵심을 잘 파악해서 간결하고 알아보기 쉽게 그림으로 나타내기 때문에 나열된 단편 지식들을 정리하는 과정에서도 암기가 되며, 한눈에 들어오기 때문에 매우 편리하다.

개념도는 암기해야 할 단편적인 지식들 중에서 가장 상위의 개념을 맨 위에 놓고 다음의 개념을 차례대로 아래에 배열하여 그리고, 이 개념들의 연계관계를 암기한다. 개념도는 그림과 연결해서 암기하기 때문에 문자적인 암기보다 장기 기억에 도움이 된다. 개념도를 이용한 암기방법은 주로 과학 분야나 역사 분야, 사회 분야 등에서 해당 개념들을 한꺼번에 외울 때 효과가 높다.

동물은 척추동물과 무척추동물로 나누어진다. 척추동물에는 어류, 양서류, 파충류, 조류, 포유류가 있으며, 무척추동물에는 환형동물, 연체동물, 절지동물, 편형동물, 극피동물, 강장동물이 있다.

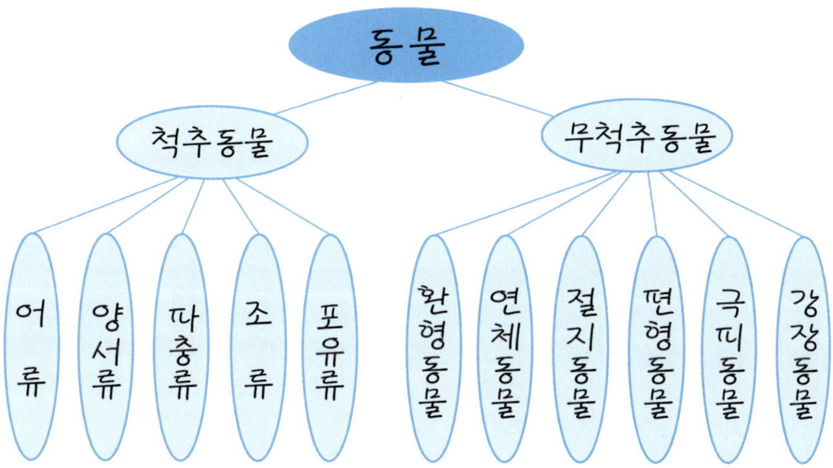

검사지 12 암기력 검사

이 검사를 통해 학생들의 암기능력이 어느 정도 되는지를 알아본다. 학생들이 자신이 어느 정도 암기능력이 있는지를 생각하면서 체크하도록 지도한다.

암기력 검사

여러분의 암기력을 측정하는 검사입니다. 다음 질문은 여러분의 암기력을 높이기 위한 사전 검사이므로 솔직하게 대답해 주시기 바랍니다. 해당 문항이 맞으면 '예', 맞지 않으면 '아니요' 에 체크해 주세요.

	나의 암기력은 어느 정도일까요?	예	아니요
1	암기법을 이용해서 암기한다.		
2	암기한 것이 시험 볼 때 기억이 잘 난다.		
3	한 번 암기한 것을 확인해 본다.		
4	암기한 것이 기억에 오래 남는다.		
5	교사가 강조한 것은 특별히 암기한다.		
6	흥미 있는 과목은 암기가 잘된다.		
7	예습과 복습을 꾸준히 한다.		
8	암기 카드를 만들어 암기한다.		
9	암기할 때 다른 생각이 나지 않는다.		
10	암기하는 방법들을 잘 안다.		
'예' 에 답한 총 개수 (　　　) 개			

암기력 전체 분석하기

- 8~10개: A 유형 – 암기력이 높군요.
- 4~7개: B 유형 – 암기력이 있는 편이네요.
- 0~3개: C 유형 – 암기력을 기르기 위해 노력하세요.

[A 유형]

– 암기방법을 잘 알고 있으며 암기를 잘하는 학생이다.
– '아니요' 라고 답한 것만 찾아서 부족한 부분을 지도해 준다.

[B 유형]

– 암기방법을 잘 모르지만 암기를 잘하려고 노력하는 학생이다.
– '아니요' 라고 답한 것만 찾아서 부족한 부분을 지도해 준다.

[C 유형]

– 암기방법을 정확히 잘 모르고 암기를 못하는 학생이다.
– 전반적으로 암기 전략에 대해 처음부터 숙달되도록 지도해 준다.

암기력 코칭

응답	코칭방법	
	예	아니요
1		무조건 외우는 것보다 암기법을 이용하는 것이 좀 더 효율적이라는 것을 알려 주고 암기 전략을 지도한다.
2		암기한 것이 시험 볼 때 기억이 잘 나지 않는 것은 암기한 내용을 점검하지 않았기 때문이므로 시험을 보기 전에 암기했던 내용들을 다시 한번 점검하도록 지도한다.
3		눈으로 읽거나 글로 써서 암기한 다음 암기가 제대로 되었는지 반드시 확인하도록 지도한다.
4		암기한 것이 기억에 오래 남지 않는다는 것은 암기 전략이 효율적이지 않다는 것으로, 내용에 맞는 암기 전략을 선택하여 암기하도록 지도한다.
5		교사가 강조한 것은 중요하므로 특별히 암기하도록 지도한다.

6		흥미로운 과목인데도 암기가 잘되지 않는 것은 암기 전략이 효율적이지 않다는 것으로, 알맞은 암기 전략을 선택하여 암기하도록 지도한다.
7		예습과 복습을 꾸준히 하는 것이 암기하는 데 가장 쉽고 시간이 적게 드는 최상의 방법이라는 것을 알려 준다.
8		암기 카드를 만들어 자투리 시간을 이용하여 암기하는 데 사용하면 효과적이라는 것을 알려 준다.
9		암기할 때는 잡생각이 나지 않아야 암기를 잘할 수 있으므로 잡생각을 하지 않고 집중할 수 있도록 지도한다.
10		암기방법을 잘 모르면 여러 가지 암기방법을 가르쳐 습관화할 수 있도록 지도한다.

6. 예습 · 복습 전략

한국교육개발원(KEDI)에서 성적과 과외 여부 및 학습 태도의 상관관계를 5년간의 성적을 가지고 분석한 결과를 보면, 예습과 복습 등 학교 수업에 충실하고 책을 많이 읽는 학생이 성적도 우수한 것으로 나타났다. 이들 상위권 학생은 수업시간에 질문을 하거나 예 · 복습을 하는 비율이 높고, 책읽기를 좋아하였다.

가끔 명문대학에 수석으로 입학한 학생들의 성공담을 들어 보면, "나는 학원 문턱에도 가지 않았지만 수석을 했다."라고 한다. 이들은 학원을 다니기보다는 예습 · 복습을 철저히 하였다고 한다.

사람의 두뇌에서 담당하는 기억은 시간이 지나면 잊어버리는 것이 자연스러운 일이다. 실제로 에빙하우스의 망각 곡선에 따르면, 사람은 암기한 내용을 1시간 이후에 절반을 잊어버리고, 하루에 70%를, 한 달에 80%를 잊어버린다. 따라서 이 '망각'을 극복하기 위해서는 제때제때 반복적으로 예습과 복습을 하여 암기율을 높이는 것이 필요하다.

예습은 배워야 할 내용들을 미리 공부하는 것을 말하며, 복습은 배운 것을 다시 공부하는 것이다. 결국 예습 · 복습이란 반복적인 학습을 통하여 암기한 기억을 오랫동안 유지하기 위한 방법이라고 할 수 있다.

평소에 예습 · 복습을 해 두면, 시험을 앞두고는 예상문제집을 충분히 풀어 자신의 부족한 부분을 찾아내어 보충할 수 있고 시험을 보면 잘 볼 수밖에 없다. 결국 공부를 잘하는 학생들의 특징은 평소 예습 · 복습 습관에 있다고 할 수 있다. 예습 · 복습 습관을 가지게 되면 굳이 학원이나 과외를 받지 않아도 된다. 따라서 이 단원에서는 어떻게 하면 예습 · 복습을 습관으로 만드는가를 이야기하고자 한다.

1) 예습 전략

예습이란 배워야 할 내용들을 미리 살펴보는 과정이라 할 수 있다. 마치 어두운 밤에 손전등으로 갈 길을 미리 비추어 보는 것과 같다. 갈 길을 미리 비추어 보면 어떻게 가야 할지에 대한 계획을 세우기 때문에 두려움을 떨칠 수 있다. 또한 길을 미리 보았기 때문에 낯설지 않을 것이다.

예습은 손전등으로 비추어 본 길과 마찬가지로 공부해야 할 것을 미리 보는 것으로 공부의 방향을 설정하는 데 도움을 준다. 따라서 아무런 정보가 없는 상태에서 배우는 것보다 예습을 바탕으로 해서 새로운 지식과 정보를 덧붙이는 것이 공부 효율성이 높다고 할 수 있다. 실제로 사람의 두뇌는 어떤 새로운 것을 학습할 때 기존에 알고 있는 사실과 연관 지을 때 더욱 효과적으로 기억을 한다.

예습을 선행학습이라고도 보는데 선행학습은 수업에 도움이 되기도 하지만, 미리 다 배웠다고 생각해 정작 수업시간에는 긴장이 풀어져서 수업에 방해가 되는 경우도 상당히 많다. 따라서 예습은 몇 달 전에 미리 공부하는 선행학습이 아니다. 예습의 목적은, 예습한 것을 바탕으로 교사의 강의가 어떻게 다른지, 중요한 것이 무엇인지, 이해가 잘 안 되는 것이 무엇인지를 파악하여 수업에 집중하기 위해 하는 것이라고 할 수 있다.

수업 전날이나 쉬는 시간을 이용해 교과서의 본문을 읽게 한다

예습은 통상 수업 전날 하는 것이 좋지만 시간이 여의치 못하다면 수업이 시작되기 5분 전에 하는 것이 좋다. 예습은 먼저 교과서의 큰 제목 위주로 읽어 보고 이번 시간에 어떤 것에 대해 배우는지를 머릿속에 그려 본다. 다음은 본문 중에 있는 중요개념인 굵은 글씨를 읽어 본다. 중요개념의 경우는 그에 대한 설명이 함께 나와 있으므로 설명에 밑줄을 그으면서 한 번 읽어 두도록 한다. 이렇게 하면 수업이 시작되었을 때 교사가 가르치는 수업 내용이 귀에 쏙쏙 들어오게 되며, 뭐가 중요한 것인지를 이해하게 되어 기억에 오래 남아 공부에 도움이 된다.

예습할 때 모르거나 이해가 안 되는 부분은 질문노트에 적어 두게 한다

예습은 말 그대로 미리 공부하는 것이므로, 완벽하게 이해하는 것이 불가능하다. 그렇다고 하더라도 미리 읽어 볼 때 모든 부분이 다 이해가 안 되는 것은 아니다. 특히 이해가 안 되거나 어렵게 생각되는 부분은 수업 중에 더 신경 써서 들어야 하고, 교사에게 질문할 내용이므로 따로 메모해 두는 것이 좋다.

오늘 배울 단원에 대한 개념을 정리하게 한다

수업시간에 배울 내용에 대한 개념 정리를 간략히 하는 것만으로도 예습 효과는 뛰어나다. 먼저 단원의 제목을 보고 기초적인 개념 정리를 한 다음 새로 배울 단원의 '탐구 활동' 정도만 읽어 두면 수업시간 내내 뿌듯한 마음으로 여유 있게 공부에 임할 수 있다. 눈으로 읽는 정도로도 충분하지만 노트에 개념을 따로 적어 보면 더 효과적이다. 모르는 개념이나 어휘가 많으면 수업에 집중하기 어렵다. 예습의 목적이 수업에 더 집중하기 위한 것이므로 모르는 어휘나 개념을 줄이는 것이 필요하다.

교과서의 학습목표를 읽어 오게 한다

교과서의 본문이 시작되기 전에 학습목표가 나온다. 수업시간 전에 이 부분을 읽고 배울 내용을 상상하게 되면 배울 단원에 대한 사전 이해가 확실해진다.

동영상 강의를 활용하게 한다

요즘 동영상 강의가 넘쳐나고 있다. 동영상 강의의 장점은 명강사의 강의를 언제 어디서나 반복 수강할 수 있다는 것이다. 또 요즘엔 채팅창을 통해 질문을 하면 10분 이내로 답을 해 주는 맞춤형 학습지도도 마련되어 있다. 따라서 예습 · 복습할 때 동영상 강의를 들으면 오래 기억하게 하는 데 도움이 된다. 그러나 동영상 강의는 전 과목을 다 듣겠다는 욕심보다는 꼭 필요한 과목을 정하거나 특정 과목의 특정 단원을 선택하여 듣는 것이 더 효과적이다.

평소에 교과와 관련된 쉽고 재미있는 책을 읽게 한다

국어, 과학, 사회, 국사, 세계사 등의 과목은 교과서 이해만으로는 역부족이다. 특히 요즘과 같은 시험 문제는 단편적인 교과서 내용만으로는 자신의 생각까지 엮어 낼 만한 심층적인 이해까지 도달하기가 힘들다. 따라서 교과와 관련된 쉽고 재미있는 책을 읽음으로써 풍부한 배경지식을 가지고 수업에 참여하면 수업을 이해하는 데 도움을 받을 수 있다.

예습 시 주의점

선행학습을 예습으로 착각하지 않게 한다

예습의 목적은 수업에 집중하기 위해서다. 몇 달 전에 배웠다고 해서 수업에 집중하고 싶은 마음이 드는 것은 아니다. 수업에 집중하기 위해 머리와 마음을 여는 과정이 예습이므로 수업 전날이나 수업 시작 직전에 하는 것이 좋다.

문제풀이 예습을 하지 않게 한다

어설프게 선행을 한 경우, 다 알고 있다고 생각하여 예습을 하라고 하면 배우지도 않은 내용의 문제를 푸는 경우가 많다. 이해하여 암기하지 않고 문제를 풀다 보면 개념을 이해하는 공부를 하기가 힘들어지고 자꾸 틀리게 되어서 공부에 대한 자신감도 상실한다.

무의미한 교과서 읽기를 하지 않게 한다

교과서를 읽는 것이 예습의 기본이라고 하여도 아무 생각 없이 눈으로 훑어보는 것은 별로 도움이 되지 않는다. 내가 아는 것과 모르는 것이 무엇이고, 어떤 내용들을 배우게 될지 궁금해하는 마음으로 읽어야 한다. 연필을 들고 적절한 표시와 메모를 하는 것도 무의미한 읽기를 하지 않는 데 도움이 된다.

지나치게 많이 하지 않게 한다

예습은 그야말로 예습일 뿐, 아직 본 수업과 복습을 하기 전 단계임에도 지나치게 완벽하게 시키는 경우가 있다. 하루에 학생이 할 일 중 예습은 가장 짧은 시간이 배정되는 과제일 수 있다. 복습도 있으므로 지나치게 할 필요는 없다.

수업에 소홀히 하지 않게 한다

예습을 했다고 해서 정작 수업에 집중하지 않거나 소홀히 하면 예습을 안 한 것만 못하다. 예습 본연의 목적을 항상 상기할 필요가 있다.

2) 복습 전략

복습은 공부한 것이나 수업 들은 것을 당일에 하는 것이 가장 효과적이며, 최소한 일주일 안에 복습해야 한다. 그리고 한 달에 한 번씩 다시 간단하게 복습하는 것은 필수다. 이러한 복습 습관을 길들이면 시험에 임박해서 벼락치기 공부를 하지 않아도 된다. 실제로 복습을 하지 않으면 시간이 지난 후 다시 볼 때 이 내용을 배웠나 싶을 정도로 잘 생각나지 않지만, 한 번 복습한 내용은 다시 보면 빨리 기억이

나고 암기하는 데 시간이 훨씬 적게 걸린다. 즉, 적은 시간만 들여도 매우 높은 효과를 볼 수 있는 것이 바로 복습이다. 될 수 있는 한 복습은 배운 후에 빠른 시간 내에 반드시 하는 것이 좋다. 공부를 잘하는 학생들은 대부분 빠른 복습을 실천한다.

또 배운 것은 무조건 복습을 해야 한다고 기준을 잡아야 한다. 학교 수업이든 학원이든 과외든 인터넷 강의든 배우고 나서 익히는 복습 시간이 없다면 시간만 낭비한 것이 될 수도 있기 때문이다.

남을 가르쳐 보게 한다

수업이 끝난 후 쉬는 시간에 친한 친구를 찾아가 수업시간에 배운 것을 마치 교사처럼 알려 줘 보자. 친구를 위해 수업시간에 배운 것을 다시 한번 가르치다 보면 자신도 모르게 확실한 복습 효과가 생긴다. 남을 가르치기 위해서는 교사처럼 처음부터 끝까지 철저히 들어야 하기 때문에 수업에 대한 집중도도 좋아지고, 들은 것을 바로 암기하는 데도 좋다. 또 설령 이해 안 되는 부분이 있었다 하더라도 남을 가르치려고 하면 어떻게든 이해를 해야만 가르칠 수 있다. 따라서 배운 후 남을 가르쳐 보는 전략은 수업에도 집중하게 해 주고, 가르치면서 개념을 다시 정리할 수 있으며, 정확하지 않았던 개념도 이해하게 되므로 여러 면에서 효율적인 방법이라고 할 수 있다.

쉬는 시간을 이용하여 복습하게 한다

수업 종료 후 쉬는 시간을 5분 단위로 쪼개어 복습 시간으로 활용한다. 방금 배운 내용이므로 기억하기 쉽고 반복 학습을 하므로 암기하는 데도 도움이 된다. 복습하는 방법은 전 시간에 필기한 노트나 교과서를 가지고 한다. 집에 가서 복습을 하려면 복습 시간이 더 많이 소요될 뿐만 아니라 기억에 남지 않는 것도 있기 때문에 수업 직후 5분 복습으로 망각을 1차적으로 잡아 주는 것이 필요하다.

오늘 배운 것은 집에서 다시 전체적으로 복습하게 한다

쉬는 시간에 복습을 했더라도 집에 가서 다시 한번 그날 배운 내용을 전체적으로 복습한다. 복습할 때는 필기한 노트나 교과서를 가지고 한다. 개념 정리가 필요한 과목은 교과서와 노트, 프린트물을 가지고 자신만의 체계로 복습노트를 써 보면 도움이 된다. 복습이 다 끝나면 보충교재에 있는 관련 단원의 '연습문제와 보충

심화문제’ ‘단원평가문제’ ‘수행과제’ 등 기본 문제부터 심화에 이르기까지 문제 풀이를 해 본다. 그날그날 복습하는 습관을 길들이면 시험 때가 되어 벼락치기 공부를 하지 않아도 기억에 오래 남게 된다.

수업시간의 필기 내용을 다시 필기하게 한다

수업시간에 교사의 설명을 듣고 노트 필기한 내용을 집에 와서 교과서와 비교하면서 노트에 필기한 내용들을 책에 밑줄을 긋는다. 다음은 참고서나 프린트물을 요약한 후 종합하여 노트에 개념들을 정리한다. 그리고 참고서에 나온 확인 문제 몇 개를 풀면 그날 배운 단원 이해는 거의 완벽해진다. 다시 한번 필기를 하는 것은 자기주도적인 학습으로 학생의 기억에 오래 남기 때문에 매우 독창적이면서 효과가 뛰어나다.

교과서에 나와 있는 문제를 모두 풀게 한다

본문을 다 배우고 난 단원의 끝 부분에는 보충 심화할 수 있는 문제 및 자료들이 수록되어 있다. 교과서에서 제공하는 문제들은 본문 내용을 다각도로 활용한 문제들이기 때문에 이것만 제대로 풀고 넘어가도 해당 단원의 복습 효과는 뛰어나다.

수업 내용이 기억나지 않으면 참고서로 찾게 한다

노트나 교재로 복습을 하다 수업 내용이 잘 떠오르지 않거나 잘 모르면 참고서를 찾아 읽으면 복습 효과가 배가된다. 교과서에서는 방대한 내용 중 핵심만 추려서 간결하게 수록했기 때문에 깊은 이해가 사실상 힘들다. 참고서는 전후 배경이 자세하게 제시되어 있어 이해하기가 쉬워서 외우지 않고도 머리에 쏙쏙 들어오는 효과가 있다.

복습 노트를 만들게 한다

암기 과목 중 소소하게 외울 게 많은 것은 시간이 지날수록 기억하기가 힘들어진다. 따라서 외울 것이 많으면 공부 시간도 몇 배로 소요되고 힘은 힘대로 들고 점수는 점수대로 따기가 힘들어진다. 이런 불편함을 방지하기 위해서는 ‘복습 노트’를 만들어 그날 배운 내용 중 외워야 할 것들을 요약 정리하는 것이 좋다. 꾸준히 정리해 두면 시험 때 한 번 훑어보는 정도로도 암기 과목은 고득점이 보장된다.

주말을 이용해 1주일 단위로 복습하게 한다

대부분의 학생들이 중학생만 되면 방과 후에 학원에 가느라 바빠 예습 · 복습할 시간이 부족하다. 따라서 예습 · 복습할 시간을 충분히 확보하기 힘든데, 이럴 경우는 주말을 이용해서라도 1주일 단위로 복습을 하는 것이 좋다. 1주일 정도의 기간이면 그 주에 배운 내용이 어느 정도 기억이 나기 때문이다.

또 매일매일 복습을 하더라도 망각을 하지 않는 것은 아니므로 1주일 단위로 다시 한번 복습을 해 두면 기억률을 끌어올릴 수 있다.

복습은 기본적으로 구분을 하면서 하게 한다

복습은 했다는 데 의의가 있는 것이 아니라 배운 내용을 암기한 것을 복습 완료의 기준으로 해야 한다. 배운 내용 중에 이해된 것과 안 된 것은 어떤 것인지, 중요한 것과 그렇지 않은 것은 어떤 것인지, 그리고 암기된 것과 안 된 것은 어떤 것인지 구분을 해야 한다. 그리고 이 중 이해가 잘 안 되는 것, 암기가 덜 된 것은 완벽하게 암기하고 넘어가는 연습이 필요하다. 또 중요한 것은 꼭 표시를 해 두고 시간을 투자하여 알아 두도록 한다.

개념을 이해하고 나서 복습문제집을 풀게 한다

흔히 공부라고 하면 시험공부할 때처럼 문제부터 푸는 학생들이 많다. 그러나 문제를 풀려면 기본적으로 개념을 이해하고 암기한 후에 풀어야 문제를 푸는 효과를 누릴 수 있다. 따라서 복습 문제집을 구비해 놓고 개념 이해 공부를 한 다음 배운 만큼만 문제를 풀어 보도록 하는 것이 좋다. 복습 문제집은 한 권 정도가 적당하며, 주중에 시간이 없으면 주말을 이용해서 풀어 보도록 한다. 또 문제집은 푸는 데 의의를 두지 말고 풀고 나서 틀린 문제를 어떻게 처리하느냐가 더 중요함을 알아야 한다. 틀린 문제에 대해 교과서를 보고 개념을 정리하여 오답을 내 것으로 만드는 것이 중요하다.

검사지 13 예습 · 복습 전략 검사하기

이 검사는 학생이 예습과 복습을 어떻게 하고 있는지를 검사하여 예습 · 복습 습관을 강화해 준다.

예습 · 복습 전략 검사

이 검사의 목적은 여러분의 예습 · 복습 습관을 알아보려는 것입니다. 이 질문에 답을 하는 동안 자신의 예습 · 복습의 중요성을 생각해 보고 습관으로 만드는 기회가 될 것입니다. 솔직하게 대답해 주십시오. 질문에 대한 답은 '예' 와 '아니요' 로 체크해 주세요.

	나의 예습 복습은 어느 정도일까요?	예	아니요
1	수업이 시작되기 전 쉬는 시간에 미리 배울 내용의 본문을 읽는다.		
2	예습 · 복습에 동영상 강의를 활용한다.		
3	평소에 교과와 관련된 쉽고 재미있는 책을 읽는다.		
4	수업이 끝나면 바로 쉬는 시간을 이용해 복습한다.		
5	오늘 배운 것은 집에서 다시 전체적으로 복습한다.		
6	수업시간의 필기 내용을 다시 정리해서 필기한다.		
7	교과서에 나와 있는 문제를 모두 푼다.		
8	수업 내용이 기억나지 않으면 참고서로 찾는다.		
9	예습 · 복습 노트를 만들어 사용한다.		
10	주말을 이용해 1주일 단위로 복습한다.		
'예' 에 답한 총 개수 (　　　) 개			

예습 · 복습 전략 전체 분석하기

- 8~10개: A 유형 – 예습복습을 잘하고 있군요.
- 4~7개: B 유형 – 예습복습을 조금 하는 편이네요.
- 0~3개: C 유형 – 예습복습을 거의 하지 않는 편이네요.

[A 유형]

- 예습 · 복습 전략을 잘 아는 유형으로 예습 · 복습을 잘하는 학생이다.
- '아니요' 라고 답한 것만을 찾아서 부족한 부분을 지도해 주면 된다.

[B 유형]

- 예습 · 복습 전략을 대충 아는 유형으로 평소 예습 · 복습을 하는 방법을 모르는 학생이다.
- '아니요' 라고 답한 것만을 찾아서 부족한 부분을 지도해 주면 된다.

[C 유형]

- 예습 · 복습 전략을 전혀 모르는 유형으로 평소 예습 · 복습을 하지 않는 학생이다.
- 전반적으로 시간관리 전략에 대해 처음부터 숙달되도록 지도해 준다.

예습 · 복습 전략 코칭

응답	코칭방법	
	예	아니요
1		쉬는 시간을 이용해 교과서의 본문을 읽으면, 수업 시간에 교사의 수업 내용이 귀에 쏙쏙 들어오고 뭐가 중요한 것인지를 이해하게 되어 기억에 오래 남아 공부에 도움이 된다.
2		동영상 강의의 장점은 명강사의 강의를 언제 어디서나 반복 수강할 수 있다는 것이다. 따라서 예습 · 복습할 때 동영상 강의를 들으면 오래 기억하게 하는 데 도움이 되므로 활용하도록 한다.
3		교과와 관련된 쉽고 재미있는 책을 읽으면 풍부한 배경지식을 가지고 수업에 참여할 수 있으므로 수업을 이해하는 데 도움을 받는다. 따라서 평소에 교과와 관련된 쉽고 재미있는 책을 읽도록 한다.

4		수업을 마친 뒤 바로 하는 복습은 방금 배운 내용이므로 기억이 쉬우며, 반복 학습이므로 암기하는 데도 도움이 된다. 수업이 종료되면 바로 배운 내용을 복습하도록 한다.
5		쉬는 시간에 복습을 했더라도 집에 가서 다시 한번 그날 배운 내용을 전체적으로 복습한다. 당일 복습하는 습관을 길들이면 시험 때 벼락치기 공부를 하지 않아도 기억에 오래 남는다.
6		수업 중에 쓴 노트나 교과서를 보고 다시 한번 필기를 하는 것은 자기주도적인 학습으로 학생의 기억에 오래 남기 때문에 매우 독창적이면서 효과가 뛰어나다. 따라서 수업시간의 필기 내용을 다시 필기하도록 한다.
7		교과서에서 제공하는 문제들은 본문 내용을 다각도로 활용한 문제들이기 때문에 이것만 제대로 풀고 넘어가도 해당 단원의 복습 효과는 뛰어나다. 따라서 교과서에 나와 있는 문제는 모두 풀도록 한다.
8		노트나 교재로 복습을 하다가 수업 내용이 잘 떠오르지 않거나 잘 모르면 참고서를 찾아 읽으면 복습 효과가 배가된다. 참고서는 전후 배경이 자세하게 제시되어 있어 이해하기 쉬워서 외우지 않고도 머리에 쏙쏙 들어오는 효과가 있다. 따라서 수업 내용이 기억나지 않아도 참고서를 보도록 한다.
9		외울 것이 많은 것은 공부 시간도 몇 배로 소요되고 점수 따기가 힘들어진다. 따라서 이런 불편함을 방지하기 위해 '복습 노트'를 만들어 그날 배운 내용 중 외워야 할 것들을 요약정리하도록 한다.
10		예습 · 복습할 시간이 부족할 경우 주말을 이용하여 1주일 단위로 몰아서 복습을 하는 것이 좋다. 1주일 정도의 기간이면 그 주에 배운 내용이 어느 정도 기억나기 때문에 1주일 단위로도 복습하도록 한다.

7. 수업 몰입 전략

몰입이란 하나의 문제에 집중하고 자신의 잠재력을 최대한 발휘하여 문제를 해결하는 능력을 말한다. 수업에서의 몰입은 수업에 집중하여 자신의 잠재력을 최대한 발휘하여 공부를 잘하게 되는 것을 말한다.

수업에 몰입한다는 것은 공부를 잘하는 것만이 아니라 수업에 대한 가치관이나 사고방식 습관을 변화시키는 것을 의미한다. 즉, 수업에 대해 긍정적인 생각으로 열심히 들어야 한다는 가치관을 가지면, 수업을 들을 때 자동적으로 집중하게 되고, 이런 태도는 습관으로 정착된다.

몰입은 이처럼 공부를 잘하게 하는 데 중요한 역할을 하지만 더욱 중요한 것은 몰입하면 즐거움을 느낀다는 것이다. 모든 생각을 버리고 오직 수업에 몰두하여 자신의 잠재능력이 발휘되는 것을 느낄 때 사람들은 나름대로의 성취감을 느낀다. 이것이 바로 몰입이 주는 즐거움이다. 몰입의 즐거움을 느끼게 되면 그때부터는 수업에 집중하는 것 자체가 즐거워지고, 원하는 성적을 얻을 수 있게 된다. 이러한 몰입 능력은 무작정 수업에 집중한다고 생기는 것이 아니며, 몰입을 쉽게 하기 위한 방법을 먼저 찾아내야 한다.

수업에 몰입하기 위한 기초 전제 조건은 먼저 수업을 완벽하게 듣기 위해서 수업에 대한 준비를 철저히 하는 것이다. 그리고 수업이 시작되면 교사의 설명을 집중해서 듣고, 모르는 내용은 질문해야 한다. 또한 노트 필기, 앉는 위치, 집중하기 위한 자세 등의 전략을 이용하여 수업에 집중하기 위한 태도를 가지도록 하는 것이 중요하다.

이제 수업에 몰입하기 위한 방법들을 구체적으로 알아보도록 한다.

1) 수업 몰입은 준비부터

고사성어 중에 유비무환(有備無患)이란 말이 있다. 이는 평소에 준비가 철저하면 나중에 근심이 없음을 뜻한다. 수업에 집중하기 위해서는 수업을 듣기 전에 수업 준비를 해야 한다. 수업 준비는 교사만 하는 것이 아니라 학생들도 해야 하는 것이다.

수업이 시작하기 전에 수업을 잘 들어야겠다는 생각으로 미리 자리에 앉아 교과서나 노트 등을 꺼내 놓고 준비하면 수업에 집중하는 데 어려움이 없다. 그러나 수업 종이 치고 나서 뛰어 들어오면 숨이 차고 재대로 수업에 집중하기가 어렵다. 수업을 잘 듣기 위해서는 다음과 같이 수업 준비가 필요하다.

수업 전날 준비물을 준비하게 한다

수업 집중은 수업 전날 준비를 철저히 하는 것부터 시작된다. 수업에 필요한 숙제나 준비물을 확실히 준비하면 수업에 몰두할 수 있다. 따라서 수업 전날에 다음날 수업에 필요한 숙제나 준비물이 있는지를 최종적으로 확인하고, 교과서나 참고자료는 무엇을 챙겨야 하는지 준비해야 한다.

수업에 필요한 준비물을 잊어버리고 안 챙겨서 낭패를 경험하기도 하고, 때로는 친구에게 빌리러 돌아다녔던 난처한 경험을 한 번쯤 해 보았을 것이다. 또 교과서나 노트를 준비하지 않아 '어차피 필기도 못하는데 이번 시간은 그냥 넘어가자'는 생각에 수업에 집중하지 못한 경험도 있을 것이다.

문제는 준비물이나 과제를 준비하지 않으면 개인적으로 어려움을 감수하는 것으로 끝나는 것이 아니라 교사로부터 지적을 받거나 수행평가 점수를 감점당할 수도 있다. 수업 중에 해당 교사에게 지적받으면 기분이 나빠져서 수업에 집중하기 힘들어진다. 또한 수행평가 점수를 감점당하는 것은 시험문제 하나 틀린 것보다 더 안타까운 때가 많다. 준비물이나 과제를 미리 준비만 했다면 감점당하지 않을 수 있었기 때문이다. 수행평가로 감점당하는 1점을 얻기 위해서는 많은 시간을 노력해야 한다.

이러한 낭패를 당하지 않으려면 취침을 하기 전에 잠깐 확인하면 된다. 잠깐의 시간을 투자하여 수업에 필요한 숙제나 준비물을 미리 준비한다면 다음날 수업을 집중하는 데 어려움이 없게 된다.

수업이 시작되기 전에 필요한 물품을 책상 위에 준비하게 한다

수업이 시작되기 전에 수업에 사용할 교과서와 노트를 책상 위에 꺼내 놓고 해당 단원을 펼쳐서 수업을 준비한다. 그리고 필기에 사용할 필기도구와 기타 필요한 물품들을 미리 쓰기 좋게 진열해 둔다.

수업이 시작되기 전에 다짐을 하게 한다

수업이 시작되기 전에 마음속으로 '이 수업을 들으면 원하는 꿈을 이룰 수 있다' '수업을 들으면 공부를 잘할 수 있다' '수업을 잘 들어서 교사나 부모님으로부터 칭찬을 들어야겠다' 는 다짐을 한다. 이러한 다짐은 결국 마음을 긍정적으로 바꾸고 수업에 대한 집중력을 높일 수 있다.

수업이 시작되기 전에 잡생각을 비우게 한다

수업이 시작하기 전에 수업과 관련 없는 잡념을 말끔히 정리하는 습관을 갖도록 한다. 수업이 시작되었는데도 걱정이나 고민 또는 다른 생각이 지배한다면 수업 내용이 제대로 들어오지 않기 때문이다. 따라서 수업이 시작되기 전에 머릿속에 있는 모든 생각을 깨끗이 지우도록 해야 한다. 만약 마음을 혼란스럽게 하는 고민거리가 있다면 마음속에 하얀 도화지를 생각한다. 그러면 기분도 상쾌해지고 수업 내용이 잘 들어올 것이다.

수업 계획표를 작성한다

수업 시작 전에 수업시간에 무엇을 공부해야 할지, 어떻게 수업을 들을지에 대한 계획표를 간단히 작성한다. 수업 계획표를 작성하면 수업을 계획적으로 들을 수 있고, 수업에 능동적으로 참여할 수 있다. 수업 계획서를 작성하는 일은 처음에는 번거롭겠지만 꾸준히 노력하면 습관적으로 하게 된다.

표 3-7 수업계획표

구분	내용
도입 단계	전 시간에 배웠던 핵심 내용은 무엇인가?
전개 단계	이번 시간에 배울 학습목표는 무엇인가? 이번 시간에 배울 핵심 내용은 무엇인가? 새롭게 알게 된 것은 무엇인가? 교사가 특별히 강조한 것은 무엇인가?
정리 단계	다음 시간에 배울 내용은 무엇인가?

수업을 예상하게 한다

수업 중에 교사가 어떤 내용으로 수업을 할지를 예상해 본다. 교과서를 중심으로 수업을 할지, 혹은 자체적으로 만든 프린트를 활용할지를 생각해 본다. 또는 학습목표를 중심으로 중요한 개념만 짚고 넘어갈지, 혹은 세세한 내용까지 다룰지 등을 상상해 본다. 이런 식으로 수업 준비를 하면 수업이 시작되어도 쉽게 적응하고 집중력을 기를 수 있다.

특히 초등학생이 중학교에 진학하면 수업시간마다 교사가 바뀌는 점이 낯설어서 적응이 안 되는 경우도 있다. 교과별로 담당교사가 다르기 때문에 교사별 수업 진행 및 평가방식을 정확히 파악하고 그에 맞는 수업 준비를 해야 한다. 따라서 과목별 교사의 특징과 준비사항을 적어 두었다가 수업 시작 전 다시 살펴보면 수업에 적응하기 쉽고 학습 효율도 높일 수 있다.

2) 수업에 집중하는 방법

학습은 하루의 3분의 1을 차지하는 수업시간을 제대로 활용해야 그 효과를 최대화할 수 있다. 공부를 잘하는 학생 치고 수업에 집중하지 않는 학생이 없다. 그만큼 수업이 중요하기 때문이다. 수업의 핵심은 수업시간에 교사의 설명에 최대한 집중하는 것이다. 아무리 예습을 통해 수업을 충분히 준비했다고 해도 정작 수업시간에 교사의 설명을 놓치면 무용지물이다. 수업시간에 교사 설명을 귀담아 들으면 복습할 때 바로 생각이 나지만, 제대로 듣지 않으면 복습할 때 생각이 나지 않아 공부 시간이 배로 들어 결국 시간을 낭비하는 셈이 된다. 수업시간에 무엇을 어떻게 들어야 하는지를 알아보면 다음과 같다.

교사와 눈을 마주치게 한다

가끔 수업시간에 집중하기 위해 책을 들여다보는 학생들이 있다. 그러나 책을 들여다보고 있으면 자신도 모르게 교사의 말이 아니라 잡생각으로 빠질 위험이 크다. 수업시간에 집중하기 위해서는 수업에 대한 교감을 나누듯 교사와 눈을 마주치는 자세가 필요하다. 교사와 눈을 맞추면 교사는 주목받고 있다는 생각에 수업을 더욱 열심히 하고 자신을 집중해서 쳐다보는 학생들을 향해 더 잘 가르치려고 노력하게 된다.

다이아몬드 존에 앉게 한다

공부를 잘하는 학생들은 수업시간에 앞자리에 앉는 것만으로도 집중이 잘된다고 말한다. 수업에 몰입하기 위해서는 교사의 시야 안에 드는 것이 좋다. 교사의 시야는 교탁을 중심으로 다이아몬드 형태의 자리를 말한다. 교사는 다이아몬드 존을 제일 많이 응시하기 때문에 다이아몬드 존에 앉은 학생들은 다른 행동이나 생각을 갖기가 어려워 당연히 수업에 집중할 수밖에 없다. 다이아몬드 존 외에 앉으면 사각지대처럼 교사 눈에 띄지 않게 되어 자기도 모르게 딴짓을 할 가능성이 많다.

모르는 것이 남지 않도록 한다

수업은 교사의 설명을 일방적으로 듣기만 하는 시간이 아니다. 모르는 것이 무엇인지 파악하고, 그 내용을 내 것으로 만들기 위해 노력해야 한다. 공부를 잘하는 학생들은 수업시간 동안 자신이 모르는 것을 파악하여 교사에게 질문을 한다. 따라서 어떤 수업이든 그 시간에 배운 것은 완벽하게 소화한다는 생각으로 수업에 집중해야 한다.

스스로에게 질문하게 한다

수업을 완벽하게 소화하기 위해서는 수업이 끝날 때쯤 '교사가 오늘 수업시간 중 특히 어떤 부분을 강조하셨는가?' '이번 단원에서 핵심적인 부분은 무엇인가?'라는 질문을 스스로에게 해야 한다. 스스로에게 하는 질문에 대한 답을 찾으면 완벽하게 수업을 소화한 것이 될 수 있다. 결국 이러한 질문은 수업에 집중하는 습관을 길들이고 유의미한 새로운 지식을 쌓는 데 도움이 된다.

중요한 것은 체크하게 한다

수업시간에 교사가 강조한 부분에 대해 주목한다. 실제로 학교 시험은 교사가 강조하는 내용을 중심으로 출제되는 경향이 많다. 교사는 해당 과목의 전문가이며 어떤 부분이 중요한지 가장 잘 알고 있으므로, 공부해야 할 내용과 중요한 내용에 대해서 정확히 알려 준다. 뿐만 아니라 교사는 오랫동안 시험을 출제했기 때문에 수업 중에 예고를 하는 경우가 많다. 예를 들면, 수업시간에 "이것은 시험에 꼭 나온다." "~은 예전 기출문제다." "~은 별표를 해라." "~은 밑줄을 그어라." "~은 꼭 기억해라." 하고 강조하거나 반복해서 설명하는 경우가 많다. 수업을 들으면서 이처럼 설명하는 부분은 반드시 노트나 교과서에 꼭 표시해야 한다.

특히 시험 일주일 전을 잘 활용해야 한다. 시험 일주일 전에는 이미 시험 문제를 출제한 상태라 대부분의 교사들은 시험에 출제한 내용을 강조해서 설명하는 편이다. 따라서 교사가 중요하다고 한 것과 반복해서 설명한 것은 절대 놓치지 말고 꼼꼼하게 기록해 놓아야 한다.

교사의 태도를 분석하게 한다

수업 중에 나타나는 교사의 태도를 자세히 보면 시험을 잘 보는 데 도움이 된다. 수업 도중 교사의 얼굴 표정이 갑자기 달라지거나 의미심장한 표정을 짓는 경우를 발견하면, 시험에 나오거나 중요한 부분일 수 있기 때문에 해당 부분을 노트나 교과서에 꼭 표시해야 한다. 따라서 수업시간에는 교사의 태도에 대하여 민감하게 반응하는 습관을 들이는 것도 좋다.

궁금하면 질문하게 한다

최상위권 학생들과 중하위권 학생들의 차이 중 극명한 차이가 바로 질문이다. 이해도로 보면 중하위권 학생들이 질문할 것이 더 많을 것 같은데, 의외로 질문은 주로 최상위권 학생들에게서 나온다. 이들은 모르거나 이해가 안 되는 부분을 해결하지 못하면 다른 수업내용에도 집중이 안 되기 때문에 질문을 해서 해결한다고 한다. 수업시간에 모르는 내용을 질문하고 교사의 대답을 듣는 과정만으로도 수업에 적극적, 능동적으로 참여할 수 있다.

질문에 대답하게 한다

수업 중 교사는 설명만 하는 것이 아니라 질문을 던진다. 이때 대부분의 학생들은 자신에게 던지는 질문이 아니면 굳이 나서서 대답을 하지 않는 경향이 있다. 그러나 불특정 다수에게 질문했다고 해도 먼저 대답하려는 자세를 가져 본다. 대답하는 자세만으로도 수업을 '나'의 수업으로 가져올 수 있다.

교사를 싫어하지 않도록 한다

개인적인 성향으로 교사를 싫어하면서 반항하듯 수업에 집중하지 않는 학생들이 많다. 그러나 어떤 이유든 수업에 집중하지 않는다는 것은 본인의 손해다. 공부를 잘하는 학생들도 교사에 대한 선호도는 있지만, 싫어하는 교사의 수업에도 집중하기 위해 나름의 노력을 기울이는 경우가 많다. 교사를 싫어하는 마음으로 수업에 집중하지 않는 것은 결국 본인의 손해라는 생각이 필요하다. 특히, 주요 과목일 경우에는 타격이 더욱 크다. 손해를 보지 않겠다는 생각을 가지고 마음에 들지 않는 교사일지라도 목소리가 좋다거나 옷을 잘 입는다거나 손가락이 멋있다거나 등의 교사의 좋은 점과 긍정적인 면을 보려고 하면서 교사에 대한 비호감도를 스스로 조절할 필요가 있다.

예습한 내용과 수업 내용을 비교하게 한다

수업이 시작되기 전에 예습한 내용을 교사의 수업 내용과 비교하여 다른 점과 같은 점을 찾아내야 한다. 같은 점은 금방 잊어버리고 틀린 것은 오래 기억된다. 따라서 예습할 때는 틀려도 되므로 부담을 갖지 말고 많은 상상을 하는 것이 중요하다.

노트 필기를 하게 한다

수업 중에는 노트 필기를 하는 것이 좋다. 눈으로만 보지 말고 손으로 노트에 옮겨 적으면 기억에 오래 남는다. 요즘에는 동영상을 보거나 유인물로 대치하는 수업이 많아서 교사가 판서를 하지 않는 경우가 많은데 그래도 나름대로 수업에서 꼭 챙겨야 하거나 기억으로 남겨야 할 경우는 필기를 하는 것이 좋다. 기본적으로 필기를 하지 않는 자세로 수업을 듣다 보면 교사의 설명을 놓쳐도 모르고 넘어가게 된다. 적절한 노트 필기를 통해 수업에 집중하는 훈련을 해 보면 도움이 된다.

공부 잘하는 친구를 보고 학습욕구를 가지게 한다

수업을 집중하기 위해서는 우선 수업을 잘 들어야겠다는 욕구를 가져야 한다. 수업을 잘 듣기 위한 욕구를 갖는 방법 중에는 우리 반에서 공부를 가장 잘하는 친구를 보면서 '나도 저 친구처럼 공부를 잘할 거야!' 라고 생각하는 방법이 있다. 그리고 그 친구처럼 따라서 수업을 듣고 노트 필기를 하면 수업에 집중하게 된다.

어려워도 수업에 따라가게 한다

수업 받을 과목에 대한 공부를 하지 않으면 모르는 어휘가 많고 이해가 안 되어서 수업에 제대로 집중하기 힘들다. 이럴 때는 이해가 안 되지만 억지로라도 수업을 따라가야 할 것인지, 수업 진도와 상관없이 따로 기초부터 공부해야 할지 고민에 빠지게 된다.

처음부터 공부를 잘한 경우가 아니라 공부를 잘 못했다가 공부를 잘하게 된 학생들의 조언을 들어 보면 수업이 어렵고 이해가 안 되어도 무조건 집중하고 따라가 보라고 한다. 어차피 지금 이해가 안 되는 내용도 나중에 따로 시간을 내어 혼자 해야 하는데, 아무리 지겹고 이해 안 되는 수업이라도 혼자 하는 공부가 더 어렵기 때문이다. 그리고 앞선 진도 중 모르는 내용은 따로 시간을 내어 공부하여 만회하는 것이 좋다.

이미 알고 있는 내용이라면 암기하게 한다

학생들이 수업 내용을 이미 알고 있는 경우도 있다. 이런 경우에 대부분의 학생들은 알고 있는 내용을 배운다는 생각에 수업 내용을 잘 듣지 않는다. 공부습관 검사를 해 보면, 대부분의 학생들이 학원에서 배운 내용이라서 수업시간에 집중을 하지 않게 된다고 답변한다. 그러나 최상위권 학생들은 다르다. 이들은 이미 알고 있는 내용일 경우에는 수업시간을 암기하는 시간으로 활용한다. 어차피 선행으로 배운 내용이라 하여도 완벽하게 암기하고 있는 경우는 거의 없으므로 반복을 위한 공부시간으로 수업시간을 활용하면 어설프게 낭비하는 일도 없을 것이다.

단어의 개념을 정확히 알게 한다

수업 중에 나오는 낱말의 개념을 정확히 알지 못하면 아무리 수업에 집중하려고 해도 내용이 제대로 들리지 않는다. 수업에서 다루는 내용의 개념을 제대로 파악하지 못하면 수업이 진행되어도 무슨 말인지 모르기 때문에 집중하기가 힘들다. 예를 들어, 일반인이 의대생의 수업을 듣는다고 생각해 보자. 아무리 잘 들어 보려고 해도 모르는 용어가 많이 나오기 때문에 이해가 안 되고, 이해가 안 되면 수업이 재미가 없으며, 수업에 재미가 없으면 집중력이 떨어질 것이다. 이처럼 취약 과목일수록 어려운 부분이 많고 모르는 낱말이나 단어도 많으므로 수업 전과 후에 낱말이나 단어의 개념을 이해하도록 한다.

3) 학생 유형별 수업 집중 전략

모든 교사들은 수업 중에 모든 학생이 집중하여 자신의 이야기를 경청해 주기를 바라지만 학생들이 수업시간 내내 집중하기란 쉬운 일이 아니다. 처음에는 경청하고 있다가도 지루해지면 수업시간에 잡담을 하거나, 잠을 자거나, 휴대전화를 사용하는 등의 행동을 보인다. 이러한 행동은 한 학생의 문제만이 아니다. 교실에서 많은 학생들이 함께 수업을 받고 있는 만큼 다른 학생들에게 피해를 줄 수 있으며, 교사도 수업을 제대로 진행하지 못하게 되어 교실의 모든 구성원에게 피해가 되는 것이다. 수업에 집중하지 못하는 학생들의 유형과 해결방법을 보면 다음과 같다.

수업이 시시한 학생

몇몇 상위권 학생들은 수업 내용을 이미 다 알고 있어서 수업이 시시하게 느껴져 수업시간에 집중하기 어려울 수 있다. 이럴 경우는 교사의 교재 외에 자신이 가지고 있는 참고서나 문제집을 펴 놓고 비교하고 대조하면서 읽어 보기를 권한다. 교사의 지도 내용이 다른 교재에는 어떻게 나타나 있는지 비교, 대조하면서 듣다 보면 수업시간이 따분할 틈이 없을 것이다.

또 수업시간을 공부시간으로 활용하면 된다. 성적이 우수한 학생 중에는 수업시간에 교사의 말을 빠르게 머릿속으로 되뇌어 본다는 학생들이 많다. 따로 시간을 내어 암기할 것이 아니라 수업시간에 교사의 말을 암기한다는 자세로 수업에 임하면 수업에 더욱 집중할 수 있다. 아무리 아는 내용이라 하더라도 수업 전에 모든 내용을 암기하고 있는 경우는 거의 없기 때문이다.

조용하나 딴생각을 자주 하는 학생

수업시간에 큰 문제를 일으키지도 않고 졸지도 않고 조용히 앉아서 수업을 듣지만 정작 수업에 집중하지 않는 학생들이 많다. 주의가 산만하면 교사로부터 지적이라도 받지만 이런 학생들의 대부분은 겉으로 드러나는 문제는 없으나 안으로는 큰 문제를 내포하고 있다. 수업을 듣다 보면 자신도 모르게 다른 생각을 하는 때가 있다. 이것이 습관화된다면 수업시간의 집중도는 떨어지게 되고 수업을 놓쳐서 결국에는 수업에 대한 흥미를 잃는다.

수업시간에 멍한 상태에 자주 빠지는 학생들에게는 우선 교사의 말을 빠짐없이 받아 적어 보기를 권한다. 무조건 받아 적는 것도 효율적인 필기법은 아니지만, 다른 생각에 빠지는 버릇을 고치고 수업에 집중하는 습관을 키우기 위해서는 이러한 훈련이 필요하다. 훈련으로 해결되지 않을 때는 교사, 친구, 학부모와 충분히 상담을 하는 것이 좋다.

필기 습관이 전혀 안 되어 있는 학생

수업 집중 전략에는 적절한 필기가 꼭 필요한데, 필기하는 습관이 전혀 안 되어 있는 학생들은 무엇을 어떻게 적어야 하는지 모르는 경우가 많다. 이럴 경우에는 교사가 말하는 부분이나 강조하는 부분에 줄을 치는 훈련부터 필요하다. 처음에는 줄을 치는 습관부터 들이다가 점차 교사가 강조하는 내용을 노트에 적는 훈련으로 발전시켜 나가면 된다. 처음부터 너무 무리하게 시키면 거부하거나 포기하는 경우도 있으므로 조금씩이라도 해 왔을 때 칭찬을 해 주어 성취감을 가지게 하고 점차 필기 내용을 늘리면서 체계화해 가는 전략이 필요하다.

수업시간에 자는 습관이 있는 학생

수업시간이 되면 준비를 잘 하는 학생들이 있다. 수업시간에 조는 행위는 교사와 학생의 의욕을 모두 떨어뜨릴 뿐만 아니라 전체적인 교실 분위기에 영향을 미쳐 수업 자체의 질이 떨어질 수 있는 문제를 가지고 있다. 특히 점심시간 이후나 이른 아침의 수업시간에 조는 학생이 많다. 또한 지겹거나 관심 없는 수업일 경우는 더 그러하다. 흥미가 없어서 자는 경우라면 어떻게 해서든 과목에 대한 흥미와 관심을 가져야 한다. 이럴 때는 수업이 자신에게 반드시 필요한 것이라고 생각하거나, 질문을 통해서 수업에 능동적으로 참여하는 것도 좋은 방법이다.

특별히 흥미가 없거나 어렵지 않은데도 조는 학생들의 경우는 생활 습관을 들여다볼 필요가 있다. 성적이 우수한 학생들의 수면관리 기준은 '다음날 학교 수업시간에 졸지 않을 정도의 수면시간'이라고 한다. 아무리 해야 할 공부가 많아도 졸려서 수업시간에 집중하지 못할 바에는 차라리 자는 게 낫다는 것이다. 그러나 보통 학생들은 새벽 1~2시까지 공부한 건 굉장히 뿌듯하게 생각하면서 수업시간에 졸거나 자는 건 반성하지 않는다. 수업시간에 집중하는 것이 중요하다는 것을 깨달았다면 이제는 수업시간에 졸지 않을 정도의 수면시간을 스스로 체크하고 관리해 나가는 전략이 필요하다.

수업 중 휴대전화를 사용하는 학생

요즘 학생들에게 휴대전화는 필수다. 그래서 수업시간에도 문자를 보내거나 통화를 하는 경우를 종종 볼 수 있다. 결과적으로 휴대전화를 수업 중에 활용하게 되면 수업에 집중을 못하여 수업 내용을 놓치고 다른 학생들에게도 피해를 주게 된다. 그래서 휴대전화를 수업시간에는 수거했다가 수업이 끝나면 돌려주는 학교도 있다. 그러나 이러한 금지보다는 자율적으로 수업시간에는 사용하지 않고 쉬는 시간을 이용해서 사용하는 습관을 기르도록 하는 것이 중요하다.

수업시간에 잡담을 즐기는 학생

수업시간의 잡담은 교사의 수업 흐름에 방해가 될 뿐만 아니라 다른 학생에도 피해를 준다. 따라서 수업시간에는 잡담을 하지 말아야 한다.

지각 및 결석이 잦은 학생

학생들이 수업시간에 늦게 들어오면 책상을 옮기는 소리, 의자를 끄는 소리, 문을 여닫는 행위들 때문에 수업에 방해를 받게 된다. 또한 소리가 나는 쪽으로 학생들과 교사의 시선이 옮겨져서 수업의 집중력이 떨어질 수 있다. 또한 결석이 많은 경우는 수업에 적극적으로 참여하는 분위기가 조성되지 못하여 수업의 질이 떨어지는 문제를 가져올 수 있다. 따라서 지각과 결석을 하지 않도록 한다.

수업 내용이 어렵다고 하는 학생

수업시간에 배우는 내용이 이해되지 않으면 집중이 안 되는 것은 당연하다. 알아듣지 못하는 수업을 들으며 가만히 앉아 있어야 하니까 곤욕스럽기까지 하다. 이런 경우는 이해가 안 되는 부분에 대해서 복습을 충분히 하고, 다음 수업이 시작될 때는 예습을 좀 더 준비하여 시간이 걸리더라도 기초부터 다지고 넘어가야 한다.

항상 피곤한 학생

요즈음에는 초등학교 고학년만 되어도 늦은 밤까지 학원을 전전하거나 새벽까지 공부를 하다 보니 잠이 부족한 경우가 많다. 결국 피로가 풀리지 않은 상태로 수업을 듣게 되고 집중력은 현저하게 떨어지고 잠만 오게 된다. 이런 경우는 무리한 스케줄은 피하고 충분히 쉬며 수면을 취해 컨디션을 조절할 필요가 있다.

선행학습을 한 학생

학원을 다니는 학생들은 이미 학원에서 선행학습을 하는 경우가 많다. 선행학습을 하면 학교에서 하는 수업은 이미 다 들었기 때문에 재미가 없다. 이러다 보면 수업시간의 흥미도와 집중도는 눈에 띌 정도로 떨어진다. 따라서 학원에서의 선행학습은 수업 내용을 흥미롭게 받아들일 수 있도록 예습 정도에서 끝내는 것이 좋다. 이미 선행학습을 해서 다 알더라도 선행학습과 학교 수업과의 차이를 분석하면서 다른 점과 새로 배운 것이 무엇인지를 찾는 것도 수업에 집중할 수 있는 좋은 방법이다.

수업 중에 다른 공부를 하는 학생

수업이 지루하거나 이미 선행학습을 한 학생은 수업시간에 다른 공부를 하기도 한다. 그러나 수업과 상관없는 공부를 하면 교사의 시선을 계속 의식해야 하기 때문에 잘 집중되지도 않을 뿐더러 계획적인 공부가 아니기 때문에 결과적으로 효과도 높지 않다. 따라서 당장에는 불필요하거나 이미 잘 아는 내용이라도 수업에 주의해서 들으면서 새롭게 배운 내용을 찾아보거나 기억을 더 새롭게 재구성해서 완전하게 익히도록 한다.

검사지 14 수업몰입 검사

이 검사는 학생들의 수업몰입을 위하여 자신이 수업태도가 어떤가를 알게 해 준다. 학생들이 이 질문을 통해 자신의 수업태도를 생각하면서 작성하도록 지도한다.

수업몰입 검사

다음의 질문을 통해 여러분 자신의 수업태도를 검사해 보고자 하므로 솔직하게 대답해 주시기 바랍니다. 해당 문항이 맞으면 '예', 맞지 않으면 '아니요'에 체크해 주세요.

	나의 수업몰입은 어느 정도일까요?	예	아니요
1	수업이 시작되면 바로 집중하는 편이다.		
2	수업 중에 다른 생각을 하지 않는다.		
3	수업 중에 친구와 잡담하지 않는다.		
4	수업 중에 강의 내용을 놓치지 않는다.		
5	수업 중 노트 필기를 한다.		
6	배운 내용 중에서 무엇이 중요한 것인지 파악한다.		
7	수업을 잘 듣기 위해서 예습을 한다.		
8	수업 중 교사의 질문에 대답한다.		
9	수업 중에 교사가 중요하다고 하는 것을 항상 기록한다.		
10	수업 중에 모르는 것은 바로 질문하여 궁금증을 해소한다.		
'예'에 답한 총 개수 (　　　) 개			

수업몰입 전체 분석하기

- 8~10개: A 유형－수업몰입을 잘하는군요.
- 4~7개: B 유형－수업몰입을 조금 하는 편이네요.
- 0~3개: C 유형－수업에 집중하기 위해 노력하세요.

[A 유형]

－수업몰입이 높은 유형으로 평소 수업에 집중해야 하는 학생이다.
－'아니요' 라고 답한 것만 찾아서 부족한 부분을 지도해 준다.

[B 유형]

－수업몰입이 보통인 유형으로 수업에 좀 더 집중해야 하는 학생이다.
－'아니요' 라고 답한 것만 찾아서 부족한 부분을 지도해 준다.

[C 유형]

－수업몰입이 낮은 유형으로 수업 집중 훈련이 필요한 학생이다.
－전반적으로 수업몰입을 위해 처음부터 지도해 준다.

수업몰입 코칭

응답	코칭방법	
	예	아니요
1		수업이 시작되면 바로 집중할 수 있게 미리 준비하고 앉도록 지도한다.
2		수업 중에 다른 생각을 하지 않도록 지도한다.
3		수업 중에 친구와 잡담하지 않도록 지도한다.
4		수업 중에 강의 내용을 놓치지 않도록 지도한다.
5		수업을 들으면서 중요한 내용을 적도록 하여 집중할 수 있도록 지도한다.
6		수업을 들으면서 무엇이 중요한지 찾으면서 수업을 듣도록 지도한다.
7		수업에 집중하기 위해서 예습이 필요함을 알려 준다.
8		수업 중에 교사의 질문에 적극적으로 대답해 보도록 지도한다.
9		수업 중에 교사가 중요하다고 하는 것을 항상 기록하도록 지도한다.
10		수업 중에 모르는 것은 바로 질문하여 궁금증을 해소하도록 지도한다.

8. 시험공부 전략

시험(試驗, examination)은 학생이 가지고 있는 지식과 문제해결력을 측정하는 것으로, 쉽게 말하면 학생의 학습결과를 평가하는 것이라고 할 수 있다. 이러한 측면에서 '고사' 또는 '평가'라고도 부르며 중간고사, 모의고사, 대입수학능력시험, 학습능력평가 등이 있다. 시험은 학교에서만 보는 것이 아니라 사회, 직장, 모임에서도 치러지고 있다.

시험의 진정한 목적은 등수를 결정해서 사람을 줄 세우려는 것이 아니라 일정 기간의 학습활동이 끝날 무렵에 공부한 결과를 측정하는 것이다. 따라서 시험은 공부한 결과를 점검하는 기능도 있지만 시험결과를 가지고 어디가 부족한지, 무엇을 보충해야 하는지 교육의 방향과 내용을 결정하는 기능을 더 크게 가지고 있다. 더욱이 시험은 학교 외에도 사회나 회사에서 사람이 필요할 때 선발하거나, 기관을 평가할 때도 사용한다.

공부는 단순히 학습하는 행위에서 끝나는 것이 아니다. 평가라는 부분에서 공부가 완성된다고 볼 수 있다. 즉, 시험은 공부의 마지막을 이루는 중요한 부분이다. 사실 시험이 즐겁고 유쾌한 사람은 거의 없을 것이다. 하지만 반대로 시험이 없다면 내가 무엇을 어느 정도 알고 있으며, 얼마만큼 목표를 달성했는지 알 수가 없다. 또한 아는 것을 제대로 표현하지 못하고 설명할 수 없다면 제대로 공부했다고 할 수 없다.

시험은 교육활동이란 목표를 지향한다. 따라서 시험의 목적은 학생이 몇 점을 맞았고 몇 등을 했는가에 관심을 갖는 상대적 위치가 아니라 그 목표에 도달했는지의 여부가 되어야 한다. 예를 들어, 한 학생이 어떤 집단에서 1등을 했다 하더라도 목표에 도달하지 못했다면 공부의 목적을 이루지 못한 것이며, 학생이 꼴찌를 했다 하더라도 목표에 도달했다면 목적을 이룬 것이라고 할 수 있다.

우리의 이상(理想)은 전원 목표에 도달시키는 것이다. 시험이란 학생 개인에게는 그 학생이 집단 내에서 어떤 위치에 있는가를 알려고 하는 것이 아니라 정해진 목표를 얼마나 성취했는가를 알려고 하는 것이다.

1) 시험공부의 원칙

교사나 학부모들 중에는 시험공부는 무조건 열심히 하면 되는 것이지 특별한 방법이 없다는 편견을 가진 사람이 의외로 많다. 학생은 이 때문에 시험의 목적이 무엇인지도 모를뿐더러 시험공부 방법을 제대로 알지 못하고 시험을 본다. 교사나 학부모는 지식의 전달과 습득에 관심을 갖고 지도하는데 정작 시험공부 방법을 알려 주는 교사나 부모는 그리 많지 않다.

시험공부 방법에 대한 존재나 중요성을 모르는 교사나 학부모들에게 지도를 받는 학생은 시험공부 방법이 무엇인지, 또한 어떻게 공부해야 높은 점수를 받는지 알 수가 없다. 시험공부 방법을 가르쳐 주지 않고 무조건 공부하라고 내모는 것은 군에 갓 입대한 군인들에게 총을 주면서 쏘는 방법을 알려 주지 않은 채 전쟁터로 보내는 것과 다를 바 없다.

총은 가지고 있지만 총을 쏠 줄 모르는 병사는 전쟁이 두려울 것이다. 마찬가지로 시험공부 방법도 제대로 알려 주지 않고 오직 공부만 하라고 한다면 오히려 학생은 반감과 스트레스만 느껴 공부에 대한 부정적 의식만 가질 것이다.

시험도 하나의 제도다. 하지만 어떻게 시험을 준비하고, 공부해야 하며, 어떻게 해야 고득점을 올릴 수 있는지에 대해서는 알려 주는 사람이 없다. 단지 시험범위만 알려 주고 무조건 시험을 보라고 한다. 시험을 잘 보기 위한 시험공부 원리를 보면 시험의 목적이 무엇인지, 시험출제 원칙이 어떤지, 출제자의 의도가 무엇인지, 시험을 잘 보는 방법이 무엇인지, 시험공부 계획은 어떻게 할 것인지, 시험 기간 동안 시간관리는 어떻게 할지가 영향을 미친다.

시험을 잘 보기 위한 시험공부 원리

- 시험의 목적이 무엇인가(평가, 실력 측정)
- 시험출제 원칙
- 출제자의 의도 파악
- 시험을 잘 보는 방법
- 시험공부 계획
- 시험기간 동안의 시간관리

시험공부 방법을 알고 있지만 성적이 잘 오르지 않거나, 어떤 과목은 잘 보는데 다른 과목은 못 보는 것은 시험공부 방법이 모든 과목에 공통적으로 적용되지 않기 때문이다. 따라서 아무리 좋은 옷이 있더라도 자기 몸에 맞아야 하듯이 과목별로 시험공부 방법을 알아야 한다.

2) 시험공부 공식

시험 성적은 공부한 양, 암기력, 문제해결력이 곱셈으로 연결되어 있다. 때문에 공부한 시간이 중요한 것이 아니라 공부의 양이 중요하다. 그러나 공부의 양만 많다고 되는 것이 아니라 암기력이나 문제해결력과 같은 요소들이 골고루 뒷받침되어야 한다. 결국 시험공부는 공부의 양도 많아야 하지만 암기방법도 뒷받침이 되어야 하고 문제해결력도 길러야 한다.

시험공부를 할 때 단순하게 암기하는 데는 벼락치기 공부가 좋지만 공부한 양이 부족하면 아무 의미가 없다는 것이 문제다. 여기에 문제해결력까지 없다면 최악의 시험공부 방법이 될 수밖에 없다. 그렇다고 무작정 오랜 시간 동안 공부를 한다고 해서 해결되는 것은 아니다. 시험을 잘 보기 위해서는 열심히 하는 것은 기본이고 암기력과 문제해결력을 기르는 것이 중요하다.

시험 성적＝공부한 양×암기력×문제해결력

3) 시험문제를 정확하게 푸는 방법

수험생들은 정답이 있는데도 왜 오답을 선택할까? 그것은 정해진 시험시간 동안 마음은 급하고 문제를 정확히 파악하지 못해 출제자의 의도와 다르게 해석하기 때문이다. 수험생들은 대부분 지문과 답지가 수준보다 어렵거나 문제의 진술이 어려울 때 정답을 맞히지 못한다.

출제자는 문제를 출제할 때 이의 제기를 줄이기 위하여 사람마다 다르게 해석되는 문장은 가급적 사용하지 않으려고 노력한다. 출제자의 의도를 정확히 이해하지 못하거나 잘못 해석하면 수험생들은 함정에 빠질 확률이 높다. 따라서 출제자의 의도를 파악하는 것은 실수를 줄이고 고득점을 내기 위해서 매우 중요하다.

실수를 줄이려면 5단계로 풀게 한다

시험을 보고 나서 '조금만 더 읽었으면 맞았을 텐데' '실수해서 틀렸다' '성격이 급해서 틀렸다' 라는 말을 자주하는 학생들은 문제를 정확히 분석하는 능력이 부족한 것이다. 이러한 학생들은 문제를 풀 때 단계별로 풀면 실수하지 않을 것이다.

단계별로 시험문제를 풀다가 막히면 어느 부분에서 막히는지 알게 되어 문제를 계속 풀어야 할지 다음 문제로 넘어가야 할지의 판단이 선다. 단계별로 문제를 푸는 것은 시험에서 실수로 틀리거나 문제를 풀면서 시간을 낭비하는 것도 막아 준다.

읽기

문제를 처음부터 끝까지 읽어 '아닌 것은?' '반대인 것은?' '해당되지 않는 것은?' '관계없는 것은?' '거리가 먼 것은?' 등의 부정적 지문을 찾아낸다. 그리고 '가장 알맞은 것은, 가장 적당한 것은' 등의 '가장' 이라는 지문을 찾아낸다.

판단

암기한 것을 기억해 내는 문제인지, 이해를 묻는 문제인지, 적용을 묻는 문제인지를 판단한다. 판단 단계에서 시험이 어렵거나 문제를 푸는 데 시간이 걸릴 것 같으면 다음 문제로 넘어가고 시간이 남을 때 다시 푼다.

문제 풀기

문제를 풀기 위해서는 필요한 단서가 무엇인지를 찾아야 한다. 단서는 자신의 배경지식뿐만 아니라 출제자의 출제의도를 정확히 파악하는 것이다. 문제를 풀고 나면 찾은 정답이 출제의도에 정확히 맞는지를 다시 확인한다.

정답 찾기

정확한 답을 찾아 적는다.

검토하기

정답으로 찾은 것이 맞는 것인가 틀린 것인가를 검토한다. 문제를 검토해서 이상이 없으면 다음 문제로 넘어간다. 그러나 검토했다고 해서 완전히 끝내는 것이 아니라 모든 시험문제를 다 풀고 시간이 남으면 읽기부터 다시 하는 것이 안전하다.

표 3-8 실수를 줄이는 5단계 문제풀기

읽기	판단	문제 풀기	정답 찾기	검토하기
• 문제를 처음부터 끝까지 읽는다.	• 암기한 것을 기억해 내는 문제인지, 이해를 묻는 문제인지, 적용을 묻는 문제인지를 판단한다.	• 문제를 풀기 위해 필요한 단서가 무엇인지를 찾아야 한다.	• 종합 사고력으로 합당한 정답을 찾는다.	• 정답으로 찾은 것이 맞는가 틀리는가를 검토한다.

환류

〈연습문제〉

1. 열의 이동 방향을 가장 바르게 설명한 것은?
① 질량이 큰 물체에서 작은 물체로 이동한다.
② 온도가 높은 물체에서 낮은 물체로 이동한다.
③ 온도가 낮은 물체에서 높은 물체로 이동한다.
④ 기체 상태에서 고체 상태인 물체로 이동한다.
⑤ 에너지가 많은 곳에서 에너지가 적은 곳으로 이동한다.

단계	내용
읽기	가장 바르게
판단	이해
문제 풀기	• 단서: 온도, 질량, 기체, 에너지 • 다른 것은 설명이 다 하나씩인데 온도만 두 개 나오고 서로 반대이므로 답일 확률이 높음
정답 찾기	②
검토하기	① 질량이 작은 물체에서 큰 물체로 이동한다. ④ 고체 상태에서 기체 상태로 이동한다. ⑤ 에너지가 적은 곳에서 많은 곳으로 이동한다.

정확히 읽고 표시하게 한다

실수로 시험문제를 틀리는 학생들에게 이유를 물어보면 시험문제를 제대로 읽지 않고 넘어간 경우가 많다. 이러한 현상은 공부를 전혀 하지 않은 학생에게서도 발생하지만, 의외로 공부를 많이 한 학생에게서도 많이 나타난다.

공부를 전혀 하지 않은 학생은 문제를 보면 자신이 풀 수 있는 문제로 보려는 욕구가 강하게 생긴다. 그러다 보니 자신이 아는 것들만 보여 문제를 정확하게 인식하지 못한다. 공부를 많이 한 학생은 워낙 문제지를 많이 풀다 보니 문제의 앞만 읽고 기계적으로 문제에 답을 하기 쉽다. 이러한 실수를 줄이기 위해서는 문제를 처음부터 끝까지 읽어서 문제를 푸는 배경지식을 만들어야 한다. 배경지식을 만드는 방법은 문제를 분석하는 것이다. 문제를 분석하기 위해서는 다음과 같이 하도록 한다.

부정적인 지문에 대해서는 밑줄을 긋게 한다

시험에는 '아닌 것은?' '반대인 것은?' '해당되지 않는 것은?' '관계없는 것은?' '거리가 먼 것은?' 등의 부정적 문제가 10% 정도 출제된다. 통상적으로 부정적 지문에는 밑줄이 그어져 있거나 굵은 글씨로 표시하도록 되어 있다. 그러나 밑줄이 그어지지 않을 수도 있으므로 부정적인 지문을 찾아서 밑줄로 표시해 두면 실수로 틀리지 않을 수 있다.

〈연습문제〉 다음 학교의 장점을 설명한 것이 <u>아닌</u> 것은?

긍정적인 지문에 대해서는 동그라미를 치게 한다

시험에는 '가장 알맞은 것은' '가장 적당한 것은' 등의 긍정적 문제가 자주 출제된다. 긍정적 지문에 동그라미를 쳐서 부정적인 지문과 차별화하면 문제의 성격이나 유형을 분석하는 데 도움이 된다.

〈연습문제〉 다음 조선시대의 특징 중에서 가장 적당한 것은?

핵심 단어에 대해서는 사각형을 그린다

시험문제를 읽다 보면 문제를 푸는 데 핵심적인 역할을 하는 단어가 있다. 이러한 단어에 사각형을 그려 두면 문제를 푸는 데 중심의 핵심이 무엇인지를 정확히 알게 되어 집중력을 높일 수 있다. 또한 문제를 다시 풀 때도 핵심 내용이 무엇인지를 빠르게 파악할 수 있기 때문에 시간을 절약할 수 있다.

〈연습문제〉 다음 중 [임진왜란]에서 활동한 [의병장] 중에서 금산에서 주로 활동한 의병장은?

지문을 읽고 정오를 기호로 표시한다

시험문제를 읽고 지문을 읽다가 확실히 틀리다는 생각이 들면 번호 앞에 '×' 표시, 확실하지 않으면 '?' 표시, 확실히 맞는다는 생각이 들면 '○' 표시를 해 둔다. 표시와 함께 맞는 이유나 틀린 이유를 '→'와 함께 적으면 문제를 정확히 풀 수 있다. 이러한 표시는 문제를 다시 풀 때도 표시만 보고 빠르게 파악할 수 있기 때문에 시간을 절약할 수 있다.

〈연습문제〉 밑줄 친 단어의 문장성분이 주성분에 해당되지 않는 것은?

1. 철수의 동생은 <u>키가</u> 아주 크다.
2. 그 사람이 말도 없이 <u>사라졌다</u>.
3. 토마토는 <u>과일이</u> 아니라 야채다.
4. 영희가 반찬은 안 먹고 <u>밥만</u> 먹고 있다.
5. 행동하는 것을 보면, 철수는 <u>너와는</u> 달라.

〈적용〉 밑줄 친 단어의 문장성분이 주성분에 해당되지 않는 것은?

(○) 1. 철수의 동생은 <u>키가</u> 아주 크다. → 주어(주성분)
(○) 2. 그 사람이 말도 없이 <u>사라졌다</u>. → 서술어(주성분)
(○) 3. 토마토는 <u>과일이</u> 아니라 야채다. → 보어(주성분)
(×) 4. 영희가 반찬은 안 먹고 <u>밥만</u> 먹고 있다. → 목적어(주성분)
(×) 5. 행동하는 것을 보면, 철수는 <u>너와는</u> 달라 → 부사어(부속성분)

4) 시험공부 계획표를 만들어라

공부에도 계획이 필요하듯이 시험공부에도 계획을 세우는 것이 시간을 효율적으로 사용하는 데 도움이 된다. 실제로 상위 1% 안에 드는 학생 전체가 시험공부 계획표를 작성하는 것으로 나타났다. 공부를 못하는 학생들도 시험공부 계획표를 작성하기는 한다. 하지만 시험에 도움이 될 수 있도록 체계적이지 않다는 데 문제가 있다.

시험공부 계획표에는 우선 시험에 대한 정보와 일자별로 시험공부 계획을 적는다. 시험에 대한 정보로는 과목별로 전 점수를 적고 그에 따른 목표점수를 적어 얼마만큼 공부를 해야 하는지 목표를 정한다. 그런 다음에는 시험범위를 적어 공부의 양을 어느 정도로 해야 하는지를 참고한다. 여기에 수업 중에 교사가 시험을 보기 위해 참고하라고 한 교과서, 노트, 유인물, 참고서 등을 적어 무엇을 가지고 공부할 것인지를 정한다. 마지막으로 수업 중에 교사가 특별히 강조한 것이 무엇인가를 적는다.

시험공부 기간은 시험일을 기준으로 해서 계획을 세운다. 시험공부 기간은 중간고사는 15일 전부터 준비하는 것이 적당하고, 기말고사는 20일 전부터 준비하면 여유 있게 공부할 수 있다. 상위 1% 안에 드는 학생들의 실제 시험공부 계획표를 작성한 예는 다음과 같다.

시험공부 계획표는 부록에 제공하였으므로 실제로 작성하는 연습을 하면 도움이 될 것이다. 시험을 보기 전에 시험공부 계획표를 작성하여 복사한 후 하나는 책상 앞에 붙이고, 하나는 가지고 다니면서 공부하도록 하면 효과적이다.

표 3-9 시험공부 계획표 작성 예

<table>
<tr><th rowspan="2">구분</th><th colspan="6">방법</th></tr>
<tr><th>과목</th><th>전 점수</th><th>목표점수</th><th>시험범위</th><th>참고서적</th><th>특징</th></tr>
<tr><td rowspan="6">시험범위</td><td>국어</td><td>80</td><td>90</td><td>40~70p</td><td>노트, 교재</td><td>중간고사에서 일부 출제</td></tr>
<tr><td>영어</td><td>75</td><td>85</td><td>45~65p</td><td>노트, 참고서</td><td></td></tr>
<tr><td>수학</td><td>85</td><td>95</td><td>30~70p</td><td>노트</td><td>일차방정식 위주</td></tr>
<tr><td>과학</td><td>58</td><td>70</td><td>40~75p</td><td>문제집</td><td></td></tr>
<tr><td>사회</td><td>78</td><td>88</td><td>43~73p</td><td>참고서</td><td></td></tr>
<tr><td>기술</td><td>80</td><td>90</td><td>36~64p</td><td>교재, 노트</td><td></td></tr>
<tr><td rowspan="10">공부계획</td><td>D-20</td><td colspan="2">영어 3단원 본문 암기
수학 1차함수응용 교과서풀이</td><td>D-10</td><td colspan="2"></td></tr>
<tr><td>D-19</td><td colspan="2"></td><td>D-9</td><td colspan="2"></td></tr>
<tr><td>D-18</td><td colspan="2"></td><td>D-8</td><td colspan="2"></td></tr>
<tr><td>D-17</td><td colspan="2"></td><td>D-7</td><td colspan="2"></td></tr>
<tr><td>D-16</td><td colspan="2"></td><td>D-6</td><td colspan="2"></td></tr>
<tr><td>D-15</td><td colspan="2"></td><td>D-5</td><td colspan="2"></td></tr>
<tr><td>D-14</td><td colspan="2"></td><td>D-4</td><td colspan="2">4일차 과목 총정리</td></tr>
<tr><td>D-13</td><td colspan="2"></td><td>D-3</td><td colspan="2">3일차 과목 총정리</td></tr>
<tr><td>D-12</td><td colspan="2"></td><td>D-2</td><td colspan="2">2일차 과목 총정리</td></tr>
<tr><td>D-11</td><td colspan="2"></td><td>D-1</td><td colspan="2">1일차 과목 총정리</td></tr>
<tr><td>기타</td><td colspan="6"></td></tr>
</table>

5) 고득점을 위한 시험공부방법

학생 스스로 시험공부 계획표를 세워서 계획대로 공부를 해 나간다면 별 문제가 되지 않는다. 그러나 계획을 세우지 못하거나 무계획적으로 시험공부를 한다면 고득점을 얻기가 어렵다. 따라서 학생이 계획을 세우지 못하거나 무계획적으로 시험공부를 한다면 학부모는 다음과 지도하도록 한다.

표 3-10 시험공부 계획표 실천을 위한 지도 전략 예

날짜	공부계획
D-20	본격적인 시험공부를 하기 시작하도록 지도한다. 평소에 해 둔 메모와 필기를 중심으로 교과서와 교사가 준 학습지부터 읽도록 지도한다.
D-15	주요 과목을 한 번씩 더 차근차근히 공부하며 자세한 부분까지 깊게 공부하도록 지도한다. 영어와 수학문제는 평상시에 틈틈이 풀도록 지도한다.
D-10	영어와 수학공부는 끝내도록 하고 종합문제집으로 주요 과목의 문제를 풀어 보며 문제유형을 파악하도록 지도한다.
D-7	그동안 풀면서 틀린 문제들을 한 번씩 더 풀어 보고, 문제의 지문도 읽으며 이해하는 능력을 기르도록 지도한다.
D-6	기타 과목을 공부하기 시작, 교과서와 학습지를 중심으로 공부하며 주관식을 대비하여 개념들을 정리하도록 지도한다.
D-5	주요 과목을 다시 한 번 점검하도록 하며, 기타 과목 역시 병행하여 공부하도록 지도한다.
D-4	아이에게 가장 취약한 기타 과목과 주요 과목에 대해 다시 한 번 최종 문제집을 풀게 하고 부족한 부분은 골라서 공부하도록 지도한다
D-3	시험 마지막 날 보는 과목을 공부하며 틀린 문제들은 한 번씩 더 보고 기타 과목도 공부하도록 지도한다.
D-2	둘째 날 보는 과목을 공부하도록 지도한다. 교사께서 수업 중에 강조하신 부분을 떠올리며 부족한 부분을 찾아서 공부한다. 틀린 문제들은 한 번씩 더 보며 기타 과목도 공부하도록 지도한다.
D-1	첫날 보는 과목을 공부하도록 지도한다. 마음을 편히 가지도록 하고 전체를 보기보다는 요약한 내용들을 읽어 보고 틀린 문제들을 다시 풀어 보도록 지도한다.
당일	평상시보다 조금 일찍 일어나 마음을 편히 가지며 일찍 학교에 보낸다. 첫날 시험결과에 신경 쓰지 말도록 하고, 시험이 끝나면 다음 날 시험공부에 몰입하도록 지도한다.

시험 계획하기 Tip

- 시험계획은 2~3주 전부터 세운다.
- 전체적인 상황을 볼 수 있는 시험계획표를 만든다.
- 시험범위가 발표되지 않았다 하더라도 범위를 예상하고 공부를 시작한다.
- 과목별 목표 점수와 목표 등수를 적는다.
- 과목별 반복 회수를 정한다.
- 구체적으로 계획한다.

예 단순히 국어공부, 영어공부가 아니라 '국어 1단원 교과서 본문이해' '영어 2과 본문 암기' '수학 1차방정식 ○○문제집 ○페이지~○페이지' 등으로 구체적으로 적는다.

시험 대비 자세 Tip

- 시험계획도 습관이다. 계획을 세워 보면 필요성을 느끼게 된다.
- 시험은 교사의 무대다. 출제자의 마음으로 공부를 하자.
- 내신 시험의 기반은 교과서, 노트 필기, 프린트물이다. 개념이해 공부는 다 배제하고 문제만 풀어서는 안 된다. 교과서와 노트 필기, 주요 부교재와 문제집 등을 챙겨둔다.
- 시험기간일수록 수업시간에 교사의 말에 집중해야 한다.
- 가능하면 학교 기출문제를 확보해서 풀어 보자.
- 포기하는 과목은 평균을 많이 하락시킨다. 포기하는 과목이 없도록 시간을 배분하자.
- 문제 풀이에 의의를 두지 말고 오답을 내 것으로 만들고 넘어가야 시험에서 맞힐 수 있다.
- 평소 공부도 중요하지만 막판 스퍼트도 중요하다. 긴장의 끈을 놓지 말고 시험기간에는 공부만 하자.

6) 벼락치기 시험공부 전략

평상시에는 공부를 하지 않다가 시험 볼 때쯤 많이 공부하는 방법을 벼락치기 공부라 한다. 벼락치기 공부는 공부습관이 형성되지 않은 학생에게 나타나는 현상이다. 평소에는 공부를 하지 않다가 시험 때만 되면 공부하는 학생들이 주로 사용하는 공부방법이기도 하다.

벼락치기 공부는 공부를 하지 않던 학생들에게 짧은 시간 효과를 볼 수 있게는 해 줄 수 있지만 장기 기억으로 저장되지 못한다는 것이 문제다. 뿐만 아니라 시험 전날도 벼락치기 공부로 밤을 새우다시피 하기 때문에 정작 학교에서 시험 보는 도중에 졸거나 머리가 맑지 못해서 오히려 암기한 것이 기억나지 않기도 한다. 따라서 벼락치기 공부는 꼭 필요한 때를 제외하고는 하지 않는 것이 좋다.

벼락치기를 하려면 문제부터 풀게 한다

벼락치기는 시험이 닥쳐서야 공부하는 것을 말하기 때문에 완벽한 공부는 할 수가 없다. 따라서 모든 시험범위의 내용들을 공부하는 것보다 효과적인 것이 공부하기 전에 문제를 푸는 것이다. 공부를 전혀 하지 않은 상태에서 문제를 풀면서 문제에 나온 문항과 지문을 교과서에 체크하면서 체크한 부분들을 집중적으로 공부하면 짧은 시간에 중요한 것만 골라서 공부할 수 있다. 뿐만 아니라 문제부터 풀면 자신의 수준이나 상황을 이해할 수 있기 때문에 공부를 어떻게 해야겠다는 계획을 세울 수 있다. 따라서 무조건 처음부터 공부하는 시험공부 방법보다 이 방법을 사용하면 공부하는 데 소요되는 시간을 많이 줄일 수 있다.

과목순서를 정해서 공부하게 한다

벼락치기를 하더라도 과목별로 공부순서를 정하는 것이 중요하다. 일부 학생들은 어려운 과목은 아예 포기하고 높은 성적을 얻을 수 있는 과목만 하는 경우가 있다. 하지만 과목을 포기하기보다는 모든 과목을 공부하겠다는 목표로 가장 먼저 시험 보는 과목부터 순서대로 공부하는 것이 좋다. 제일 마지막으로 시험 보는 과목을 미리 공부해 두면 시간이 지날수록 잊어버리므로 가장 먼저 시험 보는 과목을 먼저 공부하는 것이 효율적이다.

중요한 부분을 파악하게 한다

벼락치기를 하는 학생은 평상시에 복습을 하지 않거나 수업을 전혀 듣지 않다가 시험을 볼 때가 되어서야 공부를 한다. 이러한 학생은 수업을 열심히 듣지 않았고, 복습을 하지 않았기 때문에 시험범위의 학습내용이 배운 것임에도 불구하고 생소하게 보이기가 쉽다. 이러한 경우 시험공부를 하려면 모든 것을 공부해야 하기 때문에 투자한 시간에 비해 효과가 떨어지기 쉽다. 즉, 벼락치기 공부라 해도 공부해야 할 과목이나 시험범위에서 중요한 것만 골라서 해야 한다.

일반적으로 시험공부를 할 때는 먼저 시험범위를 공부한 다음에 자신이 알고 있는 것을 바탕으로 문제지를 푸는 방식으로 한다. 그러나 짧은 시간을 이용해서 벼락치기 공부를 할 때는 시험범위를 모두 완벽하게 공부하기에는 시간이 부족하기 때문에 중요한 것만 골라서 해야 한다.

문제를 많이 풀게 한다

시험범위 내에서 중요한 것을 고르는 방법은 과목별로 시험공부를 하기 전에 교사가 예전에 출제했던 기출문제를 구해서 풀거나, 기출문제를 구하지 못하면 문제지를 풀어 보는 것이다. 기출문제나 문제지의 문제는 나름대로 시험에 출제될 확률이 높기도 하지만 중요한 부분에서 나오기 때문에 변형되어 출제될 확률이 높다.

시험범위를 충분히 공부하지 못한 경우는 우선 문제를 많이 풀어서 문제에 대한 적응도를 높이고, 변형된 문제에 대한 적응력을 기르는 것이 좋다. 공부를 하고 나서는 새로운 문제지를 구해서 다시 풀어 보면서 최종적으로 부족한 부분들을 메워 나가면 짧은 시간에 공부했더라도 좋은 결과를 얻을 수 있다. 시험을 보기 전에는 기출문제나 문제지에서 틀린 문제들만 집중적으로 보고 교과서에 체크해 놓은 부분들을 다시 한 번 공부하는 것이 좋다.

7) 시험 전날 시험 준비 전략

시험 전날에는 마지막으로 시험공부를 점검하거나 정리하는 시간으로 활용해야 한다. 시험에 대한 부담이 큰 학생들은 시험을 보기 전의 초조함 때문에 오히려 시험공부가 잘 안 되는 경우가 있고, 부족한 시험공부를 하려고 밤을 새는 경우도 있다. 그러나 시험 전날 관리를 잘못하면 오히려 시험 당일 최상의 컨디션을 유지하기가 어려워질 뿐만 아니라 좋지 않은 영향을 미칠 수도 있다. 시험 당일 최상의 컨디션을 유지하기 위한 시험 전날 관리 전략은 다음과 같다.

가벼운 운동으로 시작하게 한다

암기는 뇌의 상태와 매우 중요한 관련을 갖는다. 머리가 맑은 상태면 주의력이 높아져 공부에 집중할 수 있지만 머리가 탁하면 주의력도 생기기 어려우며 공부에 집중하기가 쉽지 않다. 머리를 맑고 활기차게 하기 위해서는 공부하기 전에 간단한 빨리 걷기나 맨손체조와 같은 가벼운 유산소 운동을 하는 것이 좋다. 유산소 운동을 하면 혈액순환이 좋아져 뇌에 산소공급이 원활해지고 이로써 뇌의 활동이 활발해진다. 그러나 심한 운동을 하면 숨이 차고 심장이 빨리 뛰어 오히려 공부에 방해가 된다.

기출 시험지나 오답노트를 다시 풀게 한다

시험을 보기 전에 기출 시험지를 구해서 다시 한 번 풀어 보거나 지금까지 정리한 오답노트를 풀어 보는 것이 좋다. 시험범위가 같으면 똑같은 문제가 출제되기도 하고, 살짝 바뀌어서 출제되는 경우도 있기 때문이다. 이러한 기출문제나 오답노트를 이용하면 무엇이 중요한지, 무엇을 암기해야 하는지를 다시 한번 점검하는 데 도움이 된다.

최종 연습문제를 풀어 보며 최종 점검하게 한다

모든 공부를 마친 후 최종 점검을 하기 위해 연습문제를 풀어 본다. 기출문제는 지금까지 공부한 내용에 대한 테스트이기도 하지만 부족한 부분을 보충할 수 있는 계기를 만든다. 어떤 단원이 중요하고 어떤 내용이 자주 출제되는지, 문제 유형은 어떤지를 자연스럽게 알 수 있다.

시험 전날은 일찍 자게 한다

시험 전날 밤을 새면 피로해지고 이 때문에 오히려 뇌의 활동이 둔해져서 평상시보다 기억력이 떨어지기 쉽다. 시험 전날은 꼭 일찍 자도록 하고 충분한 수면을 취하는 것이 오히려 기억을 떠올리는 데 도움이 된다.

미리 필요한 시험 물품을 준비하게 한다

시험 당일에는 긴장하게 되어 시험 볼 때 필요한 필기도구를 잊어버리고 가서 당황하는 경우가 있다. 시험 전날에는 시험에 필요한 필기도구나 음료수, 로션 등을 잘 준비하여 시험 당일에 당황하지 않도록 한다.

8) 100% 효과 있는 당일 시험 전략

시험공부를 아무리 열심히 했어도 시험 당일 충분한 실력발휘를 할 수 있어야 한다. 시험 당일 충분한 실력발휘를 위해서는 다음과 같은 전략을 이용한다.

시험시간보다 일찍 도착하게 한다

지나치게 불안해지면 알던 것도 잘 생각이 나지 않는다. 이런 경우를 시험불안이라고 한다. 더구나 시험 당일 늦기라도 하면 더욱 불안해져 시험을 못 볼 수도 있기 때문에 시험 시간보다 조금 일찍 도착하도록 해야 한다.

불안과 긴장을 풀게 한다

시험장에서 불안한 마음이 생기면 시험에 대한 생각을 접어 두고 심호흡을 하면서 천천히 마음을 가라앉히는 것이 좋다. 적당한 긴장은 자신의 능력을 최대한 발휘하는 데 도움이 되지만 너무 긴장하는 것은 오히려 능력을 제대로 발휘하지 못하게 한다. 만약 시험불안이 있다면 간단한 스트레칭이라도 미리 익혀 두도록 한다.

시험지를 전체적으로 훑어보게 한다

시험지를 받고 이름을 쓴 다음 급하게 첫 문제부터 풀지 말고 전체 문제지를 한 번 눈으로 대강 훑어보자. 문제가 어느 정도 어려운지, 이 문제들을 푸는 데 어느 정도의 시간이 걸릴지를 대충 생각한 후 문제를 풀기 시작하라. 3분 정도 문제 전체의 내용을 쭉 훑어보는 것이 좋다.

쉬운 문제부터 풀고 나중에 어려운 문제를 풀게 한다

우선 쉬운 문제부터 풀고, 잘 생각이 나지 않는 문제는 따로 표시하고 넘어갔다가 나중에 다시 풀자. 확실히 풀 수 있는 문제에는 '○', 조금 생각할 필요가 있는 문제에는 '△', 못 풀 문제에는 '?'를 해 두자. 그런 후 '○' 한 문제부터 풀어 가는 것이다. 그다음은 당연히 '△' 와 '?' 순이다. 이 방법을 사용하면 어려운 문제에 매달리다가 시간이 부족해서 아는 문제까지 못 푸는 안타까운 실수는 방지할 수 있다.

문항 전체를 꼼꼼히 읽게 한다

성격이 급한 학생들은 문항의 앞부분만 보고 바로 답을 체크하는 경우가 있다. 특히, 객관식 문제를 풀 때는 틀린 것을 고르는 것인지 올바른 것을 고르는 것인지 주의해야 한다. 답을 무작정 쓰지 말고 문제를 꼼꼼하게 잘 읽고 이해한 다음에 쓴다.

답을 답안지에 옮겨 표시할 때는 주의 깊게 한다

답을 답안지에 적을 때는 객관식 문제의 경우 답이 밀려 쓰지 않도록 주의해야 하며, 다 적고 나서 답안지와 답을 다시 한번 맞추어 봐야 한다. 만약 답안지를 밀려 썼거나 잘못 옮겨 적었다면 감독교사에게 답안지를 바꾸어 달라고 한다.

문제를 다 풀었으면 전체적으로 다시 한번 검토하게 한다

문제 풀이가 끝난 후에는 시험지를 그냥 덮어 버리지 말고 남은 시간 동안 전체적으로 검토하여 답을 잘못 표기한 것이나 빠진 것은 없는지 확인한다.

알쏭달쏭한 경우는 답을 고치지 않게 한다

문제가 알쏭달쏭한 경우는 한 번 답을 고른 다음에 나중에 다시 보고 다른 것이 답인 것 같아 고쳤다가 지웠다가 고민하는 경우가 종종 있다. 이때 처음에 쓴 답이 정답일 가능성이 더 높다. 그러므로 분명한 확신이 없다면 한 번 쓴 답은 고치지 않는 것이 좋다.

문제가 요구하는 것을 정확히 이해하고 답을 적게 한다

- ~을 비교하라: 두 가지나 그 이상의 사실에 대해서 따로따로 정의를 내린 다음 공통점과 차이점을 정리해야 한다.
- ~을 증명하라: 제시된 공식이나 개념을 자세한 내용에서부터 전체적인 것으로 적어 나가야 한다.
- ~을 기술하라: 관련된 사실을 하나씩 써 나가야 하는데, 적절한 예를 들어 준다.
- ~을 나열하라: 문제가 요구하는 답을 차례대로 적어 나가야 한다.

주관식은 정성스럽게 적게 한다

주관식은 아는 것만큼은 최선을 다해서 적는다. 글씨는 채점하는 교사가 알아볼 수 있도록 정자로 써야 한다. 실제로 교사들이 주관식을 채점하다가 글씨를 잘못 읽어 오답으로 채점하는 경우도 있기 때문이다. 또한 답을 모른다고 해서 빈칸을 남겨 두지 말고 정답이 아니더라도 유사한 답은 정성을 다해 적는다.

시험이 끝난 직후 다음 시험만 생각하게 한다

사람은 처음 출발을 잘못하면 다음까지 영향을 받는 경우가 많다. 마찬가지로 첫 시험에서 원하는 성적이 나오지 않았다고 해서 낙담하고 실망하여 다음 시험까지 망치는 경우가 자주 있다. 이미 지나간 일 때문에 고민한다고 달라질 것은 하나도 없을뿐더러 오히려 다음에 나쁜 영향을 준다. 마음을 비우고 다음 시험을 준비하라. 새로운 마음으로 '다음 시간에 더 잘 봐야지' 하는 생각을 가지고 시험에 임하면 한결 마음이 편해질 것이다. 잊을 것은 빨리 잊는 것만큼 현명한 사람은 없다.

9) 시험 결과 분석하기

시험은 어쩌다 한 번 치르는 행사가 아니다. 학기별 중간 · 기말고사, 각종 평가시험, 모의고사 등 한 학기에도 성격이 다른 시험이 수차례 진행된다. 실력은 시험을 철저히 준비하는 과정에서 쌓을 수 있다. 따라서 시험결과는 자신의 미래를 결정짓는 중요한 척도로 작용한다.

시험은 현재진행형이다. 시험 성적이 높게 나왔다고 해서 만족해서는 안 된다. 반대로 성적이 큰 폭으로 떨어졌다 해도 낙심하거나 좌절하지 않는다. 시험결과를 분석해 잘못된 점을 찾고 꾸준히 개선하며 실력을 키워 나가야 한다.

시험에서 지속적으로 좋은 성과를 얻기 위해서는 체계적으로 계획을 세우고 지키는 것만으로는 부족하다. 철저한 자기반성과정, 즉 '피드백(feedback)'을 거쳐야 한다. 피드백은 자기의 강점과 약점을 파악하고, 이를 효과적으로 개선하는 방법을 알려 주기 때문이다. 시험이 끝난 뒤 다음과 같은 질문을 해 보자.

지난 시험에서 성적이 낮은 과목의 요인은?

'이번 시험에서 사회점수가 크게 떨어진 이유는 무엇인가?' '1학기 기말고사와 비교해 시험이 전체적으로 어려웠는가?' 등의 질문에 스스로 답하며 시험 전반에 대한 자기의 소감을 글로 적는다. 이렇게 하면 시험을 치르면서 잘못했던 점과 개선할 점을 찾을 수 있다. 시험에 대한 느낌을 단순히 머릿속에만 떠올리지 말고 지난번 시험과 비교해 어떤 부분에서 성공했는지 또는 실패했는지 구체적으로 적는다.

또 틀린 문제 옆에 단원 명과 오답 이유를 적어 두면 자주 틀린 단원을 알고 보충계획을 세울 수 있다.

시험계획은 적절했는가?

이번 시험에 대비해서 공부를 할 때 시험계획을 잘 세웠는지, 학습량은 적절했는지, 계획한 대로 실천했는지 스스로에게 묻는다. 이 물음의 답은 다음 시험 대비를 위한 학습계획을 세우는 데 좋은 정보가 된다.

시험계획은 잘 실천했는가?

시험을 준비하는 기간뿐 아니라 시험을 치르는 기간에 어떻게 생활했는지 뒤돌아본다. 휴대전화, TV, 컴퓨터 등 공부를 방해하는 '유혹거리'를 어떻게 물리쳤는지 집중 점검한다. 지난 시험에서 TV 드라마 때문에 시간을 낭비했다면 이번 시험 기간에 똑같은 잘못을 반복하지 않도록 이에 대한 대비책을 세운다. 미리 준비를 해 두면 다음 시험을 준비할 때 유혹을 물리치는 것이 어렵지 않다.

취약 과목, 어떻게 정복할 것인가?

이전 시험에서 최악의 점수를 받았던 과목을 확인한다. 시험 당시 취약 과목의 난이도는 어땠는지, 어떤 문제에서 헤맸는지를 꼼꼼히 살핀다. '취약 과목 오답노트'를 만들어 틀린 문제를 중심으로 그 원인을 분석하고, '해당 관련 문제를 10문제 이상 푼다'는 식으로 구체적인 대안을 찾는다.

취약 과목 공약 Tip

- 취약 과목이라 하더라도 1단원부터 시작하지 말고 취약 단원을 파악하여 공부해야 한다.
- 주말이나 방학을 이용해서 보충할 수 있는 시간을 확보한다.
- 취약 과목일수록 참고서와 문제집 수를 줄여야 한다.
- 취약 과목도 우선순위가 있다. 한 과목만 취약한 경우가 아니라 과목 중요도에 따라 우선순위를 정하는 것이 좋다.
- 오답노트를 활용하여 틀린 것을 내 것으로 만드는 습관을 기른다.
- 인터넷 명강사 등을 활용하면 흥미를 붙일 수 있다.

다음 시험을 위한 목표와 새로운 학습계획은?

이전 시험에 대한 반성을 토대로 다음 시험의 목표를 설정한다. 어떤 부분을 가장 시급히 고쳐야 하는지, 더 나은 목표를 위해 할 수 있는 일은 무엇인지를 학습계획표에 구체적으로 적는다. 다음 시험에서 가장 성적을 올리고 싶은 세 과목을 정해 전략 과목으로 삼고, 이를 위한 계획을 별도로 세운다. 목표와 계획이 확실하면 수업시간 집중도도 높아진다.

표 3-11 시험결과 분석

분석요인	결과
성적이 낮은 과목의 요인은?	수학은 시험이 어려웠다. 영어는 문법이 많이 나왔다.
시험계획은 적절했는가?	시험계획은 나름대로 적절했다.
시험계획은 잘 실천했는가?	처음에는 잘 실천했는데 막판에 가서 잠을 많이 잤다.
취약 과목, 어떻게 정복할 것인가?	수학은 공식을 더 외워야겠다. 영어는 문법을 조금 더 보충해야겠다.
다음 시험을 위한 목표와 새로운 학습계획은?	시험계획대로 공부하고 취약 과목들을 좀 더 공부해야겠다.

10) 수행평가에 관심을 가져라

우리나라에서는 학생의 전인적 발달을 평가하려는 목적으로 1999년부터 초등학교와 중학교, 고등학교에 수행평가 제도를 도입하였다. 수행평가를 실시하는 목적은 학습결과나 성취 중심의 평가에서 벗어나 학습과정 평가를 지향하고, 창의력과 문제해결능력을 길러 주는 데 있다.

따라서 이전까지 객관식 평가에서 벗어나 평가의 다양함을 가져옴은 물론, 학생의 자기주도학습능력을 높이려는 목적을 가지고 있다. 수행평가는 개인차를 고려한 학생의 능동적인 참여를 이끌어 낼 수 있는 평가방식이라고 볼 수 있다.

수행평가는 요즘 원래의 목적과는 달리 단순하게 과제를 제출하는 것으로 인식되고 있다. 하지만 수행평가는 내신 성적에 중요한 영향을 미치고 있음을 인식해야 한다. 실제로 내신시험 점수는 상위인데도 수행평가 결과가 좋지 않아 성적이 좋지 않게 나오는 경우도 많다. 따라서 좋은 성적을 얻기 위해서는 수행평가를 가볍게 여기지 말고 관심을 가져야 한다.

수행평가 성적 반영 비율을 보면, 교과별로 차이가 있지만 통상적으로 20~30% 정도를 수행평가가 차지할 정도로 그 비중이 크다. 시험을 아무리 잘 보았더라도 수행평가를 잘 못하면 상대적으로 시험의 효과는 줄어든다. 수행평가를 효율적으로 하는 방법은 다음과 같다.

표 3-12 중학교 수행평가 교과별 성적 반영 비율

구분 / 과목	지필평가 1학기 중간	지필평가 1학기 기말	수행평가	지필평가 2학기 중간	지필평가 2학기 기말	수행평가
도덕 1, 2	35	35	30	35	35	30
도덕 3		70	30		70	30
국어	40	40	20	40	40	20
수학	40	40	20	40	40	20
사회	40	40	20	40	40	20
과학	40	40	20	40	40	20
체육		30	70		30	70
음악		40	60		40	60
미술		50	50		50	50
기술 · 가정	35	35	30	35	35	30
영어	40	40	20	40	40	20
한문	35	35	30	45	35	30
컴퓨터		50	50		50	50

수행평가의 기본은 글로써 자신의 생각을 표현하고 오랜 준비과정을 거쳐 보고서를 작성하는 것까지 포함된다. 이러한 글쓰기 기술의 종합적 적용능력이 바로 수행평가 작성으로 드러난다고 할 수 있다.

수행평가 방법을 주목하라

수행평가 방법에는 실기시험, 관찰법, 실험실습법, 토론법, 논술법, 리포트, 구술시험 등의 다양한 방법이 있다.

실기시험

실기시험은 음악·체육·미술 등의 과목에서 주로 활용하며, 학생들의 지식, 기능, 태도가 직접 행동으로 나타난 것을 평가한다.

관찰법

관찰은 과학이나 사회 과목에서 주로 활용하며, 학생들의 지식이나 기능을 평가하기 위한 가장 보편적인 방법으로 개별적으로 또는 집단 단위로 관찰한 것을 평가한다.

실험실습법

실험실습법은 과학 교과분야에서 주로 활용하며, 과제에 대하여 학생들이 직접 참여하여 실험이나 실습을 하게 한 후 그 결과를 보고서로 제출하게 하여 평가한다.

토론법

토론법은 모든 과목에서 활용하며, 주로 교수학습 활동과 평가활동을 통합적으로 수행하는 대표적인 평가방법이다.

논술법

논술법은 국어나 사회 과목에서 주로 활용하며, 주어진 주제에 대하여 서론, 본론, 결론으로 정리해서 서술한 것을 평가한다.

리포트

리포트는 모든 과목에서 활용되고 있으며, 주어진 주제에 대하여 자료를 찾아 제공하거나 논술식으로 작성한 것을 평가한다.

구술시험

구술시험은 모든 과목에서 활용되고 있으며, 교사가 제시하는 문제에 대해 발표를 하거나 필기시험으로 평가한다.

수행평가의 목적을 알아야 한다

폭넓은 독서

교재내용이나 교사 한 사람의 견해에 얽매이지 않도록 하기 위해서 폭넓은 독서를 유도한다.

수업내용의 보충

수업에서 충분히 다루지 못한 문제, 다루기 어려운 문제 등에 대해 학생 스스로 조사하고 다루어 볼 수 있도록 기회를 부여한다.

비판력 배양

특정 주제와 관련 있는 여러 자료를 수집, 분석, 평가하는 과정에서 비판적 사고력을 기른다.

체계적 자료정리 훈련

학생의 지식과 수집한 자료를 체계적 정리 및 반증을 갖추어 명확하고 논리적이며 효율적인 방법으로 표현할 수 있는 훈련을 시킨다.

학생반응 확인 및 학생평가

수업에 대한 학생의 학습과정을 모니터하고 학생의 학업성취 정도를 확인한다.

검사지 15 수행평가 전략 검사

이 검사는 학생이 수행평가에 대한 인식과 효율적인 수행평가 방법을 강화해 준다. 이 검사지의 분석 결과를 가지고 학부모나 학생과의 상담에서 학생이 책을 읽을 때의 집중력과 읽는 방법에 대해 활용한다.

수행평가 전략 검사

이 검사의 목적은 여러분이 수행평가를 얼마나 잘하고 있는지를 알아보려는 것입니다. 여러분이 효율적인 수행평가 방법을 생각해 볼 수 있는 기회가 될 것이므로 솔직하게 대답해 주시기 바랍니다. 질문에 대한 답은 '예'와 '아니요'로 체크해 주세요.

	나의 수행평가 능력은 어느 정도일까요?	예	아니요
1	내신 성적에서 수행평가는 매우 중요하다고 생각한다.		
2	수행평가의 목적을 안다.		
3	보고서를 작성할 때 자료 수집을 잘한다.		
4	보고서 작성을 용도에 맞게 잘한다.		
5	보고서를 작성할 때 남의 도움을 받지 않는다.		
6	수업시간에 발표를 잘한다.		
7	수행평가를 위해 토론하는 것이 좋다.		
8	자료를 찾고 정리하는 것이 좋다.		
9	수행평가가 미리미리 준비한다.		
10	수행평가 성적이 좋은 편이다.		
	'예'에 답한 총 개수 (　　　) 개		

수행평가 전략 전체 분석 방법

- 8~10개: A 유형 – 수행평가를 잘하는 학생이군요.
- 4~7개: B 유형 – 수행평가를 보통으로 하는 편이네요.
- 0~3개: C 유형 – 수행평가를 잘하기 위해 노력하세요.

[A 유형]

– 수행평가 전략을 잘 아는 유형으로 수행평가를 효율적으로 하는 학생이다.
– '아니요' 라고 답한 것만을 찾아서 부족한 부분을 지도해 주면 된다.

[B 유형]

– 수행평가 전략을 대충 아는 유형으로 평소 수행평가에 관심을 가진 학생이다.
– '아니요' 라고 답한 것만을 찾아서 부족한 부분을 지도해 주면 된다.

[C 유형]

– 수행평가 전략을 전혀 모르는 유형으로 평소 수행평가를 잘 못하는 학생이다.
– 전반적으로 수행평가 전략에 대해 처음부터 숙달되도록 지도해 준다.

수행평가 코칭

응답	코칭방법	
	예	아니요
1		내신 성적에서 수행평가가 차지하는 비중이 높다는 것을 알려 주고 시험 성적을 잘 받기 위해서 수행평가는 매우 중요하다고 지도한다.
2		수행평가의 목적을 알면 잘할 수 있으므로 수행평가의 목적을 파악할 수 있도록 지도한다.
3		보고서를 작성할 때 중요한 것이 자료 수집이므로 자료 수집을 잘해야 좋은 보고서를 작성할 수 있다는 것을 지도한다.
4		보고서 작성을 잘하기 위해서는 과제를 낸 교사의 의도를 정확히 파악하고 적합하게 해야 한다는 것을 지도한다.
5		보고서를 작성할 때 남의 도움을 받지 않고 작성하는 것도 좋지만 부모나 학습코치에게 점검을 받아 보는 것이 필요하며, 혼자 작성하는 게 자신이 없으면 남의 도움을 받는 것이 좋다는 것을 지도한다.

6		수업시간에 발표하는 것도 평소 성적에 반영되므로 발표를 잘하도록 지도한다. 발표할 때 떨게 되면 원래 알고 있는 내용도 제대로 전달하기 어렵기 때문에 자신감을 갖고 발표할 수 있도록 지도한다.
7		토론을 싫어하면 팀에서 소외되기 쉬우므로, 자신의 의사를 정확히 밝히는 토론 방법을 지도한다.
8		수행평가를 잘하기 위해 필요한 자료를 찾기와 자료를 찾고 정리 방법을 지도한다.
9		수행평가를 급하게 하다 보면 내용이 부실해지고, 제출 날짜를 놓칠 수도 있기 때문에 미리미리 준비하도록 지도한다.
10		수행평가 성적이 좋지 않은 것은 수행평가의 목적을 모르거나 효율적으로 작성하는 방법을 모르기 때문이다. 따라서 수행평가를 작성하는 방법을 다시 지도한다.

11) 서술 · 논술형 시험을 대비하라

교육과학기술부의 교육개혁대책회의에서는 '창의 · 인성 교육 강화 방안'으로 서술 · 논술형 시험을 단계적으로 확대해 내신 평가방식을 바꾼다는 정책을 밝혔다. 주요 골자는 주관식 문제를 단답형 중심에서 서술 · 논술형으로 30%까지 확대한다는 것이다. 이에 따라 현재 서울 · 부산 · 울산 · 인천 · 충남 · 경기교육청이 자체 지침으로 서술형 평가를 20～30% 이상 실시하고 있다.

모 중학교 1학년 국어 서술형의 문제를 보면 겨울 '환경오염의 심각한 문제'를 다룬 신문 기사를 지문으로 사용하고 '지구 온난화가 가져온 문제점'이라는 제목으로 서술하라는 문제가 출제되었다. 이 문제는 자료에 대한 정확한 이해와 분석 없이는 정답을 쓰기 어려운 문제였다. 중 · 고교생이라 하더라도 자기 생각을 글로 표현하는 데 익숙하지 않은 학생들에게는 간단하지 않은 수준이었던 것이다. 이 때문에 일선 학교 교사들은 채점의 어려움을 호소했고, 학부모의 입장에서는 자녀들의 혼란을 우려하였다.

서울시교육청의 발표 이후 첫 시행된 시험들에서는 학생들의 성적은 조금 떨어졌지만 학부모들이 우려했던 것에 비해서는 큰 변화가 없었다. 그러나 초등학교에서 객관식과 단답식만 접했던 초등학생이나 중학생들은 어려움이 컸다. 이에 따라 이제부터는 기존의 단답형 주관식 형태에서 벗어나 각 학교마다 서술 · 논술형 출제 유형에 변화를 주어야 한다는 점에 주목해야 한다.

서술 · 논술형 시험의 목적은 단순 암기한 지식을 묻는 것이 아니라 학생들의 사고력과 논리력을 키우는 목적을 가지고 있다. 서술 · 논술형 시험은 학생들의 사고력과 논리력을 키우기 위해서 각 과목별로 독특한 출제경향이 있다. 각 과목별 출제경향은 다음과 같다.

국어

국어 과목은 언어를 중심으로 한 언어적 창의력을 측정하기 위하여 교과서나 신문 본문에서 찾아 쓰기, 이유 설명하기, 구체적인 의미 서술하기, 차이 및 비교 분석하기, 실생활과 관련된 문제 등이 출제되었다. 이런 문제들을 출제하는 의도는 학생들이 얼마나 교과서를 꼼꼼히 학습했는지를 확인하려는 것이다. 국어의 서술 · 논술형 시험에 대비하려면 교과서나 신문을 정독한 후에 내용의 전반적인 흐름을 파악할 수 있고 책의 내용을 분석할 줄 알아야 한다.

수학

수학 과목은 스스로 궁리하는 과정을 통해 재발견과 재발명을 해내는 문제해결 능력을 측정하기 위하여 풀이과정을 요구하는 유형의 문제들이 출제되었다. 이런 문제들을 출제하는 의도는 학생들이 문제를 단순 암기를 통해 풀지 않고 개념을 얼마나 이해했는가를 확인하려는 것이다. 그러므로 수학은 쉬운 문제라도 풀이과정을 차분하게 정리해 보는 것이 중요하며, 문제를 응용할 줄 알아야 한다.

영어

영어 과목은 단순 암기보다 응용 및 요약능력을 측정하기 위하여 완벽한 영어 문장으로 답하기를 요구하거나 빈칸에 알맞은 절이나 구를 넣는 문제와 단원별 주요 구문에 대한 간단한 문법문제가 출제되었다. 이런 문제들을 출제하는 의도는 영어에 대한 응용능력과 문법능력을 확인하려는 것이다. 영어 서술형 시험에 대비하기 위해서는 문장을 해석하는 것보다 간단한 문장이라도 문장 전체를 암기하고 써 보는 연습을 해야 한다. 따라서 교과서에 나와 있는 내용과 비슷한 형태의 예문을 만들 줄 알아야 한다.

사회

사회 과목은 학생 스스로 정보를 해석 · 분석 · 조작하는 고차원적인 사고력을 측정하기 위해 도표나 그림을 통해 핵심 내용을 묻거나 신문기사를 통해 교과내용을 응용한 문제들이 출제되었다. 이런 문제를 출제하는 의도는 학생들이 다양한 배경지식을 가지고 있는가와 논리적 사고를 하는가를 확인하려는 것이다. 이를 위해 교과서나 신문을 많이 읽고 전반적인 흐름과 세부내용(중요 사건과 핵심 용어)을 정리할 줄 알아야 한다.

과학

과학 과목은 유창하고 융통성 있으며 통합적인 탐구적 사고력을 측정하기 위해 주로 실험을 제시하고 결과를 묻거나 원리와 사실관계를 묻거나 기본개념을 이해하는지를 묻는 문제 외에도 실험, 도표, 그래프를 해석하거나 파악하는 문제들이 출제되었다. 이런 문제를 출제하는 의도는 학생들이 교과내용을 이해하고 있는지 파악하려는 것이다. 과학은 생활 속의 과학현상과 연계된 문제가 출제될 가능성도 높아 교과서를 중심으로 기본 개념들을 충분히 학습한 후 사례를 찾아 암기하는 것이 좋다.

검사지 16 시험 전략 검사

이 검사는 학생들이 시험 전략을 얼마나 실천하고 있는지를 파악하여 부족한 부분을 보충하는 데 사용한다. 학생들이 다음의 질문을 통해서 자신이 어떻게 시험을 보는지 생각하면서 작성하도록 지도한다.

시험 전략 검사

이 질문의 목적은 여러분이 시험 전략을 얼마나 실천하고 있는지를 알아보려는 것입니다. 다음의 질문을 통해 자신의 시험 전략의 부족한 부분을 보충할 수 있으므로 솔직하게 대답해 주시기 바랍니다. 해당 문항이 맞으면 '예', 맞지 않으면 '아니요'에 체크해 주세요.

	나의 시험 전략은 어느 정도일까요?	예	아니요
1	시험 볼 때 시간이 남는다.		
2	시험 전까지 수업시간에 공부한 것을 복습한다.		
3	문제의 답을 쓰기 전에 문제를 끝까지 읽는다.		
4	시험 기간에 시험계획을 세워 공부한다.		
5	시험공부는 중요한 과목 순서대로 공부한다.		
6	시험 볼 때 실수하지 않기 위해 시험지를 다시 한 번 검토한다.		
7	기출문제나 문제지를 미리 풀어 보고 시험을 본다.		
8	오답노트를 미리 풀어 보고 시험을 본다.		
9	시험문제로 어떤 것이 나올지 몇 가지는 예상할 수 있다.		
10	벼락치기 공부를 하지 않는다.		
'예'에 답한 총 개수 (　　　) 개			

시험 전략 전체 분석하기

- 8～10개: A 유형－시험 전략을 잘 활용하는군요.
- 4～7개: B 유형－시험 전략을 조금 아는 편이네요.
- 0～3개: C 유형－시험 전략을 기르기 위해 노력하세요.

[A 유형]

- 시험 전략을 잘 아는 유형으로 평소 시험을 효율적으로 준비하는 학생이다.
- '아니요' 라고 답한 것만을 찾아서 부족한 부분을 지도해 주면 된다.

[B 유형]

- 시험 전략을 대충 아는 유형으로 평소 시험을 잘 보려고 노력하는 학생이다.
- '아니요' 라고 답한 것만을 찾아서 부족한 부분을 지도해 주면 된다.

[C 유형]

- 시험 전략을 전혀 모르는 유형으로 평소 시험에 효율적으로 대비하지 못하는 학생이다.
- 전반적으로 독해 전략에 대해 처음부터 숙달되도록 지도해 준다.

시험 전략 코칭

응답	코칭방법	
	예	아니요
1		시험 볼 때 시간이 부족하다는 것은 모르는 문제가 많기 때문인데 이런 경우는 모르는 문제는 체크만 해 놓고 맨 마지막에 풀도록 지도한다.
2		시험 전에 공부한 것이 기억에 바로 나는 확률이 높기 때문에 시험 보기 전에는 시험 볼 내용 중 공부한 것을 복습하도록 지도한다.
3		문제의 답을 쓰기 전에 문제를 끝까지 읽지 않으면 틀리게 답할 수 있으므로, 문제를 끝까지 읽고 답하는 습관을 기르도록 지도한다.
4		시험기간에 시험계획을 세워 모든 과목을 공부할 수 있도록 지도한다.
5		시험공부는 중요한 과목별로 순서를 정해서 공부해야 효율적이다. 따라서 중요한 과목별로 순서를 정해서 먼저 하도록 지도한다.

6		시험 볼 때 문제를 다 풀었다고 바로 제출하면 실수할 수 있기 때문에 시험지를 다시 한번 검토하도록 지도한다.
7		기출문제나 문제지의 문제 중 비슷하거나 심지어 똑같은 문제도 출제될 가능성이 많으므로 미리 검토하고 시험을 보도록 지도한다.
8		같은 범위의 시험을 볼 때 오답노트를 미리 검토하고 시험을 보면 틀린 문제이기 때문에 오래 기억이 남아 다시 틀리지 않을 수 있다. 따라서 같은 범위 시험을 볼 때는 반드시 오답노트를 풀어 보고 시험을 보도록 지도한다.
9		시험문제로 어떤 것이 나올 것인지 예상을 못하는 것은 배운 내용 중에서 무엇이 중요한지를 모르기 때문이다. 따라서 공부를 하기 전에 우선 중요한 것이 무엇인지를 파악하고 공부하도록 지도한다.
10		벼락치기 공부는 예습과 복습을 제대로 하지 않아 한꺼번에 많은 공부를 해야 하기 때문에 효과가 떨어지므로 시험을 잘 보기 위해서는 예습과 복습의 습관을 가지도록 지도한다.

9. 과목별 공부방법

1) 국어 공부방법

국어는 우리말을 바르게 사용함과 동시에 표현과 이해를 정확히 하여 생각하는 힘을 기르는 과목이다. 국어에서 다루는 영역은 어학, 문학, 문법, 작문 영역 등으로 매우 다양하다. 일부 학생들은 '국어는 늘 사용하는 말이니까 쉽다'라는 생각으로 국어공부를 소홀히 하는데 이는 아주 잘못된 생각이다.

국어는 우리가 매일 쓰는 것이지만 문법이나 분석을 생활화하지 않고 하기 때문에 오히려 생소한 것일 수도 있으므로 외국어이고 학문이라 생각하고 공부하는 것이 바른 생각이다. 국어는 다른 수학이나 영어와 같은 주지교과에 비해 기초가 없어도 열심히 공부하면 충분히 따라갈 수 있고 성적을 높일 수 있는 과목이다.

중학교에서는 학기마다 국어와 생활국어를 배운다. 국어는 우리말에 대한 지식을 전반적으로 습득하고 공부하는 과목이고, 생활국어는 우리가 살아가는 실생활의 경험을 통해 지식을 습득하도록 만들어진 과목이다. 국어책에는 기본적으로 다양한 시, 소설, 설명문, 수필 등의 글이 실려 있다. 여기에 읽기, 쓰기, 듣기, 말하기에 관련된 글들도 있다. 중학교에서 배우는 국어는 초등학교에 비해서 난이도가 높다. 그러나 초등학교에서 배운 내용을 기본으로 해서 발전하는 것이지 중학교에서 완전히 새롭게 나오게 나오는 것은 아니다. 그러므로 기본지식을 확실히 익혀두면 중학교 국어시험에서 좋은 성적을 얻을 수 있다. 중학교에서의 국어 실력이 탄탄해야 나중에 고등학교에서도 탄탄한 국어 실력을 지닐 수 있다. 국어는 초등학교, 중학교, 고등학교에서 배우는 것이 서로 별개가 아니며, 초등학교 때부터 익힌 것을 바탕으로 점점 난이도가 높아진다고 보면 된다.

중학교의 국어에는 초등학교에 비해 지문에 어려운 단어나 한자어가 자주 나타난다. 또한 지문의 길이도 늘어나기 때문에 문제를 주의 집중해서 읽어야 한다. 그리고 국어가 문학 위주로 모든 것을 배운다면, 생활국어는 우리가 살아가면서 부딪히고 경험하는 실생활에 대한 것을 문법 위주로 배운다. 국어는 말하기, 듣기, 쓰기, 읽기 등의 영역을 평가하고, 생활국어는 말하기, 듣기, 쓰기의 세 영역을 차지한다. 중간고사나 기말고사 때 시험마다 생활국어 문법 단원 하나씩은 꼭 포함되고 출제비중도 15~20% 정도가 된다. 따라서 생활국어까지 꼼꼼히 공부한다면 상위권 성적을 유지할 수 있다. 국어시험 출제방향에 따른 고득점을 위한 전략은 다음과 같다.

어휘력을 높인다

국어시험을 다른 과목에 비해 어렵다고 생각하는 이유는 암기만으로는 성적을 올리기가 어렵기 때문이다. 국어시험을 대비하기 위해서는 글이나 문제의 요지를 얼마나 잘 파악하느냐가 관건이다. 이때 가장 중요한 것이 바로 어휘력이다. 그러나 어휘력이 중요하다고 해서 국어를 영어 단어 외우듯이 암기하는 학생은 없을 것이다.

국어는 단어의 의미를 모르면 시험을 잘 보기 어렵다. 어휘력을 넓히는 방법은 폭넓은 독서를 하면서 새로운 단어는 사전에서 찾아 뜻을 정확히 알고 넘어가는 것으로, 국어공부에 매우 도움이 된다.

교과서에 충실하게 한다

국어는 기본적이고 핵심적인 개념을 숙지하는 문제와 주제를 파악하는 문제의 출제가 많다. 국어공부는 문제 풀이식 공부보다 교과서에 새로 나오는 개념과 원리 위주로 공부하는 것이 효과적이다. 국어 교과서를 공부할 때는 각 단원의 주제가 무엇인가를 찾아내는 훈련과 핵심적인 사항을 암기하는 것이 중요하다.

교과서에 필기하게 한다

국어는 교과서에 필기하는 단권화가 가장 효율적인 과목이다. 수업시간에 교사에게 들은 내용을 바로바로 교과서에 필기하면서 정리해 두는 것이 좋다. 또 참고서나 문제 풀이 등을 통해 알게 된 보충 내용도 교과서에 적어 두고 교과서를 중심으로 공부하면 성적향상에 큰 도움이 된다.

서술형은 핵심적인 문제를 선택해서 공부한다

국어는 주관적인 것을 묻는 문제를 출제하면 채점기준에 대한 논란의 여지가 많기 때문에 이를 줄이기 위해 비교적 명료하면서도 핵심적인 문제 위주로 출제한다. 따라서 명료하고 핵심적인 문제를 선택해 설명하는 연습으로 서술형 문제에 대비하는 것이 좋다.

다른 교사의 출제경향도 파악하게 한다

국어 교사가 두 명 이상이면 문제를 나누어서 출제할 확률이 높으므로 다른 교사의 출제유형도 파악하는 것이 좋다. 다른 교사의 출제유형을 파악하기 위해서는 그 교사의 수업을 받는 친구와 서로 정보를 교환하면 된다.

문제집 선택을 잘한다

국어는 공부를 열심히 했다고 꼭 시험을 잘 보는 것이 아니라 문제집 선택도 중요하다. 문제집은 두 권 정도 사서 공부하는 것이 좋다. 그중 한 권은 중점적으로 공부하고, 다른 문제집은 중점적으로 공부하는 것과 중복되는 문제가 있는가를 확인한다. 2권 이상의 문제집에 공통으로 나오는 문제라면 그만큼 출제빈도가 높다는 것을 의미하기 때문에 이런 문제는 꼭 기억하는 것이 좋다.

교사들은 문제집과 똑같이 출제하는 것을 가급적 피하고 있다. 하지만 그 많은 문제들을 일일이 만드는 것도 쉽지 않기 때문에 문제집을 참고하면서 조금씩 변형해서 출제하는 경우가 많다. 따라서 국어 문제를 풀 때 여러 가지 변형된 문제를 미리 만들어 공부하면 교사가 아무리 변형을 시켰다고 하더라도 그 문제를 쉽게 맞힐 수 있다.

예습을 철저하게 한다

국어는 수업을 듣기 전에 예습하는 습관이 가장 중요하다. 예습을 하지 않고 수업을 들으면 교사가 무슨 소리를 하는지 알기 어려울 때가 많다. 국어수업을 듣기 전에 미리 배울 내용을 예습하면 수업시간에 교사의 강의내용이 머릿속에 잘 기억될 뿐만 아니라 이해도가 높아서 장기 기억이 되기 쉽다.

종합적으로 공부하게 한다

국어는 어학, 문학, 문법, 작문 등의 다양한 영역을 다룬다. 다양한 영역은 별개의 공부라고 생각할 수도 있지만 국어라는 커다란 테두리 안에서 서로 연관되어 있다. 국어는 어느 한 부문만을 편식하듯 공부해서는 안 되며, 다양한 영역에 대해 종합적으로 공부해야 한다.

교과서를 읽을 때 생각하면서 암기하게 한다

교과서의 내용들을 단순하게 문자적으로 암기하려고 하지 말고, 교과서의 내용을 분석적, 추론적, 비판적, 창의적으로 읽는 연습을 한다. 교과서에서 알려 주고자 하는 것이 무엇인지 분석하고, 그에 따라서 추론을 해 보고, 객관적 입장에서 비판하고, 새로운 생각을 가지려고 노력해야 장기 기억으로 발전한다.

어휘의 의미를 정확하게 파악하면서 암기하게 한다

국어 과목에 나오는 내용들은 문학작품들이 많은데 이러한 문학작품들은 일반적인 단어나 어휘보다 어렵고 풍부한 것들이 많다. 국어 암기를 쉽게 하기 위해서는 기초적인 단어나 어휘의 의미를 정확하게 습득하고 문장과 문단을 정확하게 구사하면서 글 전체의 내용을 정확하게 이해하는 능력을 길러야 한다.

교과서 밖의 작품들도 폭넓게 읽게 한다

국어공부를 잘하기 위해서는 평상시 교과서에 수록된 작품을 중심으로 깊이 있는 감상을 해야 한다. 그러나 교과서에 있는 작품만 읽으면 비교 대상이 없어 단편적인 지식으로 끝나기 쉽다. 분석과 비판력을 높이기 위해서는 교과서 밖의 작품들도 폭넓게 읽어 두어야 한다.

2) 영어 공부방법

영어는 주지교과로서 내신 성적이나 입시에서 비중이 매우 큰 과목이다. 영어공부는 예전에 배웠던 지식들이 누적되어 기초를 튼튼하게 해야 효과를 보기 때문에 짧은 시간에 열심히 한다고 해도 성적을 내기가 어려운 과목이다.

기초가 부족한 학생들은 무조건 단어와 문법내용을 암기하는 방식으로 영어공부를 하려고 한다. 그러나 영어는 기초가 한 번 무너진 상태에서는 무조건 단어나 문법을 암기한다고 해결되지 않는다. 영어를 잘하려면 먼저 문장을 외우고 그것을 바탕으로 단어와 문법을 암기하는 것이 좋다.

집을 지을 때 골조를 튼튼히 하고 벽돌을 쌓고 인테리어를 하는 것처럼 영어를 공부할 때 문장을 암기하는 것은 우선 집을 짓는 데 골조를 튼튼히 하는 것과 같다. 문장을 먼저 암기하면 그 문장을 바탕으로 문법이나 단어를 전부 아우르면서 저절로 영어를 습득할 수 있다.

충분한 문장의 암기를 통해서 기본이 형성된 다음에는 의사소통의 기본단위인 회화를 하거나 변형된 문장을 만들기 위해서 문장의 기본인 단어나 어휘를 암기해야 한다. 단어나 어휘를 암기해야 하는 이유는 골격이 아무리 튼튼해도 벽돌을 쌓아야 집의 형태가 갖추어지는 것처럼 기본을 튼튼히 하는 배경이 되기 때문이다.

그러나 아무리 많은 단어나 어휘를 암기하고 있다고 해도 이를 적절히 조합할 수 있는 문법을 모르면 무용지물이다. 뿐만 아니라 문법은 무수히 많은 문장들의 공통된 법칙을 찾아서 수학공식처럼 정리해 주는 것이기 때문에 필수적으로 알아야 응용력과 적용력이 커진다. 문법을 암기하면 단어만 바꿔치기해서 말하고 쓰고 읽고 이해하는 게 가능해지기 때문이다. 단어와 어휘를 충분히 암기하고 문법을 암기하는 것은 영어 학습의 가장 효율적이고 경제적인 방법이다.

초등학교에서는 영어에 대한 도입 단계로, 저학년 때는 읽기 위주로, 고학년 때는 쓰기를 중심으로 부담 없이 공부한다. 이후 중학교에 입학하면 문법을 배우면서 문법에 대한 문제와 지문이 길어지고, 지문도 교과서가 아닌 텍스트에서 출제되고 있다. 이는 전반적으로 학생이 영어를 초등학교에서부터 배우기 때문에 실력이 향상되어 감에 따라 난이도가 높아지고 있음을 의미한다.

초등학교에서 수준에 맞는 기초문법을 공부해 놓으면 중학교 공부가 한층 수월해질 수 있다. 영어도 중학교 때까지의 실력이 '평생실력'이 되는 경우가 많다. 고등학교에 가면 언어체계가 굳어지고 입시준비 때문에 제대로 된 영어공부를 할 시간이 없기 때문이다.

중학교 영어와 고등학교 영어 사이에 배우는 내용은 큰 차이가 없다. 고등학교 영어가 문법과 독해에 비중을 두고 있다면 중학교 영어는 듣기-말하기에 약간 더 비중을 두고 있다. 또한 고등학교에서는 중학교보다 배우는 단어의 수준이 올라가고, 지문이 길어지며, 보다 복잡한 문장이 사용된다. 따라서 중학교의 교과수준을 충분히 따라가면 고등학교에서 격차 때문에 적응하지 못하는 경우는 별로 없다. 그러나 중학교에서 충분한 실력을 확보하지 못한다면 고등학교에서 영어시험을 잘 보는 것은 기대할 수 없다.

중학교 때는 공부를 잘하는 학생들 간의 영어성적은 큰 차이가 나지 않는다. 그러나 중위권 이하로만 내려가도 격차가 크게 벌어져 그 격차를 메우는 시간도 많이 필요하다. 영어공부를 제대로 하지 않으면 고등학교에 진학해도 좋은 성적을 얻기 어렵다. 대학에 진학해서도 영어와 관련된 원서를 읽거나 입사할 때, 유학을 갈 때도 어려움이 생긴다. 뿐만 아니라 영어를 잘해서 얻을 수 있는 수많은 기회를 모두 잃을 수 있다. 수학이 입시의 필수요소라면 영어는 인생의 필수요소라 할 수 있다.

중학교의 영어시험은 문법과 세부적인 해석에 집중하여 빈칸 채우기 혹은 단답식 서술형 문제를 출제하는 경우가 많았다. 그러나 영어의 난이도가 높아지면서 지문의 전체적인 내용을 파악하고 글쓴이의 의도나 중심 생각을 파악하는 문제도 출제되고 있다. 이에 더해 문장 안에 단어를 채우는 식의 간단한 서술형 문제에서 점차 벗어나 완전한 문장 전체를 쓰는 문제로 출제되고 있다. 이 때문에 영어공부는 단순히 문장을 외우는 것에서 벗어나 핵심 문법 파악에서부터 주어와 동사의 위치, 시제, 수식어의 종류와 위치까지 완벽하게 알아야 한다.

문제의 지문도 교과서 내에서 출제하는 것에서 벗어나 교과서 외의 지문을 출제하고 있으며, 본문내용을 요약 정리하는 영작문제가 출제되고 있다. 따라서 지문의 내용을 처음부터 끝까지 정확하게 파악하기 위해서는 독해능력을 높여야 하며 완전한 영어문장으로 작문할 수 있는 공부를 해야 한다.

단어를 많이 외우게 한다

일반적으로 초등학교 교과서에서 다루는 단어는 대략 800단어 정도다. 중학교 교과서에서 다루는 단어는 대략 2,000단어 정도이며, 고등학교 때 교과서에서 다루는 단어는 대략 4,000단어 정도다. 양적으로 보면 대략 초등학교보다 중학교가 2.5배가 되며, 고등학교에서는 두 배가량 된다. 따라서 중학교에서 단어 암기를 위해 사용하는 시간은 초등학교 때 시간의 두 배 이상을 들여야 한다. 게다가 단어의 수준이 높아지고 숙어가 많이 나오기 때문에 단어, 파생어, 숙어를 암기하는 데 많은 시간을 쏟아 부어야 한다.

영문법을 튼튼히 하게 한다

영어는 기초부터 단계적인 상승을 하기 때문에 한 번 페이스를 놓치면 따라잡는 데 굉장히 애를 먹는다. 특히 단어, 독해도 중요하겠지만 문법의 기본을 완벽하게 공부하는 것이 영어공부의 핵심이다. 중학교에서는 문법이 적용된 문제들이 많이 출제되므로 중학교 때 영문법의 기틀을 잘 잡아 두어야 한다. 중학교 때 영문법을 진도에 맞게 숙달하면 고등학교에 진학해서도 영어공부는 어렵지 않게 할 수 있다.

교과서 위주로 공부하게 한다

영어도 중학교 내신시험의 기본적인 원리는 같다. 즉, 학교 수업시간에 교사께 배운 교과서 내용을 중심으로 출제된다. 내신시험 때는 교과서 본문을 무조건 암기해야 한다. 물론 중학교보다는 고등학교 문제의 난이도가 높다.

선행학습을 하게 한다

중학교에서 영어성적을 높이기 위해서는 영어에 대한 선행학습이 필요하다. 영어는 다른 과목과는 달리 선행학습을 할수록 수업할 때 교사의 수업내용이 귀에 들리고 교과서를 읽는 데 지장이 없다. 초등학교에서 영어에 대해 높은 성적을 받았다고 해도 선행학습을 하는 습관을 길러 두면 영어에 대한 자신감을 가질 수 있다.

독해연습을 많이 하게 한다

중학교 때는 초등학교 때에 비하여 단어의 수도 많을 뿐 아니라 지문이 길고 교과서 밖에서도 출제된다. 중학교 때 정확한 문법공부와 독해연습을 부족하게 하면 해석이 어려워지고 해석이 되어도 문제가 안 풀리거나 헛갈리게 된다. 따라서 최소한 교과서에 나와 있는 문장만이라도 완벽하게 독해할 수 있도록 연습해야 한다.

작문연습을 많이 하게 한다

현재 영어시험 문제는 교과서 외의 지문에서도 출제되고 있으며, 본문내용을 요약 정리하는 영작문제가 출제되고 있다. 따라서 수업시간에 배운 문법을 활용해 마치 우리말을 쓰듯이 영어문장을 자연스럽게 쓸 수 있는 연습을 해야 한다.

눈으로만 암기하지 말고 손으로 암기하게 한다

단어를 암기할 때 쉽게 쉽게 하는 실수가 눈에 익숙해지도록 암기하면 된다고 생각하는 것이다. 단어에서 눈을 떼고 바로 암기한 단어를 써 보았을 때 잘 썼다면 문제가 안 되지만 써지지 않는다면 암기방법이 잘못된 것이다. 암기는 눈으로만 암기해서는 도움이 안 되고, 보지 않고 손으로 쓸 수 있도록 암기를 해야 한다.

입으로 암기하게 한다

영어는 다른 과목에 비해서 발음이 중요하다. 다른 과목은 손으로 써서 암기할 수 있지만 영어는 소리를 내서 자신의 발음을 귀로 들을 수 있도록 암기해야 효과가 높다. 영어는 더욱이 발음이 자연스러워져서 주저함 없이 입에서 튀어나올 정도가 되어야 한다. 영어는 오감을 이용해서 암기해야 더욱 효과가 높다. 눈으로도 보고, 손으로도 쓰고, 입으로도 발음을 해야 암기가 잘된다.

분석한 후 암기하게 한다

영어 단어 중 많은 단어는 단어들의 조합이다. 단어의 근간이 되는 어근에 대해서 충분히 이해를 하고 그것을 바탕으로 단어를 조합하면 같은 시간에 많은 단어를 외울 수 있으며, 단어의 활용도도 높아진다. 암기해야 할 단어를 보고 어근이 무엇이고, 무엇이 합성되어 있는지를 분석하면 암기를 쉽게 할 수 있다.

스스로에게 질문하면서 암기하게 한다

'I am happy: 나는 행복하다' 라는 문장을 암기해야 한다면 '나는 왜 행복하지?' 또는 '왜 하필이면 happy라는 단어를 썼을까? 나 같으면 angry라는 단어를 사용했을 텐데' 라는 질문을 스스로에게 하고 또 이해한 것을 종이 위에 쓰면서 스스로에게 설명하는 게 좋다. 자신에게 질문을 하고 그에 대해 가르치듯이 하면 문장이 구체적이 되면서 질문한 내용과 연상되어 쉽게 암기된다.

발음을 우리말과 연관시켜 암기하게 한다

수많은 영어 단어를 암기하는 것은 어렵다. 영어 단어를 쉽게 암기하는 방법 중 하나는 영어 단어의 발음을 국어에서 비슷한 말로 대치해서 암기하는 것이다. 스펠링은 잘 몰라도 비슷하게 발음한 것을 기억한다면 스펠링을 유추하여 기억하는 데 도움이 된다.

한국어보다는 영어회화를 자주 사용하게 한다

영어 실력은 현장에서 자주 사용해야 는다. 일상 속에서 한국어를 쓰는 대신 아는 영어를 사용하면 암기한 것이 장기 기억이 되어서 도움이 된다. 영어를 사용하는 방법은 단어나 숙어, 회화 등 모든 것을 사용하는 것이 좋다. 예를 들어, '아버지' 대신에 "father!"라고 하거나 '좋아요' 대신에 "I am fine."이라고 해 보자.

3) 수학 공부방법

중학교에 진학한 학생들의 실력 차이를 결정짓는 데 수학은 매주 중요한 과목이다. 수학은 주로 빠르고 정확한 계산능력을 요구하는 문제 위주로 출제되고 있다. 고등학교 시험에서는 배운 범위에서만 문제를 출제하는 것이 아니라 이전 단원까지 포함하기도 하며, 전체적인 문제의 수준이 높고 복잡한 계산문제로 변별력도 높다.

수학시험을 대비하기 위해서는 교과서에 있는 문제들은 전부 풀어 보아야 하며, 평소 많은 문제풀이를 통해 계산능력을 향상시키는 것은 기본이고 논리적인 서술형 문제 풀이도 해야 한다. 사실, 수학시험 문제만큼 응용하기 쉬운 것도 없다. 고득점을 받기 위해서는 심화문제에 대한 적응력을 키워야 하고, 활용문제를 많이 풀어 보는 것이 효과적이다. 무엇보다 중요한 것은 수학시험은 문항 수에 비해 시험시간이 짧기 때문에 빠른 시간에 문제를 풀 수 있도록 공부하는 것이다. 모르거나 어려운 문제는 나중에 시간이 남을 때 풀도록 하자.

단계적인 수준 상승을 특징으로 하는 수학이나 영어 과목은 한 번 페이스를 놓치면 따라잡기가 매우 힘들어진다.

현재 중학교에서 중위권이거나 중학교 우등생 중에 수학을 싫어하는 학생들은 마음을 바꾸어 수학공부를 해야 한다. 고등학교에 진학해서 갑자기 수학을 따라잡으려 하면 큰 낭패를 볼 수 있기 때문이다.

중학교와 고등학교 공부의 차이를 만드는 가장 큰 요인이 수학이다. 초등학교 때는 배우지 않던 기호나 개념을 중학교에 와서 배우게 된다. 실제로 중학교에 와서 처음 배우는 내용은 전체의 50% 이상이나 된다. 더욱이 중학교 때는 교과서 외에도 부교재로 다른 기본서나 문제집을 보아야 하기 때문에 공부할 내용이 많아진다. 그러다 보니 체감하는 난이도는 훨씬 높을 수밖에 없다.

초등학교 수학과 중학교 수학의 내용은 연결되는 부분도 많지만 전체적으로 크게 차이가 난다. 우선 중학교에서는 자연수, 정수, 방정식, 통계, 도형, 유리수, 부등식, 일차함수, 확률, 실수, 이차방정식, 피타고라스 이론이 나온다.

중학교 수학시험은 배운 내용을 위주로 평이하게 나오는 편이다. 따라서 중학교에서는 공식을 잘 외우고 여러 문제집을 풀어서 문제유형을 많이 경험하는 것이 좋다. 수학은 암기하기보다는 이해하는 과목이라고 생각해서 암기를 하지 않는 학생들이 있다. 그러나 수학에서도 암기는 절대적으로 필요하다. 굳이 비율을 따지자면 수학공부는 암기 10%와 이해 90%로 이루어졌다고 할 수 있다. 수학 암기의 비율이 10%라고 해서 그 중요성이 떨어지는 것은 아니다. 왜냐하면 10%의 암기를 바탕으로 하여 90%의 이해가 이루어지기 때문이다.

예를 들어, 사각형의 넓이를 구하라는 문제가 출제되었을 때 '가로길이×세로길이'의 공식을 정확히 알지 못하면 이 문제를 해결할 수 없다. 그렇다고 공식만을 기계적으로 암기해서 암기한 공식에 숫자만 대입하면 답이 나오는 만만한 과목도 아니다. 수학공부를 잘하기 위해서는 먼저 공식을 암기한 다음에 문제를 푸는 방법인 공식의 유도과정을 이해해야 한다.

공식을 모르면 대입하게 한다

수학문제는 다른 과목과는 달리 주관식 문제가 어울리지만, 채점을 빠른 시간 내에 해야 하고, 평가의 다양화를 위하여 객관식으로 시험문제를 출제한다. 주관식은 모르면 전혀 쓸 수 없지만 5지 선다형의 객관식 문제는 아무 번호나 한 개를 체크했을 때 맞힐 수도 있다. 이는 맞힐 확률이 1/5이 되는 것으로 꽤 높은 것이다. 수학문제는 특히 풀이방법을 모르면 정답을 찾기가 곤란하지만, 문항에서 적당한 것을 골라 문제에 대입해 보면 쉽게 정답이나 오답을 찾을 수 있다.

공식을 암기하게 한다

수학을 싫어하는 이유가 공식을 암기하는 것이 귀찮기 때문이라는 학생들이 있다. 수학은 공식을 암기하지 않고는 풀 수 없는 문제들이 많다. 공식을 알면 바로 계산하여 답을 찾을 수도 있고, 답을 찾지 못해도 문항들을 대입해 보면 무엇이 정답이고 오답인지를 알 수가 있다. 따라서 공식만 암기하면 수학에 대한 자신감을 갖게 되고, 흥미를 돋우며, 시험을 치를 때 많은 도움이 되어 좋은 점수를 받을 수 있다.

이해하고 암기하게 한다

공식을 무턱대고 암기한다고 해서 모든 수학문제가 풀리는 것이 아니므로 이해를 하면서 암기해야 한다. 암기한 공식을 이해해야만 공식을 문제에 적용할 수 있다는 말이다. 공식을 암기했는데 이해가 안 되면 무엇을 대입해야 하는지, 어떻게 문제를 푸는지 몰라 곤란에 빠진다.

쉬운 문제부터 풀게 한다

중학교에서 배우는 과목들은 시험시간이 똑같이 1시간이지만 수학시험만큼은 시간이 부족하다는 생각이 든다. 문제가 많아서라기보다 문제를 푸는 시간이 다른 과목들보다 복잡하고 시간이 걸리기 때문이다. 수학시험을 볼 때는 전체적으로 시험지를 보면서 어려운 문제는 표시를 해 두고 쉬운 문제부터 풀어야 한다. 시간이 남는 경우에 어려운 문제를 푸는 것이 좋다. 배점이 다른 경우는 배점이 높은 문제부터 풀어야 한다. 이는 시간이 부족하면 쉬운 문제도 답하지 못하고 놓치는 경향이 있기 때문이다.

문제를 풀고 검토하게 한다

수학은 숫자로만 구성되어 있는 것이 아니라 기호나 부호가 많이 사용된다. 따라서 숫자로 된 것은 다 맞지만 기호나 부호가 틀리면 오답처리가 되기 때문에 꼼꼼히 검토하고 확인해야 한다.

중요한 공식만 암기한다

초등학교 수학에는 공식이 그리 많지 않고 그중 대부분은 넓이를 구하는 공식들이다. 중학교 수학에서는 방정식을 구하면서 공식도 많아진다. 수학에서 공식이 많이 나온다고 해서 무조건 불필요한 공식까지 모조리 암기하면 공식들 간에 헛갈리게 되어 문제가 될 수 있다. 공식의 우선순위는 얼마나 자주 출제되는지, 얼마나 다양하게 사용되는지, 공식을 대체할 방법이 있는지 없는지, 교사가 중요하다고 강조했는지에 따라 결정된다. 이 4가지 중에서 한 가지만 만족해도 중요한 공식이라 할 수 있고, 따라서 반드시 암기해야만 문제해결이 가능하다.

응용문제를 많이 풀게 한다

공식은 암기하는 것만 중요한 게 아니라 실제로 적용해서 풀어 보는 것이 중요하다. 비슷한 문제를 많이 풀어 보면 공식의 유도과정을 충분히 이해하게 되어 어떠한 문제도 쉽게 풀 수 있다. 실제로 교과서에 있는 문제는 잘 풀지만 조금만 변형하면 틀리는 경우가 비슷한 유형의 문제를 많이 풀어 보지 않았기 때문이다.

기초가 부족하면 처음부터 다시 시작하게 한다

수학은 영어와 마찬가지로 기초가 없으면 따라가기가 어려운 과목이다. 수학은 기초를 모르고 '나중에 공부하면 되지'라는 생각을 허락하지 않는다. 기초가 부족하다고 생각하면 그 문제의 기초가 되는 학년의 교과서나 참고서를 가지고 다시 공부를 해야 한다.

복습을 많이 하게 한다

수학은 영어와 마찬가지로 내신이나 수능에서도 과목의 비중이 크다. 수학 과목의 점수를 높게 받고 싶으면 어떤 일이 있어도 그날 배운 수학 교과내용은 바로 복습을 해서 완벽하게 자신의 것으로 만들어야 한다. 그렇지 않고 나중에 공부하려고 하면 기억도 나지 않을 뿐더러 새롭게 혼자 공부해야 하기 때문에 결국 수학을 포기하게 된다. 다른 과목도 마찬가지지만 수학은 꼭 복습을 습관화해야 잘할 수 있다.

오답노트를 작성하게 한다

수학은 문제 위주로 되어 있기 때문에 문제를 많이 풀어야 한다. 문제를 풀다 보면 틀리는 문제들이 생기는데 이때는 꼭 오답노트를 작성하여 틀린 부분이 어디인지를 체크해 둔다. 그러면 시험을 앞두고 복습에 활용하면 비슷한 문제가 출제되었을 때 틀리지 않을 수 있다.

4) 과학 공부방법

과학은 대자연의 오묘하고도 신비스러운 현상을 연구하여 자연 속에 숨겨진 질서와 비밀을 찾아내고, 이것을 이용하여 미래를 설계하는 과목이다. 과학은 물리,

화학, 생물, 지구과학 등으로 구성되어 있다. 이 4개의 과목 모두 자연의 현상을 연구하고 질서와 비밀을 알아내는 학문이다.

과학에서 다루는 자연현상은 재현이 가능하다. 자연과학은 이러한 특성에 따라 실험이 가능하고, 자연현상 속에서도 나름대로의 진리나 법칙을 찾아내려는 특징이 있다. 학생들은 과학 과목에 대해 실험과 관찰만 하면 된다고 가볍게 생각하는 경향이 있다. 과학은 단순한 실험 실습에 참여해 이해만 한다고 해서 공부가 다 되는 것이 아니라 암기가 필요하다.

실험과 관찰만 하면 된다고 생각하는 학생들은 과정이 단순하게만 느껴져 과학이 재미없는 과목이 되기 쉽다. 과학 과목의 암기법은 한마디로 원리를 파악하고 암기를 해야 하는 과목이다. 원리를 알아야 실험과 관찰도 재미있는 공부가 된다.

과학은 사회와는 달리 이해와 암기가 종합적으로 섞인 과목이다. 따라서 원리를 이해하지 못하고 탐구력, 분석력, 추리력, 문제해결과 같은 사고력이 부족하면 어렵게 느껴지는 과목이다. 과학공부를 잘하기 위해서는 수업시간에 단원마다 원리가 무엇인지, 그에 따른 원인과 결과가 어떤지 생각을 하면 과학공부에 대한 이해도를 높일 수 있다. 아울러 나타난 사실에서 무엇이 중요한지를 분석해 중요한 것만 찾아서 암기하는 것이 효과적이다.

초등학교에서는 과학의 기본인 에너지, 물질, 생명, 지구 등에 대해 시험문제가 출제되는 데 비해, 중학교 과학에서는 물리, 화학, 지학, 생물의 기초들을 전체적으로 다루고 있다. 중학교 때 배우는 과학은 초등학교에서 배우는 과학에 비해 그 난이도가 훨씬 높다.

중학교 시험에서는 계산문제가 많지 않지만 최근 과학시험에서는 공식을 이용한 계산문제의 출제가 늘어나고 있다. 중학교 과학에서는 일, 역학적 에너지, 전기, 파동 등에서 한두 개의 공식이 나올 뿐 복잡한 것은 고등학교에 비해 상당히 부족한 편이다.

고등학교의 과학은 중학교에서 배운 것은 완전히 기초가 될 정도로 난이도도 높고 공식도 많이 나온다. 따라서 원래의 공식만을 외울 것이 아니라 원래의 공식을 가지고 변형하고 응용하는 능력을 길러야 한다. 과학은 공식과 연관된 개념부터 공식 유도과정까지 확실하게 이해할 필요가 있다. 고등학교에서는 계산문제의 비율이 높고 난이도가 어렵다. 과학공부를 잘하기 위해서는 수학공부도 기본이 되어야 한다. 따라서 중학교에서 과학의 기초를 탄탄하게 다지지 못한다면 고등학교에서의 과학은 사상누각과 같다.

과학은 영역 간에 형평성을 유지하게 한다

과학은 물리, 화학, 생물, 지구과학 등 네 영역으로 구성되어 있다. 이 영역들은 서로 성격이 달라서 독립된 것으로 보이지만 서로 유기적으로 연결된 내용이 많다. 따라서 특정 영역에 대한 공부가 다소 부족하면 다른 영역에도 영향을 미칠 수 있다. 과학의 부족한 영역에 대해서는 기초부터 공부를 함으로써 보충해야만 높은 성적을 받을 수 있다.

실험을 집중적으로 공부하게 한다

과학공부를 무엇부터 시작해야 할지 모르겠다면 우선 교과서에 나오는 실험을 집중적으로 살펴보는 것이 좋다. 실험은 대부분 교과서의 핵심적인 부분이다. 실험에서 나오는 가설설정, 실험과정, 실험결과 등을 이해한다면 핵심 개념을 이해하는 데 도움이 된다.

과학 용어를 이해하게 한다

과학은 전문적인 용어가 많이 나오는 과목이므로 용어를 이해하지 못하면 다음에 배우는 내용도 이해를 못할 가능성이 크다. 따라서 과학 용어를 따로 정리해 두면 도움이 된다. 지나간 단원이라 하더라도 다음 단원에도 내용이 연결되어 같은 용어들이 나오는 경우가 많으므로 꼭 용어의 개념을 이해하고 넘어가야 한다.

이야기로 만들어 암기하게 한다

과학은 개별적인 지식의 나열로 암기하기보다는 원인과 결과를 연계하여 이야기로 만들어 암기하는 것이 좋다. 수생생물에서 말류, 플랑크톤, 어류에 대해서 암기를 해야 한다면 단편적인 지식으로 암기해야 하기 때문에 재미가 없다. 하지만 이것을 상상과 탐구로 이야기를 만들어서 암기한다면 재미있을 것이다. 예를 들어, 말류는 플랑크톤이 먹고, 플랑크톤은 어류가 먹고, 어류는 사람이 먹는다는 먹이사슬과 연계하면 쉽고 재미있게 기억할 수 있다.

그림으로 만들어서 암기하게 한다

과학 과목을 재미있게 암기하는 방법 중 하나는 그림으로 만들어서 암기하는 것이다. 예를 들어, 동물에는 척추동물과 무척추동물이 있고, 척추동물에는 어류, 양서류, 파충류, 조류, 포유류가 있다는 내용을 암기해야 한다고 할 때 평면적으로 암기하는 것은 어렵다. 하지만 개념도나 마인드맵으로 만들어서 암기하면 지식이 체계화되면서 훨씬 암기하기가 쉬워진다.

실험과 관찰을 하면서 원인과 결과를 생각하며 암기하게 한다

과학 과목에서 상당한 비중을 차지하는 것이 실험과 관찰이다. 이러한 관찰과 실험시간에 과정을 지켜보기만 한다면 공부에 전혀 도움이 되지 못한다. 관찰과 실험 과정에서 '무엇 때문에 이러한 결과를 가져왔지?' '지금처럼 한다면 과연 어떤 결과가 나올까?'를 상상하며 하면 중요한 내용을 암기하게 된다. 이처럼 의식 있는 관찰과 실험은 경험한 것과 같기 때문에 장기 기억으로 저장되기 쉽다.

그래프나 도표, 그림을 암기하게 한다

과학시험 문제를 보면 유난히 많이 출제되는 것이 바로 그래프나 도표, 그림이다. 실제로 교과서를 봐도 그래프, 도표, 그림이 유난히 많다. 따라서 핵심 개념과 연관된 그래프, 도표, 그림은 반드시 익히는 것이 좋다. 그래프, 도표, 그림 등을 외우는 것은 문장을 외우는 것보다 기억에 오래 남으므로 문장을 외울 때 그래프, 도표, 그림 등을 연상해서 하면 암기가 더욱 잘된다.

오답노트를 만들고 약점을 암기하게 한다

과학은 생각 외로 난해한 문제들이 많아서 틀리는 경우가 많다. 과학은 그동안 풀었던 문제집이나 참고서에서 틀린 문제를 그냥 지나치지 말고 오답노트에 정리하고 다시 풀어 보는 것이 바람직하다. 오답노트를 정리하면 자신이 부족한 부분을 확인할 수 있기 때문에 다음에 비슷한 문제나 똑같은 문제가 출제되었을 때 실수를 반복하지 않는다.

5) 사회 공부방법

사회는 일반사회나 역사, 지리 등의 과목으로 구성되어 있어서 그 어떤 과목보다 암기할 내용이 많다. 그래서 그런지 사회 과목을 암기 과목이라고 생각하기 쉽다. 이 때문에 이해를 주로 요구하는 과목인 수학이나 과학을 좋아하는 학생들일수록 단순한 암기를 해야 하는 사회 과목을 재미없어 하는 경우가 있다. 내용이 많아서 일일이 암기하는 것이 매우 귀찮기 때문이다.

사회 과목을 암기 과목이라고만 단정짓지 말고 이해와 같이 병행하면 의외로 쉽게 암기할 수 있는 방법이 있다. 특히 전반적으로 모든 과목의 성적이 낮은 학생일수록 사회 과목에 대한 암기방법만 익힌다면 바로 성적을 올릴 수 있는 장점이 있는 과목이다.

초등학교에서 배우는 사회는 크게 인간과 사회, 인간과 시간에 관한 시험문제가 출제된다. 중학교에서는 국사와 사회로 분리하여 배우는데, 시험에서 매우 다양한 내용을 다루고 있다. 초등학교에서는 사회생활을 하는 데 필요한 기본적인 지식을 시험에 출제하지만, 중학교에서의 사회는 사회현상에서 세분화된 내용들을 시험에 출제한다.

중학교 사회시험은 기본적으로 배운 내용을 바탕으로 단순하게 물어보는 문제들의 출제가 높기 때문에 교과서를 중심으로 수업을 잘 들으면 충분히 해결할 수 있는 문제가 많다. 반면에 고등학교 사회는 사실적인 문제를 한번 꼬아 내는 문제들이 꽤 섞여 있다.

사회는 다른 과목에 비해서 외울 것이 많다. 그렇다고 높은 성적을 얻기 위해서 모든 교과서의 내용을 무작정 암기하는 것은 매우 비효율적이다. 효율적인 암기를 위해서는 전략과 기술이 필요하다. 사회 과목의 효율적인 암기를 위해서는 학습내용에 대한 충분한 이해가 먼저 필요하다.

용어의 개념을 명확히 하고 암기하게 한다

사회 과목은 새로운 용어가 많이 등장한다. 따라서 새로운 용어들에 대해 정확히 이해하지 않고는 암기가 어렵다. 요즘 학생들은 한자교육을 받지 않은 탓에 새로운 단어가 나타나면 개념 정의가 되지 않기 때문에 암기하는 것이 쉽지 않다. 교과서에 새롭게 나오는 전문적인 용어나 낯선 개념들에 대해서는 사전을 찾거나 교사에게 정확한 뜻을 물어서 원래의 뜻부터 이해해야 한다.

개념을 연결하거나 개념도를 만들어서 암기하게 한다

사회 과목은 대부분 사회현상과 역사에 대한 내용들이 많은데, 어떠한 중심을 바탕으로 하위개념으로 발전시키거나 범주화시킬 수 있다. 따라서 사회 과목의 내용들을 단편적인 지식의 나열로 암기할 것이 아니라 개념을 연결하거나 개념도를 만들어서 암기한다면 연상작용과 함께 장기 기억으로 만들 수 있다.

나뭇잎보다는 가지를 보는 암기를 하게 한다

사회 과목은 암기할 내용이 많다고 해서 무작정 암기하려고 할 것이 아니라 흐름과 역사적인 시각으로 암기를 해야 한다. 특히, 국사 교과서의 구성은 사건들의 나열이기 때문에 단편적인 지식으로 암기했다가는 암기한 내용이 뒤죽박죽이 되기 쉽고, 간섭현상으로 기억도 제대로 나지 않는다. 먼저 줄기인 고대, 중세, 근세 또는 국가별로 암기할 내용들을 분류하고 이를 바탕으로 나뭇잎인 세부내용들을 암기해야 장기 기억으로 만들 수 있다.

마인드맵이나 개념도를 그려서 공부해 보면 가지를 볼 수 있어서 도움이 된다.

문제를 많이 풀게 한다

사회 과목은 암기를 다했다고 해서 바로 공부를 끝낼 것이 아니라 문제풀이를 반드시 병행해야 한다. 암기한 것을 바탕으로 문제를 풀다 보면 암기한 지식을 점검하는 데 도움이 된다. 뿐만 아니라 암기내용을 재구성하여 장기 기억으로 만들 수도 있으며, 다양한 문제해결을 통해 응용하는 방법을 익히기 때문에 비슷한 문제가 출제되었을 때도 문제해결이 쉬워진다.

배경지식을 활용하여 암기하게 한다

사회 과목은 개별적인 지식의 나열로 암기하는 것보다 사회적 상황과 배경을 바탕으로 원인과 결과를 연계하여 암기하는 것이 좋다. 사회를 단어나 개념 위주로 암기하려면 단편적인 지식이 되기 때문에 재미가 없다. 자신이 가지고 있는 배경지식과 당시의 사회적 상황을 연계해서 암기하면 좋다. 예를 들어, 태조 이성계의 업적에 대해 암기를 해야 한다면 태조는 고려를 멸망시키고 조선을 세웠기 때문에 나라를 정비하는 일이 가장 필요하다는 배경지식을 바탕으로 숭유억불정책(고려에 혼란을 가져온 불교를 배척하고 새로운 유교를 장려함), 농본정책(농민들의 마음을 사고 고려 말의 무신정권의 피해를 줄이기 위해 농업을 적극 장려함), 사대 교린정책(명나라와 친하게 지내려고 노력함) 등으로 연계한다면 기억하기도 쉽고 재미도 생긴다.

10. 공부습관 바꾸기

미국의 저명한 심리학자인 제임스(W. James)는 인간은 습관의 묶음으로 이루어진 존재라고 하면서 "생각이 바뀌면 행동이 바뀌고, 행동이 바뀌면 습관이 바뀌고, 습관이 바뀌면 인격이 바뀌고, 인격이 바뀌면 운명까지 바뀐다."라고 하였다. 그는 이 문장을 통해 생각과 습관의 중요성을 역설하고자 하였다.

우리가 어떤 습관을 갖느냐에 따라 공부에 대한 주의집중력도 달라진다. 주의집중력을 높이기 위해서는 좋은 공부습관을 갖는 것이 중요하며, 그 방법은 다음과 같다.

1) 우선순위를 결정하게 한다

시간이 부족하다고 생각하는 학생들은 대부분 공부할 것이 너무 많다는 불평을 한다. 그러나 그런 학생들은 보통 중요하지 않은 공부를 중요하다고 생각하거나 굳이 하지 않아도 될 공부까지 혹시나 하는 불안감에 붙잡고 있는 경우가 많다.

이런 경우는 공부의 우선순위와 이를 결정하는 방법을 알려 주면 쉽게 해결할 수 있다. 자신이 하루에 해야 할 공부를 미리 적은 다음 그중에서 가장 우선시해야 할 공부를 순서대로 정한다. 그리고 하지 않아도 될 공부나 나중에 해도 되는 공부를 스스로 결정하다 보면 시간을 효율적으로 사용할 수 있는 방법을 조금씩 터득하게 된다.

공부를 할 때는 가장 효율적으로 진행할 수 있는 순서를 미리 정해 두는 것이 좋다. 그 순서대로 공부를 진행하면 확실하게 마무리 지을 수 있고 다음에 같은 공부를 해야 하는 경우는 공부의 순서를 알고 있기 때문에 안심하고 쉽게 진행할 수 있다. 또한 지금 하고 있는 공부가 끝난 다음에 무슨 공부를 해야 하는지 정확하게 알고 있기 때문에 지금 하는 공부에 열중할 수 있다. 반대로, 정해 놓은 순서 없이 공부를 하면 설령 한 가지 공부를 끝냈다고 하더라도 다음에 무슨 공부를 하면 좋을지 몰라 우왕좌왕하게 된다.

만약 예측불허의 긴급한 공부거리가 생겼을 때는 지금 하고 있는 공부보다 우선시해야 하는가를 생각해 보고, 정말 긴급하다고 판단되면 새 공부를 시작하고, 그렇지 않으면 하던 공부를 계속한다.

2) 감당할 수 없는 공부는 대책을 세우게 한다

사람들은 대부분 어떤 공부가 주어지면 어느 정도의 시간이 걸려야 해결할 수 있다는 감을 잡을 수 있다. 공부에 따라서 짧은 시간에 금방 처리할 수 있는 공부가 있는 반면에 아주 오랜 시간이 걸려도 달성하기 힘든 공부가 있다. 짧은 시간에 처리할 수 있는 공부는 어떻게 해도 좋지만, 너무 오랜 시간이 걸리는 공부는 하기 전에 반드시 고려해야 할 것이 있다.

우선 자신이 감당하기 어려운 공부는 대책을 세워야 한다. 또한 한 가지 공부에 필요 이상의 시간이 들거나 앞으로도 무한한 시간을 들여야 한다는 판단이 들었을 때는 다른 공부부터 하는 것이 효율적이다.

3) 어려울 때는 확실히 포기하게 한다

공부가 진행되는 중이라도 시간이 너무 많이 든다면 내가 꼭 해야 할 공부인지 아닌지를 다시 생각해 보고 결정해야 한다. 계획상 또는 내가 성공하기 위해서 해야 할 공부라면 꼭 해야 하지만 그렇지 않을 경우는 중간에 포기하는 것이 오히려 시간관리를 효율적으로 하는 방법이 된다.

너무 오랜 시간이 걸리는 공부를 하다 보면, 다른 공부를 전혀 못할 때가 있다. 그만한 가치가 있다면 당연히 해야겠지만, 가치가 없는데도 그저 하던 공부에 전력투구를 하는 것은 필요한 공부를 하지 못하게 되는 결과를 초래할 수도 있다. 이럴 때는 오랜 시간을 들여야 하는 공부를 하는 것보다 쉽게 할 수 있는 공부를 우선 해내는 것이 훨씬 효과적일 수 있다.

4) 완벽주의에서 벗어나게 한다

공부를 완벽하게 하는 것은 정말 바람직한 일이다. 그러나 문제는 완벽해지기 위해서는 많은 시간이 필요하다는 것이다. 공부를 완벽하게 진행하기 위해서는 노력도 많이 해야 할 뿐 아니라 시간도 많이 할애해야 한다. 그러다 보면 많은 공부를 진행하기가 어렵다. 한 가지 공부를 해야 할 때는 가능하겠지만 많은 공부를 해야 하는 경우는 완벽주의에서 벗어나 우선은 대략 시작을 해 놓는 것이 좋다. 그렇지 않으면 한 가지 공부밖에는 완수하지 못하는 경우가 생기기 때문이다.

심한 경우 그릇된 '완벽주의'가 공부의 진행을 방해하기도 한다. 한 가지 공부에만 매달려 시간을 보내다 보면 다음 공부를 추진하지 못하고, 결국에는 어느 것 하나도 제대로 해내지 못하게 된다.

5) 자리에 앉자마자 시작하게 한다

학생들이 학교나 집에 도착해서 공부를 시작하기까지 걸리는 시간은 30분 정도라는 통계가 나왔다.

이에 따라 학교나 집에 도착하자마자 바로 공부를 시작하면 하루에 30분 일찍 공부를 끝마치거나, 30분을 더 공부할 수 있다는 결론이 나온다. 따라서 학교에 도착해서 어떤 공부를 시작할지를 결정하기보다는 등하교 도중에 모든 결정을 마치고 학교나 집에 도착하면 바로 공부를 시작하는 습관을 길러야 한다.

6) 어떤 공부든 잘할 수 있다고 결심하게 한다

맡은 임무를 시작하기로 결정하였다면, 공부를 하는 동안 '나는 무슨 공부든 잘할 수 있다'는 자신감을 가져야 한다. 스스로 공부를 잘 못할지도 모른다는 부정적인 생각을 하면 공부는 부담이 되고 결국에는 중도에 포기하거나 좋지 못한 결과를 내기가 쉽다. 따라서 공부를 시작하는 순간부터 무슨 공부든 잘할 수 있다는 자신감으로 공부를 즐기면서 자아성취를 위해 공부하는 것이라는 긍정적인 생각을 갖는다면 공부의 목표를 효과적으로 달성할 수 있을 것이다.

7) 공부하는 자세를 바로 하게 한다

공부하는 데 주의집중력을 높이기 위해서는 바른 자세로 앉아서 하는 것이 좋다. 눕거나 엎드리는 등 자세가 좋지 않으면 당연히 주의집중력이 떨어진다. 이때 바른 자세로 앉아 있기 위해서는 부수적으로 의자 선택도 중요하다.

8) 궁금하면 바로 질문하게 한다

수업 중에 궁금한 내용이 생기면 머릿속에서 그 궁금증이 떠나지 않아 공부하는 데 방해가 될 수 있다. 따라서 궁금한 것이 있으면 바로 질문하여 답변을 듣도록 한다. 이렇게 하면 바로 문제를 해결할 수 있을 뿐만 아니라 알고 싶었던 것이기 때문에 기억에도 오래 남는다.

9) 학습장소를 바꿔 보게 한다

집에서 공부하다가 집중이 잘되지 않을 때 도서관 등 학습장소를 바꾸어 보면 긴장감이 생겨서 공부에 집중할 수 있다. 도서관은 조용한 분위기를 유지하고, 공부하는 사람들이 많기 때문에 적당한 경쟁심이 생겨 주의집중하기에 좋은 장소다.

검사지 17 공부습관 유형 검사

이 검사는 학생들의 공부습관 유형을 알아본다. 학생들이 자신이 어떤 공부습관을 가지고 있는지를 생각하면서 체크하도록 지도한다.

공부습관 유형 검사

다음의 질문은 여러분의 공부습관 유형을 알아보는 것이므로 질문에 솔직하게 대답해 주시기 바랍니다. 해당 문항이 맞으면 '예', 맞지 않으면 '아니요' 에 체크해 주세요.

	나의 공부습관 유형은?	예	아니요
1	• 보고, 듣고, 만지는 것 등 감성적 정보에 관심을 갖는다. • 단순한 것을 좋아하고 반복적인 것을 좋아한다.		
2	• 직관적인 사실과 데이터에 관심을 갖는다. • 다양한 것을 좋아하고 반복적인 것을 싫어한다.		
3	• 그림, 도형, 흐름도, 개요, 도면, 지도 등 시각적인 정보에 관심을 갖는다.		
4	• 글, 말, 대화 등 언어적 정보에 관심을 갖는다.		
5	• 구체적인 현상에서 일반적인 원리를 도출해 내는 사고를 한다.		
6	• 규칙이나 일반적인 원리로부터 구체적인 현상을 도출해 내는 사고를 한다.		
7	• 다른 사람들과 대화하는 것을 좋아한다.		
8	• 혼자서 곰곰이 생각하는 것을 좋아한다.		
9	• 전체 내용을 이해해 나가는 과정이 연속적이고 단계적으로 진행된다. • 부분적인 이해로도 어느 정도 학습능력을 발휘할 수 있다.		
10	• 전체를 통합적으로 한꺼번에 이해한다. • 종합적인 사고와 창의적인 연구를 잘한다.		

11	• 수업을 잘 듣지 않는다. • 벼락치기 식 공부를 한다. • 공상에 잘 빠진다. • 수업 중에 질문을 하지 않는다.		
12	• 수업을 잘 경청한다. • 꾸준히 공부한다. • 수업 중에 공부에만 몰두한다. • 수업 중에 질문을 자주 한다.		
13	• 공부 계획을 세우지 않는다. • 과제를 부여해야 한다. • 누가 도와줘야 더 잘한다.		
14	• 공부 계획을 세운다. • 알아서 공부한다. • 누가 시키지 않아도 한다.		
'예' 에 답한 총 개수 (　　　　) 개			

공부습관 유형에 따른 코칭

구분	응답	문항	
		유형	분석
지각 형태	1	감성적	감성적인 학생으로, 학습 내용이 추상적이고 이론적이면 이해를 잘 못하므로 구체적인 예를 생각해 보거나 참고도서를 통해 공부하도록 한다.
	2	이성적	이성적인 학생으로, 자세한 내용이나 반복을 싫어한다. 따라서 시험이나 문제풀이에서 사소한 실수를 하기 쉬우므로 답을 확인하는 습관을 갖도록 한다.
인지 방식	3	시각적	시각적인 것을 좋아하는 학생으로, 수업 내용과 관련된 도표, 그림, 사진, 흐름도 등 시각적인 자료로 공부하도록 한다. 암기할 것을 도표나 흐름도로 표현하는 개념도를 만들어 공부하도록 하면 효과가 좋다.
	4	언어적	언어적인 것을 좋아하는 학생으로, 수업 내용을 자신이 이해한 언어로 다시 요약, 정리하고 싶어 한다. 따라서 친구들과 배운 내용을 서로 토론하도록 하면 효과가 좋다.
조직화 과정	5	귀납적	귀납적인 것을 좋아하는 학생으로, 관찰과 구체적인 데이터를 많이 참고하면서 공부하도록 한다.
	6	연역적	연역적인 것을 좋아하는 학생으로, 규칙이나 원리를 주로 공부하도록 지도한다.
성격	7	외향적	외향적인 학생으로, 그룹을 이루어서 학습하는 것을 좋아한다.
	8	내성적	내성적인 학생으로, 혼자 또는 단짝과 학습하는 것을 좋아한다.
사고 방법	9	연속적	연속적인 것을 좋아하는 학생으로, 새로운 내용을 배울 때 이미 알고 있는 것과 연관시키면서 공부하도록 한다.
	10	포괄적	포괄적인 것을 좋아하는 학생으로, 공부하기 전 먼저 흐름을 파악하기 위해 목차를 읽어 보거나 간략하게 내용을 훑어보면서 공부하도록 한다.
공부 방법	11	소극적	소극적인 학생으로, 공부습관이 정착되어 있지 않기 때문에 처음부터 분석해서 수정해 나가도록 한다.
	12	적극적	적극적인 학생으로, 공부 전략을 점검해서 자기주도적으로 공부하도록 한다.
행동	13	수동적	수동적인 학생으로, 학습코치나 부모의 도움이 필요하다. 공부 계획을 세우도록 해 준다.
	14	능동적	능동적인 학생으로, 잔소리를 삼가고 격려를 많이 해 준다. 공부 계획대로 하도록 도와준다.

제4장

학습자원관리는 공부의 열매

학습에는 학습전략이 중요한 영향을 미치지만 학생 주변의 학습자원도 긍정적으로 작용해야 한다. 학습자원이란 학습자의 학습에 영향을 주는 주변 자원이며 크게 인적자원과 물적자원이 있다.

인적자원에는 부모, 교사, 친구, 학원 강사가 있으며, 물적자원에는 공부방, 교실, 책상, 의자, 교재, 참고서, 문제집, 컴퓨터, 휴대전화, 시간, 스트레스, 학원, 인터넷 강의 등이 있다.

학생들이 아무리 학습동기에 따라 학습목표를 세우고 학습전략을 알고 적용하려고 하더라도 주변의 학습자원들이 효율적으로 관리되지 못하면 좋은 결과를 얻기 어렵다. 예를 들면, 학습자가 공부방에서 공부하고 있는데 밖에서 소음이 심하다면 학습에 전념하기가 어려운 것이다. 마찬가지로 학습자원들이 학습자들이 학습할 수 있는 분위기를 만들어 준다면 학습에 도움이 되겠지만, 학습자원이 학습에 대하여 방해요소가 된다면 오히려 학습을 저해하게 된다.

1. 시간관리 전략

성공하고자 하는 사람들은 평소에도 시간관리를 열심히 한다. 공부를 잘하는 학생들도 결국은 시간관리에서 성공한 경우가 대부분이다. 이들은 시간의 중요성을 깨닫고 많은 시간을 공부에 투자하여 성공하고, 나아가 효율적인 시간관리를 깨닫게 되면서 실력을 다진 것이다. 시간관리 전략이란 자신에게 주어진 시간들을 면밀히 분석하여 쓸모없는 곳에 시간을 낭비하지 않고, 최소한의 시간에 최대한의 효과를 보기 위하여 노력하는 것이다. 또한 아무리 바빠도 공부를 위해서는 자투리 시간이라도 모아서 투자한다.

시간은 한 번 지나면 다시는 돌아오지 않는 것이므로 항상 신중히 생각하여 행동해야 한다. 우리는 시간의 중요성에 대한 말을 주변에서 흔히 접할 수 있다. "시간은 금이다." "하루 5분이면 인생이 바뀐다." "하루하루가 우리의 마지막 날인 듯이 보내야 한다." "세월은 화살과 같이 지나간다." 등 많은 속담과 격언이 시간을 의미 있게 보내라고 이야기한다.

이처럼 시간이 소중한 것은 우리 인생 중에서 가장 가치 있는 자산 중의 하나이기 때문이다. 이렇게 소중한 자산인 시간을 최대로 활용하기 위해서는 관리를 잘 해야 한다. 시간관리를 잘 못하여 공부 시간이 부족한 상태에서 시험을 잘 보기를 원하는 것은 도전은 하지 않고 마음만 성공하기를 바라는 것과 같다.

공부하는 학생이라면 시험을 보기 전에 '좀 더 시간이 많았더라면…….' 이라는 생각을 누구나 해 보았을 것이다. 이제 시간이 모자라서 공부를 못했다고 하는 변명을 하기보다는 자신에게 주어진 제한된 시간을 효과적으로 활용할 수 있는 시간관리 전략을 세워야 할 것이다.

1) 시간관리의 기본 우선순위 결정

시간 사용을 잘하려면 먼저 해야 할 일의 우선순위를 잘 결정해야 한다.

『성공하는 사람들의 7가지 습관』으로 유명한 스티븐 코비 박사, 효과적인 시간관리로 유명한 토니 제어리(Tony Jeary), 자기계발 분야에서 큰 명성을 얻고 있는 브라이언 트레시는 이런 이야기를 들려준다. 그들은 시간관리를 잘하는 데 가장 중요한 것은 '일의 우선순위를 정하는 것'이라고 하였다. 또한 이들은 "대부분의 사람들은 중요한 일을 하는 것보다는 긴급한 일을 먼저 하는 습관에 젖어 있다."고 하였다. 결국 우리는 중요하지도 않은 일인데도 불구하고 긴급한 일이 중요한 것이라고 생각하고 일을 하다 보니 시간관리가 엉망이 되는 경우가 많다. 시간관리가 잘못되면 일의 우선순위가 높은 정작 중요한 일은 하지 못하게 된다.

사람들은 가치 없는 일들을 먼저 하면 소중한 시간과 에너지를 소비하게 되기 때문에, 정작 뒤에 해야 할 중요한 일을 하려고 할 때면 시간과 에너지가 부족하여 좋은 결과를 내기 어렵다는 것이다.

따라서 공부의 우선순위를 정할 때는 다음의 기준을 가지고 구분하도록 한다.

급하지 않지만 중요한 공부를 먼저 하게 한다

사람들은 급한 공부가 중요한 공부라고 생각한다. 따라서 급한 공부가 생기면 그전에 해 오던 중요한 공부들도 모두 손을 놓고 급한 공부를 해결하기 위해서 분주해지는 경우가 많다. 그러나 의외로 우리가 급하다고 하는 공부들 중에는 중요하지 않은 공부들이 많다.

스티븐 코비는 성공적인 삶을 산 인물들은 대부분 급하지 않지만 중요한 일에 신경을 쓰고 평범한 사람들의 70%는 급하지만 중요하지 않은 일에 시간을 많이 쓴다고 하면서, 성공하기 위해서는 급하지 않지만 중요한 일을 실천하기 위한 습관을 들여야 성공한다고 하였다.

급하지만 중요하지 않은 일에는 끝도 없는 회의, 우편물 정리, 집안 청소, 식사 메뉴 정하기, 매일 만나는 친구 만나기, 개업식에 참여하기 등이 해당된다.

이런 일들의 특징은 바쁜 하루 일과를 정리하고 조용히 앉아 생각해 보면 하루 종일 분주하게 뛰어다닌 것 같은데도 정작 오늘 한 일이 무엇인가를 메모를 하자니 마땅히 적을 것이 없는 상황과 같다. 급하지만 중요하지 않은 공부들은 금방 효과가 나는 자극적인 일이라서 바로 해결하려고 하므로 결국에는 상대적으로 급하지 않고 중요한 공부에 대해서는 관심을 가지기가 어려운 것이다.

급하지만 중요하지 않은 공부는 숙제 등이 있고, 급하지 않고 중요한 공부는 좋은 책 읽기, 주지 과목 공부하기 등이 있다. 이것들은 인생을 살아가는 데 정말 중요한 일이지만 오늘 당장 급하지 않기 때문에 항상 다음으로 밀려나는 공부이기도 하다. 일단 내일로 밀려난 공부들은 다음에도 역시 급하지 않아 또다시 다음으로

표 4-1 해야 할 일의 우선순위

중요하고 급한 일	숙제, 시험공부
중요하지만 급하지 않은 일	예습, 복습 등의 평소 공부, 독서, 진로탐색
중요하지는 않지만 급한 일	친구의 방문, 문자, 전화
중요하지도 않고 급하지도 않은 일	무의미한 수다, 게임, TV시청

밀려나 결국은 평생 이루어지기 어려울 수도 있다.

학생들이 해야 할 일을 우선순위에 따라 분류하면 〈표 4-1〉과 같다.

과거의 공부보다는 미래의 공부를 먼저 하게 한다

공부를 잘 못하는 사람들은 과거의 공부에 매달리고, 공부를 잘하는 사람은 미래의 공부에 매달린다는 말이 있다. 우리가 하고 있는 공부들을 잘 분석해 보면 많은 공부들이 미래에 필요한 공부보다는 과거에 부족했던 공부를 하는 경우가 많다.

예를 들어, 시험에 대비하는 공부는 미래의 공부지만, 시험을 못 본 것에 괴로워하는 일은 과거의 일이 된다.

과거의 공부는 대부분 반복적이므로 습관적으로 해결할 수 있는 공부가 많으나, 미래의 공부는 창의적이고 처음 접하는 공부가 많다고 할 수 있다. 따라서 과거의 공부는 누구든 시간이 지나면 숙달되지만 미래의 공부는 그만큼 열정이 필요하다.

개인적으로 공부의 우선순위를 결정할 때는 미래의 공부를 먼저 해야 창의적인 부분에 집중해서 공부할 수 있으며, 미래의 공부를 마치고 과거의 공부를 할 때는 큰 힘을 들이지 않고 매번 했던 공부라 쉽게 진행할 수 있다. 과거의 공부를 먼저 치중하다 보면 습관적으로 해 오던 공부라 매우 쉽게 처리할 수는 있지만, 미래의 공부를 시작할 때는 그만큼 에너지가 감소되어 전념하기 어려울 수 있다.

작은 공부보다는 큰 공부를 먼저 하게 한다

작은 공부란 비주지 교과에 대한 공부를 말한다. 반면에 큰 공부란 시험을 준비하는 공부나, 주지 과목 공부를 말한다. 작은 공부는 시간이 얼마 들지 않을뿐더러 작은 에너지로도 쉽게 처리할 수 있지만, 큰 공부는 시간이 많이 걸릴 뿐만 아니라 많은 에너지를 필요로 한다.

따라서 공부의 우선순위를 결정할 때는 작은 공부보다는 큰 공부를 우선적으로 해야 하며 작은 공부는 나중에 해도 충분하다. 작은 공부를 해야 한다면 큰 공부를 하는 도중 자투리 시간을 이용하여 하는 것이 좋다.

부분적인 공부보다는 핵심적인 공부를 먼저 하게 한다

공부를 나무와 비교해 보면, 줄기와 같은 핵심적인 공부가 있는 반면에 가지와 같은 부분적인 공부가 있다. 공부의 우선순위를 정할 때 부분적인 공부를 먼저 하고 핵심적인 공부를 나중에 하다 보면, 가지는 너무 화려해지고 줄기는 빈약해지는 결과가 생길 수 있다. 반대로 공부의 우선순위를 정할 때 핵심적인 공부를 먼저 진행하면 부분적인 공부는 자동적으로 해결되는 경우도 있다.

따라서 어떤 공부든 먼저 분석을 통해 부분적인 공부가 무엇인지, 핵심적인 공부가 무엇인지를 정확히 구분하여 공부의 우선순위를 정한다. 그리고 우선순위대로 핵심적인 공부들을 먼저 하다 보면 자연적으로 부분적인 공부들이 쉽게 이루어질 때가 많다.

쉬운 공부보다는 어려운 공부를 먼저 하게 한다

사람들은 쉬운 공부와 어려운 공부가 있으면 쉬운 공부를 먼저 하려는 속성을 가지고 있다. 쉬운 공부를 먼저 하면 공부의 속도는 붙지만 나중에 어려운 공부들이 기다리고 있다는 부담감을 가지기 때문에 공부에 대한 효율성이 떨어지기 쉽다. 따라서 먼저 쉬운 공부를 다 하고 나면 에너지가 소진되어 어려운 공부는 하지 못하는 경우가 많다.

그러나 어려운 공부를 먼저 하면 나중에 쉬운 공부가 기다리고 있다는 생각에 에너지가 남아서, 나중에 쉬운 공부들을 쉽게 해 나갈 수 있다.

2) 공부에 도움이 되는 시간관리 전략

시간 사용 계획을 세우게 한다

오래된 속담이지만 좋은 문구가 있다. "어느 누구나 실패하기 위해 계획을 세우진 않지만, 실패하는 사람들은 단지 계획을 세우는 데 실패하기 때문이다." 결국 계획을 세우지 않기 때문에 실패한다는 것을 의미한다. 따라서 시간관리를 잘하기 위해서는 시간 사용 계획을 잘해야만 한다는 것이다. 공부를 계획적으로 실천하기 위해서는 시간 사용 계획을 확실히 세우는 것이 무엇보다 중요하다.

일 년 시간 사용 계획표는 새로운 한 해를 시작하는 데 매우 유용한 도구다. 시작할 때 어떤 공부를 해야 하는지를 결정할 수 있게 해 주기 때문이다. 새해가 시작되면서 결심을 했지만 어디서부터 손대야 할지 몰라 막막하던 기분을 떨쳐 버리게 해줄 것이다. 일 년이 너무 길다면 한 달, 한 달이 길다면 일주일, 일주일이 길다면 하루의 시간 사용 계획표를 만들어 보자. 그러면 하루가 다르게 보인다. 당신의 성공의 정의가 무엇이든 간에 당신이 성공하도록 이끌 것이다.

계획 세우기 Tip

- 효율적인 계획을 세우려면 먼저 자신의 시간 사용부터 점검해 보아야 한다.
- 시간 사용을 점검하는 시간일기나 시간 기록을 해 보면 자신이 쓰고 있는 시간을 파악할 수 있다.
- 요일별로 고정시간을 제외한 가용시간을 계산하여 기록해 둔다.
- 가용시간 범위 안에서 공부 목표와 계획을 배정한다.
- 공부 계획에는 꿈과 목표 달성을 위한 과제가 들어 있어야 한다.
- 계획 실천을 방해할 수 있는 장애요인도 미리 파악하고 계획을 세워야 한다.
- 해야 할 공부의 우선순위를 정해 두고 실천해야 한다.
- 계획은 구체적으로 작성해서 실행 여부를 정확하게 측정할 수 있어야 한다.
- 계획의 연기처리도 고려해야 한다.
- 시간 중심보다는 분량 중심으로 계획을 세우는 것이 좋다.
- 연간-월간-주간-일간 계획 순으로 세우는 것이 좋으나 습관이 되지 않은 시기에는 하기 쉬운 것부터 세워 본다.
- 계획을 세운 다음에는 지켜 나가려는 피드백을 자신과 끊임없이 해야 한다.

시간대를 선택하여 집중해서 공부하게 한다

공부를 못하는 사람의 특징 중 하나는 닥치는 대로 공부하는 것이라고 한다. 이처럼 생각나는 대로 공부하는 것은 그다지 현명한 방법이 아니다. 사람마다 시간대에 따라 정신 집중이 잘되는 시간이 있다. 예를 들어, 새벽, 아침, 점심, 저녁, 심야에 집중이 잘되는 것이다. 정신 집중이 잘된다는 것은 그만큼 그 시간에 공부를 가장 능률적으로 할 수 있다는 것이다. 공부 능률이 오르지 않는 시간에 정신 집중이 필요한 공부를 하려고 하면 오히려 잘되지 않는 경우가 많다. 따라서 정신 집중이 잘되는 시간을 선택하여 집중해야 하는 공부를 해 보자. 보통 골든타임이라고 부르는데, 소음이 없고, 방해가 없으며, 졸리지 않아서 가장 집중이 잘되는 시간을 찾아보면 된다.

반복되는 공부는 습관화하게 한다

똑같은 공부를 반복적으로 하다 보면 습관이 되어 빨리 할 수 있는 것들이 많다. 그런 사람들을 공부의 달인이라고 한다. 공부의 달인이 된 사람들은 매일 하는 공부에 오랫동안 숙달되어 있기도 하지만, 어떻게 하면 주어진 공부를 할 수 있을까를 고민하였기에 가능한 것이다.

따라서 자신에게 매일 주어지는 반복되는 공부를 어떻게 하면 시간을 줄여서 해결하거나 습관화할 수 있는지를 고민해 보라. 반복되는 공부를 습관화하다 보면 적은 시간에 보다 많은 공부를 할 수 있기 때문에 똑같은 시간을 공부해도 시간이 남게 된다.

복잡한 공부를 단순화해서 공부하게 한다

어떤 공부든 처음에는 부담스러운 일이 될 수밖에 없다. 그러나 공부에 대한 충분한 분석을 해 보면 쉽고 단순하게 처리할 수 있는 방법이 보인다. 특히 복잡한 공부일수록 충분히 분석해 보면 단순화할 수 있는 것이 많다. 복잡한 공부일수록 분석하지 않고 공부를 진행하다 보면 오히려 우왕좌왕하다 시간만 낭비하게 된다. 따라서 어떤 공부든 충분한 분석을 통해서 공부를 단순화하다 보면 빨리할 수 있는 길이 보이게 된다.

나무보다는 산을 보는 공부를 하게 한다

사물을 보는 방법에는 미시적인 접근 방법과 거시적인 접근 방법이 있다. 미시적 접근 방법으로 공부를 보면 양이 많고, 복잡하고, 힘들고, 어렵다고 생각하게 된다. 그러나 거시적인 접근 방법으로 공부를 보면 이 공부를 어떻게 접근할 수 있는지, 얼마나 효과를 얻을 수 있을지를 생각하면서 공부에 집중하게 되어 출발 자체가 달라진다.

바이오리듬을 이용한 공부를 하게 한다

1906년 독일의 의사 프리즈는 환자들을 학습코칭하면서 환자들이 출생일을 기점으로 신체리듬, 감성리듬, 지성리듬의 세 가지에서 변화를 보이고 이것이 인간의 컨디션 및 삶에 영향을 미친다는 것을 발견하였다. 그는 이를 체계적으로 정립하여 환자들의 학습코칭에 많이 응용한 것으로 알려졌다.

처음에는 환자의 학습코칭이 주요 목적이었던 바이오리듬은 점차 확산 보급되어 일상생활에서도 응용되었으며, 시간관리에서도 매우 중요하게 응용될 수 있다.

바이오리듬의 구성요소 중 먼저 신체리듬(physical)은 신체가 얼마나 외부의 물리적인 변화에 잘 적응하고 이겨 내는가를 나타내며 23일 주기로 최고가 된다. 감성리듬(emotional)은 인간의 감정을 나타내는 것으로 자신의 기분이나 상태를 알아볼 수 있는데 28일 주기로 최고가 된다. 지성리듬(intellectual)은 인간의 두뇌활동을 알아볼 수 있는 것으로 33일의 주기로 최고가 된다.

바이오리듬은 월 단위로 주기적으로 찾아오기 때문에 월 단위 계획을 세울 때 이를 고려하도록 한다. 즉, 신체리듬이 높을 때는 몸으로 하는 공부를 집중적으로 할 수 있도록 배정하고, 감성리듬이 높을 때는 창조적이거나 예술적인 공부를 집중적으로 할 수 있도록 배정하고, 지성리듬이 높을 때는 지적으로 높은 집중력을 요구하는 공부를 배정하는 것이 좋다. 물론 바이오리듬을 구성하는 신체리듬, 감성리듬, 지성리듬의 세 가지가 가장 높을 때는 무슨 공부를 해도 가장 큰 효율성을 가져다준다.

자신의 바이오리듬을 정확히 알고 계획을 세우고 싶으면 인터넷 포털사이트 검색창에 '바이오리듬'을 검색한 뒤 자신의 생년월일을 입력하면 쉽게 바이오리듬을 알 수 있다.

시간도둑을 제거하게 한다

시간관리의 전문가 하이럼 스미스는 원하지 않는데 시간을 뺏어가거나 낭비하게 하는 요인을 시간도둑이라고 하였다. 시간도둑을 외적인 요인과 내적인 요인으로 구분하면 〈표 4-2〉와 같다.

시간도둑의 요인은 각 개인과 그 생활방식에 따라 다를 수 있다. 어떤 사람에게는 시간도둑인 것이 어떤 사람에게는 아니기 때문이다.

표 4-2 시간도둑

외적인 요인	내적인 요인
방해에 의한 중단, 불분명한 정의, 불필요한 대화, 과도한 공부, 커뮤니케이션 부족, 우선순위의 변경과 충돌, 부모의 심부름, 소음 등	무기력한 태도, 개인적 혼란, 건망증, 남의 말을 못 알아듣는 것, 우유부단함, 실천력 부족, 완수하지 않은 공부의 방치, 정리되지 않은 공간, 뒤로 미루기, 외부활동, 불분명한 목표, 엉성한 계획, 괜한 걱정, 과도한 의욕 등

3) 자투리 시간 활용 전략

공부를 하는 학생들은 시간이 없다는 핑계를 댄다. 그러나 역설적으로 이야기하면 시간이 없다고 이야기할 수 있는 것은 그만큼 여유가 있는 것이다. 정말 바쁜 사람은 바쁘다는 생각을 할 수 없을 만큼 바쁘기 때문이다. 하루를 돌이켜 보며 자신이 활용할 수 있는 자투리 시간이 얼마나 많은가 생각해 보라. 생활 속에서 자투리 시간만 모아 잘 관리해도 웬만한 성공은 거둘 수 있다. 그러나 꼭 시간이 많다고 성공을 보장하는 것은 아니다. 다만 주어진 시간을 어떻게 하면 짜임새 있게 잘 사용하느냐가 성공의 관건이 된다. 즉, 일을 할 때는 작은 일과 큰 일을 골고루 해야 한다는 것이다. 큰 일을 먼저 하되 중간 중간 자투리 시간을 이용하여 작은 일을 하는 습관을 갖는다면 자기가 원하는 목표를 도달하는 데 도움이 된다.

생각해 보면 우리는 정말 쓸데없이 소비하는 시간들이 많다. 이렇게 쓸데없이 소비하는 시간이 일하는 시간보다 많은 사람도 있다. 하루 중 쓸데없이 보내는 시간들을 자투리 시간으로 모아서 쓴다면 엄청난 시간을 재투자할 수 있을 것이다.

식사를 하거나 걸어다닐 때, 화장실에 있을 때도 막연한 상상만 할 것이 아니라 자투리 시간을 어떻게 활용하면 좋을지 고민해 보라. 그리고 자리에 앉기만 하면 바로 공부를 해 보라. 이미 어떤 공부를 얼마나 할지를 생각하였기 때문에 밀도 있게 공부할 수 있다. 그리고 하루 24시간이 길다는 생각과 함께 남는 시간을 생산적으로 사용하려고 할 것이다. 그러면 아무것도 하지 않았던 때보다 훨씬 많은 공부를 할 수 있을 것이다.

- 걸어다닐 때도 공부계획을 세운다.
- 점심을 먹고 남는 시간을 활용한다.

- 등하교 때 버스나 전철을 타고 다니는 시간에도 공부한다.
- 자율학습 시간을 이용해서 공부한다.
- 휴식 시간 중 남는 시간을 이용해서 공부한다.
- 화장실에 있는 시간을 활용하라.
- 전화통화도 계획을 세워서 한다.

자투리 시간에 하면 좋은 공부

1) 영어단어 외우기
2) 신문기사 읽기
3) 쉬운 수학문제 풀기
4) 과목별 암기카드 외우기
5) 간단한 학교나 학원 숙제
6) 등하교 시 영어 듣기나 인터넷 강의 듣기
7) 오답노트 정리
8) 배운 내용 5분 복습
9) 배울 내용 5분 예습

4) 가용시간 계산해 보기

공부를 위해서는 매일의 시간을 잘 사용하는 것이 필요하며 시간 사용을 잘하기 위해서는 일일 시간 사용 계획을 작성하고 지키는 것이 중요하다.

계획을 세우기 전에는 자신이 활용할 수 있는 가용시간이 얼마나 되는지 미리 계산해 보는 것이 꼭 필요하다. 가용시간은 24시간 중에서 고정시간을 제외한 시간을 계산해 보면 된다.

고정시간에는 학교 수업시간, 학원, 과외 수업시간, 이동시간, 식사시간, 수면시간, 세면시간, 준비시간 등이 있다.

검사지 18 시간 사용 유형 검사

이 검사를 통해 학생들의 시간 사용 유형을 알아본다. 학생들이 자신은 어떤 유형인지를 생각하면서 체크하도록 지도한다.

시간 사용 유형 검사

다음의 질문은 여러분의 시간 사용 습관이 어떤지를 알아보기 위한 것이므로 솔직하게 대답해 주시기 바랍니다. 가장 많이 해당하는 것을 선택하세요.

24시간형	16시간형
• 중요하지 않은 일은 하지 않는다. • 시간을 나누어서 공부에 배정하여 집중한다. • 동시에 여러 가지 공부를 같이 진행한다. • 모든 공부를 신속하게 하고 암기도 잘한다. • 모든 일은 계획을 세워 한다. • 공부는 분명한 마감시간을 가지고 한다. • 바로 결정하고 바로 실천한다. • 주로 공부만 한다. • 한 번 공부에 빠지면 끝장을 본다. • 창의성이 높으며 항상 새로운 일에 도전한다. • 시키는 것보다는 알아서 하는 것을 좋아한다. • 아무 곳에서나 공부할 수 있다.	• 시작한 공부를 끝내고 다음 공부를 시작한다. • 한 번에 한 가지만 공부할 수 있다. • 공부를 신속하게는 하지만 암기가 부족하다. • 무계획적으로 닥치는 대로 공부를 한다. • 공부 마감시간을 지키려고 노력한다. • 결정할 때는 고민을 하지만 결정되면 바로 실천한다. • 새로운 공부를 좋아한다. • 시키는 것이나 알아서 하는 공부 모두를 좋아한다. • 조용한 곳에서 공부하는 것을 좋아한다.
8시간형	**0시간형**
• 시작한 공부는 꼭 그날 끝내지 않아도 된다. • 공부는 신속하게 못하지만 암기는 잘한다. • 주어지는 대로 일을 한다. • 공부 마감시간을 지키려고 노력하지 않는다. • 결정과 실천에 시간이 걸린다. • 공부에 몰두하려고 노력한다. • 새로운 공부는 두렵다. • 시키는 공부를 좋아한다. • 여럿이 있는 곳에서 공부하는 것을 좋아한다.	• 장시간 집중이 안 된다. • 공부도 신속하게 못하고 암기도 잘 못한다. • 느리고 편한 공부가 좋다. • 공부에서 벗어나고 싶다. • 공부 마감시간을 안 지킨다. • 공부하는 데 뜸을 들인다. • 공부에 몰두가 잘 안 된다. • 시키는 공부만 한다. • 아무 곳에서나 공부하지 못한다. • 계획도 세우지 않고 닥치는 대로 공부한다.

시간 사용 습관분석

▶ 24시간형 인간(시간창조형)

24시간형은 시간을 창조해 가는 유형으로 자신에게 주어진 한정된 24시간을 효율적으로 사용하여 그 이상의 효과를 낸다.

공부에 대해 항상 긍정적이며, 에너지가 넘치고, 빈틈없는 시간계획을 통해 공부를 해 나간다. 적극적이고 능동적으로 사고하고 행동하며 자신의 학습목표를 꼭 달성하는 진취적인 유형이다. 시간을 효율적으로 사용하기 때문에 늘 여유가 있고, 자신이 하고 싶은 공부는 다한다. 단적으로 말해 이들은 시간을 잘 쓰는 학생이다.

▶ 16시간형 인간(시간절약형)

16시간형은 8시간의 학교 공부 말고도 8시간을 효율적으로 공부하고 8시간은 자는 유형을 말한다. 자신에게 주어진 시간을 최대한 절약하여 생활을 맞춰 나가며 나름대로 짜임새 있게 공부한다. 공부에 몰두하고, 공부에 대한 생산성이 높으며, 시간계획이 효과적이다. 그야말로 주변에서 흔히 볼 수 있는 열심히 공부하는 학생이다.

▶ 8시간형 인간(시간소비형)

8시간형은 하루에 8시간만 공부하고 나머지 16시간을 제대로 활용하지 못하고 빈둥대면서 살아가는 유형이다. 공부할 때 초점을 정확히 파악하지 못하고, 공부에 대한 의욕도 없다. 우선 학습계획을 세우고, 공부의 우선순위를 정하고, 세부적인 것에서부터 시작해 결정된 사항을 추진력 있게 진행해야 한다.

▶ 0시간형 인간(시간파괴형)

0시간형은 자신에게 주어진 시간을 제대로 활용하기는커녕 시간관념이 없어 시간을 낭비하는 유형이다. 시간관리와 학습목표를 위해 계획 과정에 들어갈 것을 강력히 권장한다. 닥치는 대로 공부하는 습성을 버리고, 계획에 따라 공부함으로써 시간의 효율성을 높여야 한다.

활동지 23 가용 공부시간 계산하기

이 활동지는 하루 중 자신이 쓸 수 있는 가용시간이 얼마나 되는지 계산해 보기 위한 것입니다. 고정시간을 표시하고 난 후 나머지 시간을 더하면 요일별 가용시간이 얼마나 되는지 알 수 있습니다.

구분	월	화	수	목	금	토	일
07:00							
08:00							
09:00							
10:00							
11:00							
12:00							
13:00							
14:00							
15:00							
16:00							
17:00							
18:00							
19:00							
20:00							
21:00							
22:00							
23:00							
24:00							

※ 가용 공부시간 = 24시간 - 고정시간

가용 공부시간 중 공부시간 정하기

	월	화	수	목	금	토	일
가용 공부시간							
공부시간							
휴식시간							

활동지 24 연간 학습계획표 작성하기

다음과 같이 연간 학습계획표를 작성해 보도록 지도한다.

목표	1월	2월	3월	4월	5월	6월	7월	8월	9월	10월	11월	12월	비고
국어 비유법	30%	50%	100%										
영어 수동태			89%	89%	89%	80%							
수학 로그방정식													

▶ 작성 요령

연간 학습계획표는 특별히 많은 시간이 소요되는 공부 중에서 꼭 해야 할 공부들의 연간 학습목표를 정하고 도달하는 달수를 화살표로 표기하는 기록표다.

▶ 연간 공부 목표 수행평가

- 1년 동안 달성하고자 하는 공부 목표의 실행 정도를 스스로 평가하여 관리한다.
- 연초에 세운 목표들의 달성 정도를 매달 말 주기적으로 %로 표시한다.
- 기입하는 목표 항목은 1회성으로 달성할 수 있는 것보다는 진척 상황을 평가할 수 있는 것이 관리하는 데 적당하다.
- 연간 혹은 월간 일정을 체크하면서 수시로 목표 실행 정도를 살핌으로써 목표 관리나 학습 관리에 도움이 되고, 좋은 습관을 기를 수 있다.

활동지 25 월간 학습계획표 작성하기

다음과 같이 공부와 관련된 월간 일정을 적고 월마다 작은 칸에 날과 요일을 표시하도록 지도한다.

구분		SUN		MON		TUE		WED		THU		FRI		SAT	
1주	독서 주간 동창회	1	책 30쪽 읽기	2		3		4		5		6		7	
		10:00 13:00	수학 공부 영어 공부												
2주	A	8	B	9		10		11		12		13		14	
		C	D												
3주		15		16		17		18		19		20		21	
4주		22		23		24		25		26		27		28	
5주		29		30		31									

▶ 작성 요령

- 특별히 많은 시간이 소요되는 공부의 월간 학습 목표를 정하고 도달하는 달 수를 화살표로 표기한다.
- 월간 일정을 종합적으로 관리함으로써 구체적으로 시간을 사용하고 주간 목표를 점검할 수 있다.

  A: 그 주의 목표를 적거나 해당 주에 날짜가 정해지지 않은 일정을 임시로 적어 둔다.

  B: 전날이나 하루를 시작하기 전에 그날의 목표를 기입한다.

  C: 공부한 시간을 기입한다.

  D: 정확히 정해진 일정을 기입한다.
- 구체적으로 어느 부분이 관리가 잘 안 되고 있는지 현재 자신의 학습 관리 습관을 진단해 본다.
- 수시로 자신의 생활, 공부, 수행 습관을 진단하여 취약 부분을 보완하려는 노력을 하면 높은 성과를 올릴 수 있다.

▶ 월간 학습목표 수행평가

- 한 달 동안 달성하고자 하는 공부의 양, 자기계발 등 자신이 목표한 것들에 대해 실행 정도를 스스로 평가하여 관리한다.
- 월초에 세운 목표들의 달성 정도를 매달 말 주기적으로 %로 표시한다.
- 목표 항목은 1회성으로 달성할 수 있는 것보다는 진척 상황을 평가할 수 있는 것이 관리하는 데 적당하다.
- 월간 혹은 주간 일정을 체크하면서 수시로 목표 실행 정도를 살핌으로써 목표 관리나 학습 관리에 도움이 되고, 좋은 습관을 기를 수 있다.

활동지 26 주간 학습계획표 작성하기

주간 학습계획표

수행 결과 표시법: 완료 ∨, 포기 ×, 연기 →, 축소 ▽

주간 계획	진행 결과
-영어 단어 5개 외우기	∨
-사회 수행평가 준비	→
-중간고사 준비	▽
-할아버지 찾아뵙기	×

□월

S	M	T	W	T	F	S
1	2	3	4	5	6	7
8	9	10	11	12	13	14
15	16	17	18	19	20	21
22	23	24	25	26	27	28
29	30					

1 MON	책 30쪽 읽기	2 TUE		3 WED	
10:00 13:00	단어 5개 외우기 사회 수행평가	13:00	수학 ○○ 문제집 20문제 풀기	18:00	할아버지 찾아뵙기
4 THU		5 FRI		6 SAT	
				7 SUN	

▶ 작성 요령

- 주간 일정을 계획하고 그에 따라 실행할 것을 기록한다.
- 일주일 동안 해야 할 공부와 일정을 수행하면서 필요한 기록은 주간계획표에 기입하고 부족한 경우 포스트잇을 사용하도록 한다.
- 주간계획표 칸에는 해당 주에 있을 주요 계획이나 목표를 기입해 두도록 지도한다.

▶ 주간 학습목표 수행평가

- 주간 일정을 계획하고 그에 따라 실행한 것을 평가한다.
- 주초에 세운 목표들의 달성 정도를 주말에 주기적으로 %로 표시한다.
- 목표 항목은 1회성으로 달성할 수 있는 것보다는 진척 상황을 평가할 수 있는 것이 관리하는 데 적당하다.
- 주간 혹은 일간 일정을 체크하면서 수시로 목표 실행 정도를 살핌으로써 목표 관리나 학습 관리에 도움이 되고, 좋은 습관을 기를 수 있다.
- 진행 결과 칸에 해당 주의 목표에 대한 평가와 공부나 일정의 처리 결과를 기호로 기입한다.

활동지 27 일일 학습계획표 작성하기

일일 학습계획표

①		
________ 년	오늘의 컨디션	좋음 보통 나쁨
________ 월	오늘의 날씨	맑음 흐림 비 눈
________ 일	기상시간	____시 ____분
	취침시간	____시 ____분

② 오늘의 학습목표

우선순위	공부	공부 대상	수행 결과	결과 참조
A-1	수학	방정식		
B-1	영어	단어 10개		
B-1	사회	대통령의 임기		

③ 오늘의 일정

시간	공부 내용	시간	공부 내용
07:00	등교 준비	15:00	
08:00	아침 독서 10분	16:00	
09:00		17:00	
10:00		18:00	
11:00		19:00	
12:00		20:00	
13:00		21:00	
14:00		22:00	

▶ 작성 요령

기록 양이 많고 매일 다양한 기록을 남기길 원하는 경우 일간 양식 중심으로 설계하여 사용한다. 주간계획표을 사용하지 않고 일간계획표 양식지만 써도 된다.

[입력 항목]

① 일일 기본 입력 사항을 기록한다.

일일 기본 입력 사항은 연/월/일, 컨디션, 날씨, 수면 시간 등으로 꾸준히 기록해 두면 자신의 신체리듬이 어떻게 변화하는지 파악할 수 있다.

② 오늘의 공부를 기록한다.

시작 시간이 고정되지 않은 개인 일정이나 공부 계획을 기입하고 관리하는 항목이다.

- 우선순위: 공부 설계의 핵심이 되는 부분으로 각 공부나 일정에 대해 우선순위를 결정하고 표시한다.

  A: 반드시 해야 할 가장 중요한 일

  B: A 공부 다음으로 해야 할 일

  C: 특별히 중요하지 않은 일

A~C로 분류된 공부는 우선순위를 세분화하여 A-1, A-2, A-3 등으로 적어 두면 중요성을 더욱 뚜렷하게 확인할 수 있다.

- 공부: 공부나 일정에 대한 간략한 설명을 기입한다.
- 공부 대상: 해당 공부에 필요한 부가정보 등을 적는다.
- 수행 결과: 공부나 일정의 처리 결과를 기호로 기입한다.

  수행 결과 표시법: 완료 ∨, 포기 ×, 연기 →, 축소 ▽
- 결과 참조: 수행 결과로 파생된 정보를 기입한다.

③ 오늘의 일정을 기록한다.

시작 시간이 정해진 개인 일정이나 공부 계획을 기입한다.

- 공부나 일정이 있는 해당 시간 칸: '30' 형식으로 분 표시를 한 후 뒤에 공부나 일정의 내용을 기입한다. 그리고 그 일정이 진행된 시간을 표기한다.

검사지 19 시간관리 검사

공부를 잘하기 위해서는 자신의 시간관리 습관을 정확히 알아야 한다. 자신의 시간관리 습관을 정확히 알지 못하면 어떻게 시간관리를 해야 하는지도 알 수 없다. 따라서 지금까지 내게 주어진 24시간을 어떻게 사용하고 있는지를 정확히 분석해 보면 자신의 시간 사용계획이 효율적인지, 효율적이지 않은지를 정확히 알 수 있다. 또한 자신의 자투리 시간과 가장 많이 집중하여 시간을 보내는 일에 대하여 알 수 있다. 자신의 장단점을 충분히 분석하여 장점은 계속 부각하고 단점은 집중적으로 보강해 나간다면 성공적인 시간관리를 할 수 있다. 이 검사를 통해 학생의 시간관리 습관을 알아보고 잘못된 시간관리 습관을 바로잡을 수 있다.

시간관리 검사

다음의 질문은 여러분이 시간을 어떻게 활용하고 있는지를 알아보기 위한 것이므로 질문에 솔직하게 대답해 주시기 바랍니다. 해당 문항이 맞으면 '예', 맞지 않으면 '아니요' 에 체크해 주세요.

	나의 시간관리는 어느 정도일까요?	예	아니요
1	매일 규칙적으로 공부한다.		
2	시험 준비 시간이 부족하지 않다.		
3	하루 중 공부가 잘되는 시간이 있다.		
4	공부를 위해 일일 시간 사용 계획을 한다.		
5	일일 시간 사용 계획대로 공부한다.		
6	공부에 가장 많은 시간을 배정한다.		
7	자투리 시간을 이용해서 공부한다.		
8	앉으면 바로 공부한다.		
9	우선순위를 정해 놓고 공부한다.		
10	주어진 시간 동안 공부할 수 있는 범위를 파악하고 시간에 맞는 공부를 한다.		
	'예' 에 답한 총 개수 (　　　) 개		

시간관리 전체 분석하기

- 8~10개: A 유형—시간관리를 잘하는군요.
- 4~7개: B 유형—시간관리가 보통이군요.
- 0~3개: C 유형—시간관리를 못하는군요.

[A 유형]

- 평소 시간관리 방법을 잘 알고 있으며 시간관리를 잘하는 학생이다.
- '아니요' 라고 답한 것만 찾아서 부족한 부분을 지도해 주면 된다.

[B 유형]

- 평소 시간관리 전략을 잘 모르지만 시간관리에 관심을 가진 학생이다.
- '아니요' 라고 답한 것만 찾아서 부족한 부분을 지도해 주면 된다.

[C 유형]

- 평소 시간관리를 전혀 하지 않는 학생이다.
- 전반적으로 시간관리 전략에 대해 처음부터 숙달되도록 지도해 준다.

시간관리 전략 코칭

응답	코칭방법	
	예	아니요
1		공부는 매일 규칙적으로 해야 효과가 있다는 것을 알려 주고 공부가 습관이 되도록 지도한다.
2		시험 준비 시간이 부족하다는 것은 효과적인 시간관리를 못하고 있기 때문이므로 효과적으로 시간관리를 하기 위한 시간관리 전략을 지도한다.
3		하루 중 공부가 잘되는 시간을 찾아내어 집중력이 필요한 공부에 할애하도록 지도한다.
4		공부를 잘하기 위해 일일 시간 사용 계획을 세우도록 지도한다.
5		공부는 계획만 세우는 것이 중요한 것이 아니라 일일 시간 사용 계획대로 공부를 해야 공부습관이 정착될 수 있음을 지도한다.
6		공부를 잘하기 위해서는 공부에 가장 많은 시간을 배정하도록 지도한다.

7		공부하는 데 시간이 부족하다고 생각한다면 자투리 시간을 이용해서 공부하도록 지도한다.
8		앉으면 바로 공부하도록 지도한다. 주변정리나 공부를 하기 위해서 많은 시간을 소비하면 공부시간이 단축되어 비효율적이므로 바로 앉으면 공부할 수 있도록 지도한다.
9		공부의 우선순위를 정해 놓고 공부하면 시간을 효율적으로 활용할 수 있다는 것을 지도한다.
10		주어진 시간 동안 공부할 수 있는 범위를 파악하고 시간에 맞는 공부를 하도록 지도한다. 너무 무리한 공부량을 계획하면 포기하게 되고 결국은 공부가 싫어진다.

2. 부교재 선택 전략

부교재는 자습서, 참고서, 문제지 등을 말한다. 자습서와 참고서는 구체적으로 명확하게 구별하기가 어려운데, 자습서는 혼자서 공부할 수 있도록 텍스트를 친절하게 설명한 것이고, 참고서는 사전, 전문 잡지 등 부분적으로 필요할 때 참고할 수 있는 내용이 담긴 것이라고 할 수 있다. 결국 참고서와 자습서는 스스로 배워 익힐 수 있게 만든 책을 말하며, 학생이라면 누구나 과목당 한두 권의 자습서나 참고서를 가지고 있다. 따라서 이왕이면 공부에 도움이 되는 것을 구입하는 것이 좋다.

1) 참고서 선택 방법

- 시험을 바로 앞에 두고 자세한 내용이 들어 있는 교과서를 하나하나 정독하는 것은 비효율적이라고 할 수 있다. 시험기간이 얼마 남지 않았다면 짧고 요점만 간단히 정리되어 있는 참고서가 공부할 내용을 요약 정리하는 데 도움이 된다.
- 공부할 내용이 일목요연하게 정리되어 있는 것은 물론 중요한 내용은 요점정리가 잘되어 있는 것이 좋다.
- 문제가 너무 쉽거나 어려운 것보다 자신의 난이도에 맞는 문제들이 많이 실린 참고서가 좋다.
- 교사들도 참고서를 보고 문제를 출제하기 때문에 시험 출제율이 가장 높은 참고서를 선택하는 것이 좋다.

2) 문제집 선택방법

문제집은 지금까지 공부한 것을 잘 암기하였는지를 최종적으로 확인하는 데 사용하면 도움이 된다.

- 학교에서 사용하는 과목의 출판사와 같은 문제집을 사용하는 것이 좋다. 왜냐하면 교과서의 내용에 가장 충실한 문제가 있기 때문이다.

- A학교의 과학 교과서가 ○○출판사 것이면 문제집도 ○○출판사 것을 사용한다.
- 각 과목당 문제집은 1권이 가장 적절하다. 욕심을 부려 2~3개를 사면 하나도 끝마치지 못하고 돈만 버릴 수 있다. 따라서 한 권을 모두 풀고도 시간이 남으면 다른 문제집을 산다.
- 대형서점의 문제집 담당자에게 여러 가지 문제집 중에서 가장 반응이 좋은 것을 추천받아 구입한다. 만약 골고루 나간다면 자신의 수준에 맞고 설명이 잘 되어 있는 것을 선택한다.
- 무엇보다 수준에 맞는 문제집을 선택하는 것이 중요하다. 공연한 욕심을 부려서 수준보다 너무 높은 문제집을 선택하거나, 너무 많은 문제집을 구입하는 것도 비효율적인 방법이다.

3) 문제집 사용 요령

첫 번째 문제를 풀 때는 답을 직접 문제집에 쓰지 말고, 연습장에 표기해서 답을 맞춘다. 문제집을 한 번 풀 때 답을 체크하면 다시 풀기가 싫어진다. 그러면 어쩔 수 없이 또 하나의 문제집을 사게 된다.

연습장에 써 놓은 답을 비교하여 틀린 것은 문제 앞에 빨간 펜으로 ✓표로 체크해 놓고 3일에 한 번씩 틀린 문제를 몰아서 푼다. 아는 문제는 다시 풀 필요가 없으므로 틀린 문제만 풀어 시간을 절약한다.

틀린 문제에 대해서는 왜 틀렸는지 이유를 적어 두면 효과적이다. 채점 후 틀린 답은 물론 확신 없이 맞힌 문제, 찍어서 맞힌 문제도 모두 오답에 포함된다. 따라서 문제를 풀 때부터 헷갈리는 문제들은 문제 옆에 체크를 하도록 습관화하는 것이 좋다. 설령 맞았다 하더라도 다시 교과서로 돌아가 관련 내용에 대한 개념 이해 및 정리를 하고 지나가야 다음에 비슷한 문제가 나왔을 때 헷갈리지 않는다.

문제 풀이는 공부의 전부가 아니고, 개념을 이해했는지 확인해야 하므로, 틀린 문제나 헷갈리는 문제가 나오면 반드시 자기 것으로 만들고 넘어가야 한다.

3. 학원 선택 전략

지금 한국은 자녀들을 무조건 학원에 보내는 광풍이 불고 있다. 학원만 보내면 자녀가 공부를 잘할 것 같은 생각이 들기 때문이다. 그러나 학원이 오히려 학생으로 하여금 공부를 못하게 하는 원인이 될 수 있음을 주지해야 한다.

학생들의 학습에 대한 부담을 줄여 주기 위하여 7차 교육과정을 시행한 지 5년이 지났지만 서울 지역 초등학교 고학년의 경우 학원 수강률이 85%에 이르고 입시 보습학원 수도 매년 급증하고 있다. 교육부의 교육통계 연보를 분석해 보면, 인문계 고교 졸업생의 4년제 일반대학 진학률은 의외로 학원이 없는 지역이 학원이 많은 서울지역보다 압도적으로 높은 것으로 나타났다. 또한 서울 지역 대학 입학생 가운데 절반가량인 48.8%가 지방 출신이라는 것을 보면 좋은 학원이 몰려 있는 서울의 학생들이 꼭 좋은 결과를 낸다고 보기도 어렵다.

사교육에 대한 일선 교사들의 견해도 엇갈리고 있다. 교사들의 49.5%는 학습 태도 불성실 등을 이유로 과외가 학교 교육에 부정적인 영향을 미친다고 보고 있지만, 부족한 학교 교육 보충으로 자신감을 회복한다는 등의 긍정적인 영향을 미친다는 교사들도 37.5%나 됐다. 정규 교과목의 과외에 대해서도 교사들은 필요하다(32.9%), 불필요하다(45.5%)는 반응을 보였다. 물론 이러한 진학률이나 간단한 통계로 사교육의 효과를 단정하는 것은 무리라고 할 수 있다.

한국교육개발원(KEDI)에서 5년간의 성적을 가지고 성적과 과외 여부 및 학습 태도의 상관관계를 분석한 결과를 보면, 과외 유무와 상관없이 학습태도가 좋은 학생들은 성적이 많이 상승했고 보통인 학생들은 조금 올랐으나 태도가 나쁜 학생들은 오히려 성적이 하락했다. 과외를 받는 학생들도 결과는 마찬가지였다. 그리고 학교성적이 상위 20% 이내인 학생은 10명 중 7명이 평소 학교수업에 열중하고 숙제를 잘하는 등 학교 수업태도가 매우 양호한 것으로 나타났다. 또한 예습과 복습 등 학교 수업에 충실하고 책을 많이 읽는 학생이 성적도 우수한 것으로 나타났다. 이 상위권 학생들은 수업시간에 질문을 하거나 예습 및 복습을 하는 비율이 높고, 책 읽기를 좋아하거나 학부모가 자주 서점에 함께 데려가서 책을 사 주는 경우가 많은 것으로 조사되었다.

가끔 명문대학에 수석으로 입학한 학생들의 성공담에, “나는 학원 문턱에도 가지 않았지만 수석을 했다."라는 소감을 밝히는 것을 자주 본다. 결국 학습태도가 좋은 학생들에게는 사교육이 효과가 있을지 몰라도, 공부에 흥미가 없거나 학습태도가 나쁜 학생들에게 사교육은 오히려 역효과를 가져올 수도 있다. 공부에 흥미가 없는 아이를 학원에 보내면 시간만 어영부영 때우는 결과가 되고 결국 가족이 함께할 수 있는 소중한 시간을 빼앗기기 쉽다는 것이다.

학원을 선택할 때 마치 유행을 따라 하듯 유명한 학원을 몰려다니는 일은 없도록 해야 한다. 어느 학원이 좋다고 해서, 어디서 좋은 성적이 나온다고 해서 모든 학생이 꼭 그런 결과를 얻기는 어렵다는 것을 알아야 한다. 그러나 어쩔 수 없이 학원을 보내야 한다면 특정 학원이나 강사가 학생과 얼마나 맞는지를 가장 기본적으로 고민해야 한다. 그리고 학원을 선택하기 전에 먼저 학생의 학습태도, 기질이나 생활 습관, 학습 성향 등도 꼼꼼하게 살펴서 학원을 선택해야 한다. 이제 학원을 보내야 공부를 잘할 수 있다는 고정관념에서 벗어나 학원이 공부를 망칠 수 있다는 생각도 가져야 한다.

1) 학원 선택 방법

성향에 맞는 학원을 선택하게 한다

학년이 올라갈수록 스스로 공부하는 습관이 정착되지 않은 학생들은 공부할 범위도 많아지고 깊이도 깊어지기 때문에 학원에 점점 의존하는 성향을 띤다. 필요에 따라 꼭 학원을 선택해야 한다면 무엇보다 자신의 수준과 성향에 맞는 학원을 골라야 한다.

질문을 잘 못하는 소심한 학생의 경우는 대형 학원보다는 개인과외나 소그룹으로 성향에 맞춰 꼼꼼하게 지도해 주는 학원이 좋다. 특별히 경쟁심이 있는 학생은 레벨 테스트를 정기적으로 하는 학원에서 자신의 경쟁심을 공부에 이용할 수 있다. 주변 친구들과 어울리기 좋아하고 친구들의 영향을 많이 받는 학생은 학원보다 개인과외가 더 효율적일 수 있다. 학원을 선택하려면 자신의 수준보다 높은 친구들이 있는 곳을 선택하면 친구들로부터 좋은 영향을 받기도 한다. 특정 과목이 취약한 학생은 그 과목을 집중 공략할 수 있는 단과학원이 유리하며, 암기 과목이 취약한 경우는 시간 활용상 인터넷 강의를 통해 보충하는 것이 효과적이다.

단과학원보다 종합학원을 선택하게 한다

학원을 안 다니고도 학생이 잘하면 좋겠지만 굳이 다녀야겠다면 단과보다는 종합학원이 좋다. 단과학원은 과목별 수강의 깊이는 있지만 이곳저곳 다녀야 하는 단점이 있다. 또한 단과학원에서 일부 특정 과목만 수강하면 무리한 선행학습으로 공부에 대한 자발적 의욕을 떨어뜨릴 수 있다. 뿐만 아니라 요즘은 영어나 수학문제 풀이만을 잘하는 학생들이 명문대학교에 입학하는 시스템이 아니기 때문에 단과학원을 고집할 이유가 없다.

반면 종합학원은 자기주도학습 습관이 형성되지 않았거나 내신 성적이 좋지 않은 학생들이 선호하는데, 한곳에서 공부하기 때문에 시간을 절약할 수 있다. 이런 학원은 기초실력이 부족하고 스스로 시간관리를 잘하지 못하는 학생들에게 도움이 된다. 하지만 자신 있는 과목도 같이 수강신청을 해야 하는 단점이 있다.

대학의 입학시스템은 과목별 성적도 중요하지만 내신이나 논술 등 통합적인 능력을 평가한다. 따라서 학원을 보내는 이유가 좋은 대학을 가기 위한 것이라면 수학과 언어 및 기타 과목도 수강하는 종합학원이 낫다.

정확한 지식이 없다면 브랜드 학원을 선택하게 한다

개인학원과 브랜드 학원 중 어떤 학원을 선택할까 고민하는 경우가 있다. 이럴 때는 단과학원보다는 브랜드학원을 보내는 것이 좋다. 브랜드학원은 체인점 형태로 운영하여 개인학원보다는 재정적으로나 근무 환경적으로 우수하기 때문에 좋은 강사진을 확보한다. 실제 개인학원은 강사들 월급이 150만 원을 넘지 않는 경우가 많으나 브랜드학원은 능력에 따라 1억원을 받는 강사도 수두룩하다고 한다. 따라서 강사의 질에 차이가 있을 수 있고, 개인학원에서는 교육 프로그램이 없이 가르치는 교육만 있을 수 있지만 브랜드학원은 다양한 프로그램을 만들어 보급하기 때문에 더 유익할 수 있다.

스파르타식과 아테네식은 학생에게 맞아야 한다

스파르타식 학원은 수강생들의 학습 및 생활관리를 철저하고 빈틈없이 한다는 것을 장점으로 내세운다. 따라서 자기주도학습 습관이 형성되어 있지 않은 학생에게 효과가 있으며, 빠른 시간 안에 가시적인 성과를 보여 줄 수 있어 많은 학부모들이 선호한다. 그러나 모든 학습활동이 타율적이고 강압적이기 때문에 학습과 생활면에서 수동적인 습관이 형성될 위험이 있다.

아테네식 학원은 학생이 자발적으로 공부를 하도록 유도한다. 상위권 학생들이나 자기주도학습 습관이 형성되어 있는 학생은 이런 학원을 선호한다. 그러나 자칫하면 학원과 학생 모두가 나태함에 빠져들 위험도 있다. 청소년기에는 타율적 강제와 자발성이 동시에 작용해야 한다. 학원도 이 두 요소를 잘 조화시키는 곳을 선택해야 한다.

개인지도는 꼼꼼히 따져 보고 하게 한다

학부모들은 상식적으로 개인지도가 효과가 있다고 생각하기 때문에 많은 학원들은 소수정예를 표방하고 있다. 이에 따라 일대일로 철저하게 지도해 준다는 공부방 형태의 그룹지도가 과외 시장을 주도하고 있다. 그러나 상당수의 학원들이 강의의 질적인 차이는 없으면서 단순히 개인지도반을 만들어 고가의 수강료를 받는 경우가 많다.

수준별 수업을 진행하는가를 점검하게 한다

강좌는 수준별 수업을 하는 곳이 좋다. 특히 영어나 수학은 레벨 테스트를 거쳐 실력이 비슷한 학생끼리 수업을 하는 것이 효과적이다. 숙제를 지나치게 많이 내줘 힘들기만 한 경우도 있으니 숙제량이 적당한지도 살펴야 한다.

가깝고 교통이 편리한 학원을 선택하게 한다

학원에 다니는 기간은 짧게는 몇 개월, 길면 1년이 넘을 수도 있다. 학원이 너무 멀리 떨어져 있으면 이동하는 데 시간이 걸리기 때문에 가급적 가까운 곳을 선택하도록 한다.

한편 교통이 편리한 곳은 건물 시세나 임대료가 높기 때문에 학원의 경영상태를 간접적으로 파악할 수 있다.

학원비가 적절한지, 환불규정이 명확한지 살펴보게 한다

학원비가 다른 곳에 비해 비싼지, 환불규정은 철저한지에 대해 파악하는 것도 필요하다. 특히 소수를 대상으로 하는 고액 강의는 검증이 안 됐거나 불법일 가능성이 높기 때문에 피하는 것이 좋다. 몇몇 학원은 학부모와 수강생이 학원비 관련 규정을 잘 모른다는 이유로 횡포를 부리는 것이 사실이다. 서울 강남지역의 경우는 강남교육청이 운영하는 '학원비 체험서비스'를 이용해 보는 것도 좋다. 강남교육청 홈페이지(www.knen.go.kr) 서비스 코너에 접속해 학원 종류, 납부수강료, 1일 교습시간, 교습횟수 등을 입력하면 적정 학원비가 자동으로 계산된다.

자동 산출된 적정 학원비와 실제 학원비의 차이가 클 경우 이 서비스와 연계된 신고 센터에 신고할 수도 있다.

자습실, 휴게실 등 편의시설을 확인하게 한다

학원에 여유 시간 동안 공부할 수 있는 자습실, 간단한 휴식이나 식음료를 제공하는 휴게실 등의 편의시설이 있는지 확인하는 것도 좋다. 편의시설이 없으면 밖으로 나가게 되고 결국 유혹에 빠질 수도 있다.

학생들은 강의시간 외에도 학원에 머무르는 시간이 많다. 수강시간보다 일찍 도착할 수도 있고 친구를 학원에서 기다릴 수도 있다. 보강을 받기 위해 나오는 경우도 있기 때문에 자습실, 상담실, 휴게실 등을 점검하는 것이 도움이 된다. 또 빠른 정보를 얻기 위해 인터넷 검색 작업을 할 수 있는 장소가 있으면 더욱 좋다.

성적이 당장 오르지 않는다고 학원을 자주 바꾸지 않도록 한다

우리나라 학부모들은 상당히 조급한 마음을 가지고 있어서 성적이 오르지 않으면 효과가 없다고 바로 다른 학원으로 옮기려고 한다. 그러나 공부는 한두 달 사이에 눈에 띄게 효과가 나타날 수도 있지만 오래 걸리기도 한다. 따라서 조급한 마음에 학원을 이리저리 옮겨 다니면 학생도 적응하기가 힘들어 자칫 시간만 낭비할 공산이 크다. 학원은 신중하게 선택하고 그다음엔 인내심을 갖고 다니는 것이 바람직하다.

2) 좋은 강사 선별법

학원을 선택할 때 가장 중요한 기준은 강사의 자질이다. 현행 학원 설립 운영 및 과외교습에 관한 법률 시행령상 학원 강사의 경우 교원의 자격을 소지한 자나 전문대학졸업자 또는 이와 동등 이상의 학력이 있는 자로 규정하고 있다. 그러나 일부 학원이나 교습소들이 수익을 올리기 위하여 정식 자격을 가진 강사를 고용하기보다는 상대적으로 임금이 저렴한 대학생이나 학력이 검증되지 않은 무자격 강사를 고용하여 운영하는 경우가 많이 적발되고 있다. 특히 채용된 대학생들은 구두계약으로 취업된 상태에서 계약사항에서 벗어난 강의시간 배정 등 학원장들의 횡포에 시달리고 있다.

뿐만 아니라 유명 강사 중에는 인격적으로도 부족할 뿐만 아니라 비속어를 남발하는 등 비교육적이라는 평가를 받는 사람도 있다. 따라서 강의는 잘할지 모르지만 학생들에게 피해를 줄 수도 있다.

프로필 공개를 하는 강사를 선택하게 한다

일단 강사 프로필을 세부적으로 공개하는 학원을 선택하는 것이 좋다. 프로필 공개를 거부하는 학원은 1차적으로 신뢰하기 어렵다. 학원이 우수하다면 강사들을 굳이 공개하지 못할 이유가 없기 때문이다.

명문대 출신이라도 반드시 잘 따져 보게 한다

학원 홍보물에 강사가 명문대 출신임을 강조하면서도 학과를 표시하지 않는 경우가 종종 있는데, 이는 담당 과목이 전공과 다를 가능성이 높기 때문이다.

공개강의를 들어 보게 한다

학원이 개강 전에 실시하는 '공개 강의'를 들어 보는 것도 좋은 방법이다. 참관수업을 신청해 수업 분위기를 실제로 경험하는 것도 유익하다. 시설이 갖춰진 몇몇 학원에서는 홈페이지에서 수업 과정을 실시간으로 보여 주어 학원에 직접 가지 않더라도 경험해 볼 수 있다.

인터넷 댓글을 맹신하지 말게 한다

일부 학원 강사들이 아르바이트 학생을 동원해 온라인 강의 수강자 수를 늘리고 댓글 등을 조작해 허위 과대광고를 한 사례가 있었다. 그러므로 온라인 평가에 너무 의존하지 않도록 한다.

검사지 20 학원 선택 전략 검사

이 검사를 통해 학생들이 학원을 다니는 것이 공부에 어떠한 영향을 주는가를 알아볼 수 있다. 검사지 분석 결과를 가지고 학부모나 학생과 학생의 학원 선택 전략에 대해서 상담에 활용한다.

학원 선택 전략 검사

다음의 질문은 여러분에게 학원이 얼마나 도움을 주는지를 알아보려는 것입니다. 이를 통해 학원에 대한 올바른 선택을 하고, 학원교육의 효과를 보고자 하는 것이므로 솔직하게 대답해 주시기 바랍니다. 해당 문항이 맞으면 '예', 맞지 않으면 '아니요'에 체크해 주세요.

	나의 학원 선택은?	예	아니요
1	학원을 부모의 강요로 억지로 다니고 있다.		
2	학원에서 듣는 강의가 하나도 귀에 들어오지 않는다.		
3	학원 강사의 강의가 마음에 들지 않는다.		
4	학원에서 하는 일방적 주입식 강의가 마음에 들지 않는다.		
5	학원의 학생관리가 마음에 들지 않는다.		
6	학원에서 미리 배우기 때문에 학교 수업을 듣지 않게 된다.		
7	학원에서 배우는 내용이 학교에서 배우는 것보다 못하다.		
8	학원에서 강의를 듣고 있는 시간이 아깝다.		
9	학원을 다니는 시간이 아깝다.		
10	학원에서 배우는 것이 나에게 하나도 도움이 되지 않는다.		
'예'에 답한 총 개수 (　　　) 개			

학원 선택 전체 분석하기

- 8~10개: A 유형 – 학원을 다니는 것이 전혀 도움이 되지 않는다.
- 4~7개: B 유형 – 학원을 다니는 것이 일부 도움이 된다.
- 0~3개: C 유형 – 학원을 다니는 것이 도움이 된다.

[A 유형]

- 학원을 다니는 것이 비효율적인 학생이다. 학부모와의 상담에서 학원을 다니지 않도록 지도한다.

[B 유형]

- 학원을 다니는 것이 일부 도움이 되는 학생이다.
- '예' 라고 답한 것만을 찾아서 문제를 해결해 주면 된다.

[C 유형]

- 학원을 다니는 것이 도움이 되는 학생이다.
- '예' 라고 답한 것만을 찾아서 문제를 해결해 주면 된다.

학원 선택 코칭

응답	분석	
	예	아니요
1	학부모와의 상담을 통해서 학원을 다니는 것이 효과적이지 않다는 것을 알려 주고, 학생 스스로 학원이 필요해서 다닐 수 있도록 하거나 학원을 다니지 않도록 지도한다.	학원을 스스로 다니고 싶어서 다니는 학생이다.
2	학생이 학원에서 강의를 듣기는 하지만 마음은 다른 곳에 있기 때문에 학원 수강이 전혀 도움이 되지 않으므로, 학습코칭을 통해서 공부방법을 찾아 주고 공부습관을 길러 주도록 지도한다.	학원의 강의를 듣는 것에 대해서 나쁘게 생각하지 않거나 공부에 도움이 되고 있는 학생이다.

3	학생과의 상담을 통해서 학원 강사의 강의가 마음에 들지 않는 이유를 물어보고 문제를 해결해 준다. 예를 들면, 학원 강사의 실력이 문제가 된다면 강사를 바꾸어 달라고 학원 측에 제안을 한다.	학원 강사의 강의가 마음에 드는 학생이다.
4	학생은 일방적 주입식 강의가 마음에 들지 않으므로 스스로 공부할 수 있는 공부방법을 알려 주고, 자기주도학습 습관을 갖도록 지도한다.	학원의 일방적 주입식 강의가 마음에 드는 학생이다.
5	부모와의 상담을 통해 학원의 학생관리가 마음에 들지 않기 때문에 학생이 원하는 관리를 학원에 제안하거나 학원을 옮겨 주는 것이 좋다고 지도한다.	학원의 학생관리가 마음에 드는 학생이다.
6	학원에서 배운 내용은 예습으로 인식하고 내신 성적을 위해서는 학교 수업을 듣도록 지도한다.	학원에서 미리 배우는 내용이 수업에 도움이 되고 있는 학생이다.
7	학원에서 배우는 내용과 학교에서 배우는 내용의 차이가 없다면 굳이 학원을 다니지 않아도 되므로 학생과의 상담을 통해서 학원을 다니고 싶은지, 다니고 싶지 않은지를 확인하여 학생이 원하는 대로 안내한다.	학원에서 배우는 내용이 학교 수업내용에 도움이 되고 있는 학생이다.
8	학원에서 강의를 듣고 있는 시간이 아까우면 학원을 다니지 않도록 하는 것이 좋다는 것을 학부모에게 알려 준다.	학원에서 강의를 듣고 있는 시간이 유용하다고 생각하는 학생이다.
9	학원을 다니는 시간이 아까우면 되도록 학원을 집과 가까운 곳으로 옮기거나 과외를 하는 것이 좋다는 것을 학부모에게 알려 준다.	학원을 다니는 시간이 적당하다고 생각하는 학생이다.
10	학원에서 배우는 것이 학생에게 하나도 도움이 되지 않기 때문에 학원 다니는 것에 대해서 진지하게 검토해야 한다.	학원에서 배우는 것이 도움이 된다고 생각하는 학생이다.

4. 인터넷 강의 수강 전략

요즘 학생들에게 인터넷 강의는 빼놓을 수 없는 중요한 공부방법 중의 하나다. 얼마 전까지만 해도 인터넷 강의는 별로 많지 않았으나 최근 강남 수능 방송과 메가스터디의 성공으로 인터넷 교육업체들이 경쟁적으로 저인망식 강사 스카웃을 진행하면서 주요 전문학원들의 강좌도 거의 다 인터넷으로 볼 수 있게 되었다. 이제 인터넷에 노출되지 않은 유명 강사나 강좌는 거의 없다고 봐도 과언이 아니다.

인터넷 교육업체들은 '사교육비 절감'이라는 목표로 출범했지만 수강료가 만만치 않은 수준으로 오르자 각 지자체나 기관에서 하는 무료 강의가 많이 생겨났고 이러한 '교육기회 균등'은 사교육에 목말라 하고 있는 학생들에게 깨소금과 같은 역할을 하고 있다. 강남권 학생들만 향유할 수 있었던 고급 강의를 누구나 볼 수 있게 되었기 때문이다.

실제로 인터넷 강의는 자신에게 맞는 강사와 강좌를 선택해 시 · 공간적 제약 없이 들을 수 있다는 점에서 적어도 '주입식 교육' 패러다임 속에서는 대단히 유용한 학습도구라 할 수 있다. 또한 수강료가 비싸도 오프라인 학원보다는 저렴하고, 무엇보다 최고 강사의 강의를 지역적 한계 없이 들을 수 있는 장점이 있다.

인터넷 강의 시장의 고품질 강의가 위세를 떨치면서 대형 단과학원들의 수강생 숫자는 줄어드는 경향을 보이고 있다. 또한 학원 다니는 시간을 줄이려는 학생들에게는 자기관리와 복습을 제대로 해낼 수 있다는 측면에서 인터넷 강의로도 충분히 학원 못지않은 효과를 볼 수 있게 되었다.

강의를 듣는 목적을 분명히 하고 듣게 한다

인터넷 강의도 듣는 목적을 분명히 하고 들어야 한다. 개념 이해인지, 심화 학습인지, 또는 다양한 문제 풀이를 위한 것인지 목적을 구분하고 그에 맞는 강좌를 선택해야 한다. 학교수업만으로 이해하기 힘든 과목이나 싫어하는 과목에 대한 흥미 유발 차원에서 자신이 원하는 스타일의 강사의 강의를 듣는 것도 도움이 된다.

소요 시간을 고려해서 듣게 한다

인터넷 강의에 성공하려면 시간 배정을 강의를 듣는 시간의 두 배 정도로 잡아야 한다. 모든 수업은 듣고 난 후 복습을 해야 하기 때문이다. 인터넷 강의 또한 듣는 시간뿐만 아니라 미리 훑어보는 예습과 듣고 난 후 자기 것으로 만드는 공부시간을 확보해야 한다.

또한 1배속으로만 듣는 것보다 내용에 따라서 1.5배속 등 속도를 조절해서 들으면 시간을 절약할 수 있다. 이해가 어려운 부분을 설명할 때는 정상속도로 듣거나 다시 듣기를 통해 이해하도록 하고, 아는 내용을 설명할 때는 속도를 빠르게 설정해서 들으면 집중력과 시간활용 면에서 도움이 된다.

집중할 수 있는 환경을 만들고 듣게 한다

인터넷 강의를 들을 때는 집중할 수 있는 환경을 만드는 것이 중요하다. 자기만의 공간에서 듣는 것이 집중이 더 잘된다고 생각할 수 있지만, 이때 인터넷서핑이나 메신저 등을 통제할 만한 의지가 없으면 집중하기 힘들 수 있다. 따라서 공개된 장소에서 집중이 더 잘되는지, 독립된 공간에서 집중이 더 잘되는지 파악해서 정하는 것이 필요하다.

또한 인터넷 초기화면을 인터넷 강의 사이트로 설정해 두거나, 인터넷 강의 사이트에서 제공하는 차단서비스를 활용하는 것도 도움이 된다.

좋아하는 과목부터 듣게 한다

인터넷 강의는 모든 과목을 다 신청할 것이 아니라 우선 자신이 좋아하는 과목부터 수강하는 것이 좋다. 인터넷 강의를 신청할 때는 무엇보다 자신이 공부할 수 있는 시간과 능력을 고려해야 한다. 모니터를 보며 상당한 시간 동안 강의를 듣는다는 게 아무래도 힘들기 때문이다. 따라서 처음에는 좋아하는 과목부터 듣기 시작하고, 이후에 차츰 과목을 확대해 가는 것이 좋다.

과목당 30분씩 듣게 한다

인터넷 강의는 매일 30분 정도씩 꾸준히 들음으로써 인터넷 강의에 서서히 익숙해지는 것이 좋다. 말이 인터넷 강의지 동영상을 통해서 주입식으로 진행되기 때문에 오프라인 수업보다 지루할 수 있다. 따라서 과목당 30분 이상씩 듣는 것은 오히려 인터넷 강의를 듣지 않게 하는 원인이 될 수도 있다.

예습과 복습차원에서 듣게 한다

인터넷 강의를 듣는 것만 하는 것은 부적절하다. 반드시 예습과 복습을 해야 학교 수업과 연관지을 수 있으며, 시험에도 도움이 된다.

의지력이 약한 학생은 학부모가 적절히 개입해 듣게 한다

의지력이 약한 학생에게 진도에 맞게 인터넷 강의를 들으라고 하는 것은 컴퓨터 게임의 유혹에 빠지도록 도와주는 것과 같다. 따라서 학부모가 개입해서 진도에 따라 인터넷 강의를 듣게 하고, 들은 내용을 점검해 주고, 학습관리를 도와주는 것이 필요하다.

무료 인터넷 강의를 우선적으로 고려하게 한다

인터넷 강의는 유료가 더 좋다는 고정관념을 갖지 않아도 된다. 유료 강의 못지않은 품질의 무료 인터넷 강의를 부담 없이 수강할 수 있는 곳이 많다.

현재 무료 인터넷 강의는 사교육비를 줄이기 위해 16개 시도에서 무료로 운영하고 있으며, 양질의 교과서 학습, 학력진단 서비스, 학습상담, 학습법 자료 제공, 학습클리닉 관련 정보가 탑재되어 있다.

- EBS 인터넷(www.ebsi.co.kr)
- 곰TV의 곰스쿨(www.gomschool.com)
- 강남구청 인터넷 강의(edu.ingang.go.kr)
- 서울 꿀맛 닷컴(http://www.kkulmat.com/index.jsp)
- 부산 사이버가정학습(http://cyber.busanedu.net/)
- 광주교육포털서비스(http://www.gedu.net/gedu/)
- 경기도 다높이(http://danopy.kerinet.re.kr/)
- 대구 e-스터디(http://estudy.dgedu.net/)
- 인천 e-스쿨(http://cyber.edu-i.org/index.jsp)
- 대전교육포털(http://www.edurang.net/)

- 강원 에듀원(http://www.gweduone.net)
- 경남교수학습지원센터(http://gnedu.net/gnedu/)
- 경북교육포털서비스(http://www.gyo6.net/index.html)
- 전남사이버가정학습(http://cyber.jnei.or.kr/)
- 전북e스쿨(http://cyber.jbedunet.com/cyber.html)
- 울산교수학습지원센터(http://www.ulsanedu.go.kr/index.jsp)
- 제주 e-스터디(http://www.jejuestudy.net/index.jsp)
- 충북교육포털(http://www.cbedunet.or.kr/index.html)

상호작용이 가능한 사이트를 선택하게 한다

일부 인터넷 강의는 동영상만 주입식으로 보여 주는 것이 아니라 일방적 교육체계에서 탈피해 실시간 상호 의견교환이 가능하다. 공부하는 도중 궁금한 것을 질문하면 바로 답을 해 주는 인터넷 강의가 있다. 학생들은 교사에게 직접 대면해 질문하는 것보다 편하게 익명의 친구들에게 물어볼 수 있고 서로 아는 것들을 확인해 나갈 수 있어서 유용하다.

교재와 강사를 보고 선택하게 한다

인터넷 강의 강사와 교재를 선택할 때 학부모가 일방적으로 결정하는 것보다 아이의 성향에 맞는 강사와 교재를 함께 선정하는 것이 좋다. 사람은 누구나 자신에게 맞는 스타일이 다르기 때문에 실제로 공부할 학생이 자신에게 맞는 스타일을 선택하는 것이 집중에 도움이 된다.

회원 가입 수가 많은 사이트를 선택하게 한다

온라인 학습지들은 대부분 회원제라 오프라인 학습지들처럼 일일이 내용을 확인하고 가입할 수 없는 어려움이 있다. 인터넷 학습지는 쏟아져 나오는데 내용을 확인할 길은 없으니 어떤 학습지를 선택할지의 기준이 모호할 수밖에 없다. 이런 경우는 회원 수가 많은 인터넷 학습지를 선택하는 것이 안전하다. 회원이 많다는 것은 그만큼 공인된 것이고, 우수한 지식정보들이 공유되고 있으며, 콘텐츠에 대해 신뢰하고 있다는 것을 뜻하기 때문이다.

강남구청 인터넷 강의(edu.ingang.go.kr)

강남구청은 교육도시 강남을 대표하는 86명의 최고 강사를 모집해 중·고등학교 학생들을 위하여 다양한 서비스를 제공하고 있다. 강남구청 인터넷 강의를 보면, 중학 3학년 2학기 국·영·수(내신), 사회(시험 대비), 과학(물리, 생물, 화학, 지구과학 시험 대비)과 언어·수리·외국어·사회탐구·과학탐구·대학별고사·학습법, 입시 전략, 입시강좌 등을 제공하고 있다. 연 회원등록비로 2만 원을 납부하면 영역별 모든 강의를 이용할 수 있다

EBS 교육방송(http://www.ebs.co.kr/index.jsp)

EBS 교육방송은 유아부터 성인 학생까지 거의 모든 계층을 대상으로 다양한 컨텐츠를 제공하고 있다. 컨텐츠는 방송 프로그램(TV, RADIO, PLUS1, PLUS2, EBS), 공무원, 자격증, 교원임용, 직업훈련, 명품 9급공무원, 명품공인중개사, 명품한자 등으로 거의 모든 내용을 총망라하고 있다. 뿐만 아니라 E-Book, MP3 Download, EBS 프로그램의 복사주문이 가능하다. 또한 원격지원서비스 제공은 물론 일대일 온라인 상담도 할 수 있다.

5. 스트레스 관리 전략

옛말에 "기가 막혀 죽겠다."라는 말이 있는데 바로 스트레스를 받아서 죽겠다는 말과 같은 의미다. 실제로 스트레스를 받게 되면 맥이 꽉 막혀 소화도 되지 않고 두통도 생기며 가슴이 답답해지는데 이보다 더 심해지면 혈압이 올라서 뇌졸중으로 죽기도 한다. 결국 스트레스를 받으면 기가 막히고 죽음에 이르게 된다는 말이다.

최근의 한 조사에 따르면, 고등학생의 86.4%가 시험 스트레스에 시달리고 있다고 한다. 실제로 스트레스가 많은 수험생은 시험 당일이면 식은땀이 나고 불안해져서 공부한 것도 기억나지 않는다고 한다. 결국 스트레스가 심하면 성적이 제대로 나오지 않는 것은 물론이고 학습효과도 줄어든다. 따라서 공부에서 스트레스를 줄이고 나아가 스트레스를 관리하는 방법을 찾아보자.

1) 수험생 스트레스의 문제

수험생들은 해야 할 공부와 시험을 통한 평가가 반복하여 있다 보니 이에 따른 중압감과 스트레스가 늘 따라다닌다. 공부가 뜻대로 되고 시험 성적도 원하는 만큼 나온다면 좋겠지만 쉬운 일이 아니다. 입시생들은 대학은 가야 하는데 공부하기는 싫고 그렇다고 공부를 안 하면 가고 싶은 대학을 못 가므로 억지로 공부를 하는 부담감에 스트레스가 생기는 것이다. 수험생 스트레스는 여학생이 남학생보다 민감하기 때문에 더 높고, 저학년에서 고학년으로 갈수록 영향을 많이 받아서 높은 편이다.

수험생들은 시간은 절대적으로 모자라고, 공부에 집중하다 보면 수면 부족과 함께 체력은 떨어지고, 어른이 되어 가면서 온갖 성장병(이성에 대한 관심과 성적 호기심, 가치관과 자기 정체성에 대한 혼란, 미래에 대한 불안)을 겪기 때문에 심리적으로 큰 부담을 느낀다. 여기에다 학교와 사회, 가족들이 주는 중압감은 감히 한번쯤 자살을 생각해 볼 만큼 강한 스트레스인 것이 사실이다.

더구나 육체적으로는 어른과 다름없지만 정신적으로는 아직 미숙하기 때문에 이들이 겪어야 할 일상의 중압감은 어른보다 훨씬 더하다. 그러므로 수험생을 둔 학부모들은 각별히 주의해야 한다. 오랫동안 방치하면 큰 육체적 질병으로 발전할 수 있고 정신적으로도 심각한 후유증을 남길 수 있기 때문이다.

2) 스트레스는 사람마다 다르다

스트레스는 마음의 병이다. 똑같은 상황에서도 개인의 성향과 심리적 대처능력에 따라서 스트레스를 받는 정도가 크게 차이 난다. 즉, 스트레스는 개인차가 크다. 그러므로 스트레스는 그 자체가 문제가 되는 것이 아니라 이에 어떻게 반응하느냐가 중요한 것이다. 수능성적이 저조한 학생 모두가 자살하는 것은 아니다. 외부환경에 대한 수용태도가 문제가 되는 것이다. 따라서 스트레스는 관리할 수 있으며 그렇지 못할 경우 스트레스와 관련된 질병에 걸릴 수 있다는 점을 기억하고 이에 대한 대처 능력을 키워야 할 것이다.

스트레스를 받는 정도의 차이를 분석해 보면, 내성적인 사람이 외형적인 사람보다, 부정적인 사고를 가진 사람이 긍정적인 사고를 가진 사람보다, 강박관념을 가진 사람이 여유로운 사람보다, 주관적으로 생각하는 사람이 객관적으로 생각하는 사람보다, 예민한 사람이 둔한 사람보다, 이기적인 사람이 이타적인 사람보다, 업무에서 완벽함을 추구하는 사람이 업무를 대충 하는 사람보다 스트레스를 잘 받는다고 할 수 있다.

또한 스트레스를 많이 받아도 잘 해결하는 사람은 다시 스트레스를 받아도 쉽게 해결하지만, 스트레스 경험이 없는 사람은 스트레스에 대한 압박을 크게 느낀다. 그리고 습관적으로 인스턴트 음식을 즐겨 먹는 사람은 자연음식을 먹는 사람보다 스트레스를 많이 받는다. 물론 이러한 차이는 사람의 성격이나 체질에 따라 다양하게 나타날 수 있다. 한편 체질적으로는 태음인과 소음인이 스트레스에 민감하고 영향을 받으며, 태양인과 소양인은 스트레스에 크게 영향을 받지 않는다고 할 수 있다.

이처럼 똑같은 사건과 경험을 했어도 스트레스를 받아들이는 강도는 사람마다 다르다. 선천적으로나 후천적으로 신경이 예민한 사람, 외부자극에 민감한 사람들은 심한 상처를 받고, 부정적인 생각으로 걱정을 하는 습관이 되어 있는 사람은 사건 자체를 확대시켜 스트레스를 더 크게 받는다. 이는 자신이 스스로 만들어 낸 내부의 스트레스로부터 깊은 상처를 받기 때문이다.

표 4-3 스트레스를 잘 받는 사람과 잘 받지 않는 사람

	스트레스를 잘 받는 사람	스트레스를 잘 받지 않는 사람
성격	내성적	외형적
	부정적	긍정적
	강박	여유
	주관적	객관적
	예민한 사람	둔한 사람
	이기적	이타적
	완벽	대충
경험	없음	많음
식습관	인스턴트 식품	자연 음식
체질	태음인과 소음인	태양인과 소양인

3) 공부 스트레스 관리법

스트레스가 꼭 해롭기만 한 것은 아니다. 동기를 부여하고 창조적이며 즐거운 긍정적 스트레스가 될 수도 있고, 허약하게 하거나 싫고 기분 나쁜 부정적 스트레스가 될 수도 있다. 스트레스는 수험생 개개인마다 똑같은 상황에서도 각기 다른 반응을 나타내게 하고 대처하기에 따라 부정적 혹은 긍정적인 역할을 하기도 하다. 건강한 상태에서는 적절한 스트레스가 공부의 능률을 올릴 수 있으나 허약한 상태에서는 적은 스트레스로도 현저히 공부의 능률을 저하시킬 수 있다.

스트레스를 해소하기 위해서는 다음을 참고하라.

- 하루에 한 번은 가볍게 규칙적인 운동을 하여 몸의 스트레스를 풀어 준다.
- 해야 할 공부의 목록을 만들어 보고 우선순위를 정해 가장 중요한 공부를 먼저 하도록 한다.
- 커피나 콜라, 인스턴트 식품 등 가공된 고열량 음식보다는 채소, 생선, 과일 등 비타민과 단백질이 많이 함유된 음식을 섭취하도록 한다.
- 공부나 시험을 보기 전에 심호흡, 명상, 스트레칭, 규칙적인 기도, 독서 등 신체와 마음을 이완시킬 수 있는 방법을 시행해 보도록 한다.
- 학생을 도와줄 수 있는 절친한 친구, 선배, 학부모로부터 도움을 얻을 수 있도록 한다.
- 공부하는 중간 중간 적절히 휴식시간을 갖도록 한다. 휴식시간에는 가벼운 맨손체조를 하거나 심호흡을 하여 신선한 산소를 충분히 보충해 주는 것이 좋다.
- 술과 담배의 유혹으로부터 피한다. 술은 문제해결 능력과 학습능력을 저하시키며, 흡연은 스트레스 해소에 도움이 되기는커녕 오히려 건강만 악화시킨다.

검사지 21 스트레스 검사

스트레스를 치유하거나 다스리려면 우선 자신의 스트레스 정도에 대하여 정확히 파악할 수 있어야 한다. 스트레스의 정도를 외부의 물리적인 기계로 측정할 수 있는 방법도 있지만 간단하게 검사를 통하여 진단할 수도 있다. 스트레스 검사지 분석 결과는 학생의 공부 스트레스에 대해 학부모나 학생과 상담할 때 활용한다.

스트레스 검사

이 검사는 여러분의 공부에 대한 스트레스 정도를 알아봅니다. 이를 통해 자신이 공부에 대해 스트레스가 있는지에 대해 생각해 보면서 다음 질문에 솔직하게 대답해 주시기 바랍니다. 해당 문항이 맞으면 '예', 맞지 않으면 '아니요' 에 체크해 주세요.

	나의 스트레스는 어느 정도일까요?	예	아니요
1	시험만 생각하면 걱정 때문에 불안해서 공부가 안 된다.		
2	시험을 앞두면 신경이 날카로워져서 소화가 잘 안 된다.		
3	시험 결과를 생각하면 항상 걱정이 된다.		
4	시험 볼 때 앞이 깜깜해지고 답이 안 보일 때가 있다.		
5	답안지에 답을 적는 순간에도 손발이 떨린다.		
6	시험이 끝나고 집으로 돌아갈 때 힘이 빠진다.		
7	공부만 하려고 하면 답답해진다.		
8	공부 때문에 때때로 머리가 아프다.		
9	공부만 생각하면 자신감이 떨어진다.		
10	부모의 공부에 대한 강요 때문에 공부가 싫다.		
11	부모의 잔소리가 싫어서 공부하는 척한다.		
12	교사 때문에 싫어하는 과목이 생겼다.		
'예' 에 답한 총 개수 (　　　) 개			

스트레스 해소 전략 전체 분석하기

- 9~12개: A 유형-스트레스가 너무 많군요.
- 5~8개: B 유형-스트레스가 보통이군요.
- 0~4개: C 유형-스트레스가 거의 없군요.

1~3번 문제는 시험을 앞둔 상태의 스트레스, 4~6번 문제는 시험을 볼 때 느끼는 스트레스, 7~9번 문항은 공부 자체에 대한 스트레스, 10~11번 문제는 학부모에게 느끼는 스트레스, 12번 문항은 교사에게 느끼는 스트레스를 말한다.

[A 유형]

- 스트레스가 너무 많아서 스스로 치유하기가 어려우므로 전문의나 전문가와 상담하는 것이 좋다.

[B 유형]

- 스트레스를 많이 느끼고 있어 몸의 컨디션이 무너질 우려가 있으므로 그대로 방치해서는 안 되며 스트레스를 해소하거나 다스리기 위하여 노력하는 것이 좋다.
- '예' 라고 답한 것만을 찾아서 마음을 편하게 갖도록 지도해 준다.

[C 유형]

- 0에 가까울수록 심신건강 상태가 양호한 편이나 3에 가까울수록 스트레스를 주의해야 한다. 아무리 작은 스트레스라도 증가하면 공부에 집중하는 데 적잖은 걸림돌이 된다.
- '예' 라고 답한 것만을 찾아서 마음을 편하게 갖도록 지도해 준다.

스트레스 코칭

응답	분석		
	예		아니요
1	시험을 앞둔 상태의 스트레스	시험을 본다는 생각을 잊게 하고 마음을 편히 갖도록 지도한다. 또한 최선을 다해 노력하는 것이 중요하다고 지도한다.	시험 때문에 걱정하거나 불안해하지 않는 학생이다.
2		시험 치기 전날 충분한 수면과 휴식을 취하게 하여 마음이 편해지도록 지도한다.	

3		시험을 잘 보려면 충분한 수면과 휴식을 취해야 한다는 것을 알려 주고 마음이 편해지도록 지도한다.	
4	시험을 볼 때 느끼는 스트레스	시험을 본다는 생각을 잊게 하고 마음을 편히 갖도록 지도한다. 또한 최선을 다해 노력하는 것이 중요하다고 지도한다.	시험 중에도 비교적 침착하며, 시험결과에 연연해하지 않는 학생이다.
5		시험 볼 때 심호흡을 하고 마음을 가다듬게 하여 답안지에 답을 적는 순간에도 손발이 떨리지 않도록 지도한다.	
6		시험이 끝나면 시험은 더 이상 중요한 게 아니라는 생각을 가지게 하여 마음이 편해지도록 지도한다.	
7	공부 자체에 대한 스트레스	공부에 대한 부담을 줄여 주고 공부가 즐겁다는 생각이 들도록 지도한다.	평소 공부에 대한 스트레스를 적게 느끼거나 느끼지 않는 학생이다.
8		공부하는 도중에 틈틈이 간단한 운동이나 스트레칭을 하도록 지도한다.	
9		성취감을 느낄 수 있는 작은 과제를 주고 도전하여 이룰 수 있다는 자신감을 심어 주도록 지도한다. 또한 공부를 통해 나중에 성공해 있을 자신의 모습을 그려 보도록 지도한다.	
10	학부모에게 느끼는 스트레스	학부모의 강요로 공부가 싫어졌기 때문에 상담을 통해서 학부모의 강요를 자제하고 스스로 공부할 수 있는 환경과 습관을 만들어 주도록 지도한다.	공부에 대한 학부모의 강요나 간섭이 없어 스스로 공부할 수 있는 학생이다.
11		부모의 공부에 대한 간섭이 지나쳐 효과가 전혀 생기지 않기 때문에 상담을 통해서 학부모의 간섭을 자제하고 스스로 공부할 수 있는 환경과 습관을 만들어 주도록 지도한다.	
12	교사에게 느끼는 스트레스	교사와 갈등이 있거나 교사가 싫어져서 결국 그 과목이 싫어진 것이므로 원인을 파악하여 갈등이나 싫어하는 마음을 줄여 주어야 한다.	교사들과의 관계가 원만한 학생이다.

6. 공부방 관리 전략

대부분의 학생들은 자신의 공부방을 가지고 있다. 공부방과 친숙해지는 것은 우등생이 되는 첫걸음이다. 특히 학생들이 귀가 후 공부방으로 직행하기보다 거실이나 안방에서 미적거린다면 공부방에 문제가 없는지 살펴봐야 한다. 다음과 같은 점을 유의하여 공부방의 학습 환경을 만들면 공부의 효율성을 높일 수 있다.

출입구가 시야에 들어오도록 배치하게 한다

학생들은 출입문이 등 뒤에 있으면 학부모가 갑자기 들어올 수 있다는 생각에 불안함이 앞서 공부에 집중하지 못한다. 따라서 출입구가 쉽게 시야에 들어오도록 책상의 위치를 잡아 주면 마음 편하게 공부에 집중할 수 있다.

조명은 적정한 밝기를 유지하게 한다

공부방의 조명은 공부하기에 적정한 조명을 유지해야 한다. 어두운 조명 아래서 공부를 하면 눈에 부담을 주기 때문에 공부할 때는 눈이 편하게 느낄 정도의 밝기가 좋다. 최소한 300룩스 이상의 조도가 유지되어야 눈의 피로를 덜어 줌은 물론 대뇌의 각성도를 높여 학습능률을 향상시킨다. 중요한 것은 전체조명과 스탠드 간 차이가 심하면 눈에 해롭다는 점이다. 눈의 건강을 위해선 형광등의 떨림 현상을 줄인 인버터형 스탠드가 좋다. 특히 3파장 램프는 자연광에 가까워 눈의 피로를 덜 수 있다. 스탠드는 갓으로 광원을 충분히 가려 직접 빛이 눈으로 들어오는 것을 피할 수 있는 것이어야 한다. 그리고 위치는 오른손잡이는 왼쪽, 왼손잡이는 오른쪽에 두어야 음영을 피할 수 있다.

공부방은 자녀들의 취향대로 하게 한다

바람직한 공부방은 말 그대로 학생들의 공부를 도와줄 수 있는 환경을 마련하는 것이 가장 중요하다. 따라서 학부모보다 학생들의 취향을 고려해서 꾸미고 싶은 대로 놔둬야 한다. 예를 들어, 벽에 학생들이 좋아하는 연예인의 사진이 걸려 있는 것을 이해해야 한다. 만약 학부모의 의지대로 공부방을 꾸미면 학생들은 어색한 방 분위기 때문에 공부에 집중하기가 어려워한다.

직사광선이 들어오지 않도록 한다

책상 위로 직사광선이 들어오면 눈이 부셔서 집중력이 떨어지고, 학생의 머리에 직접 내리쬐면 멍해지기 쉽다. 방 안에 직사광선이 내리쬔다면 커튼을 설치해 주는 것이 좋다.

의자는 편한 것으로 하게 한다

의자의 경우 쿠션이 너무 푹신푹신하면 오히려 근골격에 부담을 주어 정신을 분산시키는 효과가 있으므로 조금 딱딱한 의자가 좋다. 또한 바퀴가 달린 이동식이나 회전식 의자는 신체를 조금만 움직이면 의자까지 움직이므로 좋지 않다. 척추에 걸리는 하중을 분산하기 위해 등받이는 필수적이며 팔걸이가 달린 의자면 더욱 좋다.

책상은 넓은 것이 좋다

책상은 학습공간을 확보하는 것으로 많은 공부를 하기 위해서는 책과 노트, 참고서를 다양하게 꺼내 놓아야 하기 때문에 되도록 넓은 것을 선택하는 것이 좋다. 또한 책상의 높이가 너무 높거나 낮으면 척추 등 근골격에 부담을 준다. 등이 90도가 유지되는 높이가 가장 알맞다. 무릎이 아래로 처질 경우는 발받침을 마련해 무릎을 높여 주는 것이 좋다.

공부방은 청결하게 한다

공부방은 깨끗해야 한다. 먼지가 가득 쌓인 책상에서 하는 공부는 의욕과 학습능률을 떨어뜨린다. 특히 주위가 산만한 환경에서는 집중하기 힘든 만큼 공부와 관련된 물건들은 제자리를 정리 정돈해 둔다.

책과 눈의 거리는 30cm 정도가 좋다

공부할 때 책을 너무 가까이에서 보거나 멀리 두고 보면 눈이 나빠진다. 따라서 책과 눈의 거리는 30cm 정도 떨어지는 것이 적당하다.

공부방을 쾌적한 상태로 만든다

공부방이 너무 덥거나 추워도 공부에 집중하기 어렵다. 따라서 공부방의 온도는 18~20℃ 정도가 적당하다. 또한 공부방은 자주 환기를 시켜 주어야 한다. 신선한 공기가 방 안 가득할 때 두뇌 활동이 왕성하여 집중력 향상에 도움이 된다.

7. 수면관리 전략

수면관리 전략이란 공부하기 위해서 잠을 자는 것도 전략적으로 관리하는 것을 말한다. 공부는 잠을 줄여서 하는 경우가 많기 때문에 잠을 효율적으로 관리하지 못하면 공부시간이 단축되고, 반면에 잠을 제대로 못 자면 머리가 멍해지므로 집중해서 공부하지 못하게 된다.

잠을 충분히 자게 한다

사람은 하루 8~9시간 수면이 필요하다는 연구 결과도 있지만 미래를 준비해야 하는 학생들이 하루의 1/3을 잠으로 사용하는 것은 너무 아깝다. 6시간 전후로 수면을 취하면서 가능하면 일찍 자고 일찍 일어나는 습관을 지니도록 한다.

낮잠을 활용하게 한다

가끔 공부하다 머리가 꽉 찼다는 느낌이 들거나 머리가 아프면 낮잠을 잔다. 이는 컨디션을 좋게 만들어 준다. 나폴레옹은 전쟁터에서도 낮잠을 즐긴 것으로 유명하다. 나폴레옹은 낮잠을 5분만 자 두면 밤에는 4시간만 자도 충분하다고 하였다. 따라서 늦은 밤까지 맑은 머리로 공부하기 위해서는 학교에서 오자마자 낮잠을 자 주는 것이 효율적이다.

잠은 최대한 숙면을 취하게 한다

잠을 제대로 못 자면 잠을 아예 자지 않은 상태보다 오히려 머리가 멍한 경우가 많다. 이것은 숙면을 취하지 못했기 때문이다. 따라서 맑은 머리로 공부에 집중하려면 잠을 자되 최대한 숙면을 해야 한다. 숙면이라고 해서 잠을 너무 많이 자면 오히려 머리가 멍할 수 있다. 따라서 숙면을 취하더라도 지나치지 않게 적당히 자는

숙면을 취하는 방법

- 자기 전에 간단한 스트레칭을 한다.
- 카페인이 든 음료수는 삼간다.
- 따뜻한 물에 몸을 담그거나 샤워한다.
- 소음과 빛을 차단한다.
- 낮잠은 될 수 있는 한 피한다.
- 방의 온도는 적당하게 유지한다.
- 자신에게 알맞은 베개를 이용한다.
- 손발을 따뜻하게 한다.

것이 좋다.

8. 주변정리 전략

공부 잘하는 학생들은 정리의 중요성을 꼭 이야기한다. 공부를 지배하는 것이 정리이기 때문이다. 책상이 어지러우면 집중하기가 어려워 공부가 안 되기도 하고, 평소에 제대로 정리해 놓지 않아 노트와 책이 가득 쌓여 있으면 중요한 물건을 어디다 두었는지 몰라서 허둥대기도 한다.

뉴 햄프셔 대학의 연구원인 택케트 박사는 현대인의 스트레스를 연구하던 중 일상에서 반복되는 정리정돈에 따른 심리적 부담감이 스트레스로 연결된다는 점을 착안하여 『정리형 인간』이라는 책을 썼다. 이 책에서는 정리형 인간이 되면 쫓기는 인생에서 탈출할 수 있을 뿐만 아니라, 집중력과 안정되고 여유 있는 생활이 바로 정리정돈의 생활 습관에서 나온다고 하였다.

실제로 공부를 잘하는 학생들의 특징을 보면 책상이나 작업 공간이 깨끗하게 잘 정리되어 있다. 주변정리 전략이란 공부를 하기 전이나 끝난 후에 주변정리를 잘해서 공부의 효율성을 높이는 것을 말한다.

주변정리 전략의 필요성

지저분한 환경 속에서 공부를 하는 사람들은 "주변을 정리하는 시간에 공부하면 시간을 절약할 수 있어서 좋다."고 하거나 "지저분하지만 내가 원하는 자료가 어디 있는지 다 알고 있기 때문에 전혀 문제가 되지 않는다."라고 말한다. 그러나 전자의 경우에도 주변이 깨끗하게 정리되어 있지 않은 상태에서 공부를 하면 지저분한 것이 신경이 쓰여 공부에 집중하지 못하게 된다.

실제로 똑같은 작업을 가지고 깨끗한 곳에서 일한 사람들과 지저분한 사람들의 생산량을 비교해 보았더니 깨끗한 곳에서 일한 사람들의 생산성이 1.5배가량 높았다고 한다. 공부가 시작되면 지저분한 곳에서 공부하는 학생들은 처음에는 주변정리를 하지 않기 때문에 빠르게 시작할 수는 있지만 계속 주변 환경에 시선이 가고 뭔가 마음이 편하지 않기 때문에 공부에 몰두하기가 어렵다고 한다.

후자처럼 말을 하는 사람들도 그렇다. 아무리 지저분한 곳에서 공부해도 필요한 자료가 어디에 있는지 정확히 기억하고 있기 때문에 문제가 되지 않는다는 것은 머릿속에 그 많은 자료들이 어디에 있는지 일일이 기억해야 하기 때문에 당연히 공부에 전념하기가 쉽지 않다는 말이 된다.

따라서 주변정리를 하면 좁은 책상이 더욱 넓어지고, 공부 중에 필요한 책이나 도구들이 어디 있는지를 정확히 알 수 있기 때문에 효율성이 높아진다.

주변정리 방법

책상 위를 말끔히 치우게 한다

열정적인 에너지를 가지고 집중하여 성과를 얻어야 하는 공부라면 책상 위를 말끔히 치우기부터 시작해야 한다. 그러기 위해선 웬만한 것은 아까워하지 말고 버릴 줄 알아야 한다. 너무 오래 한곳에 두어서 눈에 익숙하긴 하지만 평소에 절대 사용하지 않는 물건들이 많다. 그것들을 버리지 못하고 쌓아 두기만 한다면 그만큼 스트레스도 쌓여서 오히려 공부에 방해가 된다.

이전에 쓰던 것은 모두 치우게 한다

새로운 발전을 꿈꾸면 새로운 도전을 하게 되듯, 새로운 공부를 시작하면 이전의 공부에서 사용하였던 모든 것들을 정리할 필요가 있다. 정리정돈을 할 때는 꼭 사용할 물건만 남기겠다는 강한 의지로 상자 세 개를 준비한다. 상자에는 쓰레기, 재활용, 보류 등의 이름을 붙여 놓는다.

책상 위를 정리할 때는 한꺼번에 전부 쏟아낸 다음, 정리할 물건들을 주워 상자에 담는다. 정리정돈을 할 때 기억해야 할 점은 마지막으로 사용한 지 3개월이 넘은 물건은 앞으로 3개월 동안에도 사용하지 않을 확률이 높다는 것이다. 따라서 과거 3개월 동안 쓰지 않았던 것들 중에서 버려도 될 것들은 쓰레기 상자에 넣고, 3개월이 되었어도 버리기는 아깝고 재활용이나 다른 용도로 사용할 수 있는 것이라면 재활용 상자에 넣는다. 새로운 업무에도 쓰일 수 있거나 다음에도 필요할지 모르는 것은 보류 상자에 넣어 둔다.

과감하게 정리하게 한다

성격이 꼼꼼한 사람은 정리할 때 너무 세분화해서 정리하는 경향이 있다. 세세하게 분류하면 보기는 좋지만 정리할 때 시간이 많이 들 뿐만 아니라 의외로 찾는 데 시간이 걸려서 오히려 역효과를 주기 쉽다. 따라서 책상이나 책꽂이 등을 정리하여 버릴 것은 버리고 보류해야 하는 물건들은 다시 크게 나누어야 한다. 보류해야 할 것 중에서도 '보관해야 할 것'과 '다시 사용해야 할 것'으로 정해서 정리하는 것이 좋다.

다시 사용해야 할 자료는 항목을 정리해서 프린트해 가지고 있다가 바로 찾아서 쓸 수 있도록 하면 좋다. 그러나 보관해야 하는 자료까지 항목에 넣는 것은 오히려 일을 더욱 늘리는 셈이 된다. 따라서 과감하게 보관만 하도록 한다.

공부가 끝나면 바로 정리하게 한다

공부를 하면 그에 따른 여러 가지 자료, 즉 교재나 참고서, 노트 등을 책상에 펼쳐 놓게 되므로 그때그때 정리하지 않으면 금방 쌓이기 마련이다. 따라서 일단 한 과목이 끝나면 다음 공부에 필요한 자료를 제외하고는 모두 정리하는 것을 습관화해야 한다.

책상의 앞면에 책꽂이나 임시 보관처를 만들어서 일반적인 자료들은 책꽂이에 넣어 두고 꼭 필요한 자료는 임시 보관처에 보관하는 것도 좋은 방법이다.

검사지 22 학습환경 검사

이 검사지는 학생의 학습환경 상태를 살펴보고 최적의 학습환경을 조성하기 위한 것이다. 학습환경 검사지 분석 결과는 학생의 학습환경에 대해 학부모나 학생과 상담할 때 활용한다.

학습환경 검사

다음의 질문은 여러분의 학습환경이 적절한가를 알기 위한 것이므로 솔직하게 대답해 주시기 바랍니다. 해당 문항이 맞으면 '예', 맞지 않으면 '아니요' 에 체크해 주세요.

	나의 학습환경은 어떤가?	예	아니요
1	공부방은 내 마음에 맞게 되어 있다.		
2	조명은 공부하기에 적당하다.		
3	의자나 책상은 내 몸에 잘 맞아서 편하다.		
4	TV나 컴퓨터의 유혹에 빠지지 않는다.		
5	공부할 때는 전화를 받지 않는다.		
6	엎드리거나 누워서 공부하지 않는다.		
7	아침식사는 거르지 않고 꼭 먹는 편이다.		
8	공부할 때는 바른 자세로 한다.		
9	공부하기 전에 책상 위를 말끔히 치운다.		
10	공부할 때 방해하는 사람은 없다.		
'예' 에 답한 총 개수 ( ) 개			

학습환경 전체 분석하기

- 8~10개: A 유형 – 학습환경이 좋군요.
- 4~7개: B 유형 – 학습환경이 별로군요.
- 0~3개: C 유형 – 학습환경이 나쁘군요.

[A 유형]

– 평소 학습환경관리를 잘하는 학생이다.

– '아니요' 라고 답한 것만을 찾아서 이유를 물어보고 부족한 부분을 지도해 준다.

[B 유형]

– 평소 학습환경이 별로인 학생이다.

– '아니요' 라고 답한 것만을 찾아서 이유를 물어보고 부족한 부분을 지도해 준다.

[C 유형]

– 평소 학습환경관리를 전혀 하지 않는 학생이다.

– 전반적으로 학습환경 전략에 대해 처음부터 숙달되도록 지도해 준다.

학습환경 코칭

응답	코칭방법	
	예	아니요
1		공부효과를 높이도록 학부모와 상담하여 학생들이 원하는 공부방의 환경을 만들어 주도록 지도한다.
2		공부에 집중하기 위해서는 조명이 중요한데 공부하기에 적당한 조명으로 바꾸어 주도록 한다.
3		의자나 책상을 학생의 몸에 잘 맞거나 편한 것으로 바꾸어 주도록 한다.
4		TV나 컴퓨터의 유혹에 빠지지 않게 하려면 보이지 않는 곳으로 이동시키거나 없애는 것이 좋다.
5		공부할 때 전화가 집중력을 방해하므로 공부할 때만큼은 전원을 끄거나 받지 않도록 지도한다.
6		엎드리거나 누워서 공부하면 졸리므로 앉아서 공부하는 습관을 가지도록 지도한다.

7		두뇌의 활동이 활발하게 이루어지려면 아침식사는 거르지 않고 꼭 먹어야 한다는 것을 지도한다.
8		공부할 때 바른 자세로 앉아서 해야 오랫동안 지속적으로 공부할 수 있다는 것을 지도한다.
9		공부하기 전에 책상 위를 말끔히 치워야 공부에 집중할 수 있다는 것을 지도한다.
10		공부할 때 방해하는 사람이 없도록 신경 써 준다.

참고문헌

교육부(2007). 제7차 교육과정 편성과 운영. 교육부.

교육부(2000). 제7차 중학교 학교 교육과정 편성 · 운영의 이해. 교육부.

교육부(1999). 중학교 교육과정 해설(I, V). 교육부.

교육부(2001). 특별활동-중학교 교사용 지도서.

김봉환 외(2001). 학교 진로 상담. 서울: 학지사.

김충기(1997). 생활지도와 상담. 서울: 교육과학사.

김충기(2000). 진로교육과 진로상담. 서울: 동문사.

대학교육협의회(2011). 2012학년도 대입 전형계획 및 입학사정관제 선발 사례. 대학교육협의회.

서울대학교(2010). 고등학교 학생과 선생님을 위한 서울대학교 입학사정관제 안내. 서울대학교.

서울시교육연구원(2000). 디지털시대의 진로 교육. 서울시교육연구원.

서울특별시교육연구원(1991). 학부모를 위한 진로 지도 100문 100답. 서울특별시교육연구원.

서울시교육청(2000). 바람직한 중학생 진로교육과 학부모의 역할.

전도근(2003). 자격증 이야기. 서울: 일진사.

전도근(2004). 한방에 끝내는 취업 전략. 서울: 크라운 출판사.

전도근(2009). 자기주도적 공부습관을 길러주는 학습코칭. 서울: 학지사.

전도근(2009). 명강사가 되기 위한 명강의 비법. 서울: 학지사.

전도근(2010). 학습동기유발 전략. 서울: 학지사.

전도근(2010). 읽기능력 향상 전략. 서울: 학지사.

전도근(2010). 쓰기능력 향상 전략. 서울: 학지사.

전도근(2010). 사고력 향상 전략. 서울: 학지사.

전도근(2010). 주의력 향상 전략. 서울: 학지사.

전도근(2010). 암기력 향상 전략. 서울: 학지사.

전도근(2010). 스터디 플래너. 서울: 학지사.

전도근(2010). 엄마표 자기주도학습. 서울: 북포스.

전도근(2010). 엄마표 초등 읽기 쓰기 길잡이. 서울: 북포스.

전도근(2011). 인성지도. 서울: 학지사.

전도근(2011). 진로직업지도. 서울: 학지사.

전도근(2011). 독서지도. 서울: 학지사.

전도근(2011). 창의력 향상 전략. 서울: 학지사.

전도근(2011). 공부의 달인을 만드는 시험공부 전략. 서울: 학지사.

전도근(2011). 취업 바이블. 서울: 해피앤북스.

장석민(1998). 진로교육의 이론과 실제. 한국교육개발원.

정재훈(2000). 사이버의 미래직업 여행. 동의공업대학.

충청북도교육과학원(2002). 나의 꿈 나의 미래. 충청북도교육과학원.

한국직업능력개발원(1998). 한국인의 진로유형에 따른 진로 교육모형 개발. 한국직업능력개발원.

저자 소개

전도근

공주대학교 일반사회교육과를 졸업하고, 경희대학교 교육대학원에서 교육공학을 공부하였으며, 홍익대학교에서 평생교육정책으로 박사학위를 받았다. 의정부고등학교와 의정부여고, 화수고등학교에서 16년간 교사로 학생들을 지도하였고, 2년간 경기도 교육청에서 경기지역 평생교육정보센터를 운영하였으며, 강남대학교에서 5년간 강의하였다. 지금까지 교육, 컴퓨터, 요리, 자동차, 서비스 등과 관련된 50개의 자격증을 취득하였으며, 각 대학교, 지자체, 교육청, 평생교육원, 국가전문행정연수원 및 각종 기업체 연수원 등에서 3,000여 회 이상 특강을 하였다. 제1회 평생학습대상 특별상을 수상하였으며 SBS「순간포착 세상에 이런 일이」, KBS「한국 톱텐」 등에 소개되었다. 지금까지 『엄마는 나의 코치』『공부하는 부모가 공부 잘하는 자녀를 만든다』『생산적 코칭』『명강사를 위한 명강의 전략』『자기주도적 공부습관을 길러 주는 학습코칭』 등 150여 권의 저서를 집필하였다.

HASA 프로그램 시리즈 ②

전도근 박사의
자기주도학습 지도 전략

2012년 7월 16일 1판 1쇄 발행
2015년 5월 20일 1판 3쇄 발행

지은이 • 전 도 근

펴낸이 • 김 진 환

펴낸곳 • (주) 학지사

121-838 서울특별시 마포구 양화로 15길 20 마인드월드빌딩 5층

대표전화 • 02) 330-5114 팩스 • 02) 324-2345

등록번호 • 제313-2006-000265호

홈페이지 • http://www.hakjisa.co.kr
커뮤니티 • http://cafe.naver.com/hakjisa

ISBN 978-89-6330-912-5 04370
978-89-6330-638-4 (set)

정가 15,000원